KB079030

표창원의 정면돌파

표창원의
정면돌파

2쇄 인쇄 2018년 1월 11일
2쇄 발행 2018년 1월 16일

지은이 표창원

펴낸이 이승아
펴낸곳 신사와 전사
출판등록 2017년 10월 10일 (제 2017-000077호)
주소 경기도 용인시 기흥구 죽전로3 메트로프라자 801호
전화 031-284-4505
팩스 0504-848-4505
이메일 mwbooks@daum.net

사진 이동윤

인쇄 제작 (주)영진문화사
주소 서울시 중구 마른내로 4길 25-7(영진빌딩)
대표전화 02-2285-3651

ISBN 979-11-962487-0-3 03340

표창원의
정면돌파

신사와전사

일러두기

이 책의 내용은 2012년 12월 11일 국정원 대선개입 여론조작 의혹사건이 발생한 이후 저자가 블로그 및 페이스북에 올린 글들을 바탕으로 당시의 생각과 느낌 등을 회고해 재정리하는 방식으로 저술되었다. 내용 중 작은 글씨로 작성날짜와 함께 인용된 글들은 기록의 의미를 살리기 위해 당시에 올린 그대로 혹은 오탈자 등만을 수정한 것임을 밝힌다.

세상을 향한
정면돌파
이제, 시작이다!

Contents

자유, 정의 그리고 정치

인간에게 자유만큼 소중한 것이 있을까? 돈과 명예, 권력과 사랑이 넘치도록 있어도 하고 싶은 대로 말하고 행동하고 이동하고 선택하고 결정할 '자유'가 없다면 결코 행복할 수 없을 것이다.

2012년 12월 11일 국가정보원 직원의 대통령 선거 불법개입 여론조작 의혹 사건(이하 '국정원 사건')이 발생한 이후 나는 심각한 '자유'의 제한을 받았다. 경찰대학 교수라는 안정된 지위와 명예, 가정의 행복을 유지하기 위해서는 내가 느끼고 생각한 대로 말하고 글 쓰고 표현할 자유를 포기해야 했다.

나는 자유를 택했다. 내게 닥친 '자유의 위기'는 권선징악勸善懲惡과 신상필벌信賞必罰이라는 가장 기본적인 '정의'가 우리 사회에서 실종된 데에서 비롯되었다. 그동안 우리 사회에는 돈이나 힘이 있다면, 경찰이나 검찰, 법원과 같은 정부기관은 물론이고 언론과 방송 심지어 교육계와 종교계까지 모든 공적 시스템을 마음대로 이용하고 원하는 대로 조작할 수 있다는 의심이 퍼져 있었다. 나는 일부의 실수나 일탈은 있을지언정 우리 사회의 정의 시스템은 전반적으로 믿을 만하다고 가르치고 설득하고 주장해 왔다. 하지만 그런 나마저도 과연 우리 사회에 정의가 있는지 의혹을 던지는 이들에게 동의할 수밖에 없는 일이 일어났다. 자유를 누리고 정의를 지키기 위해 정치를 멀리하던 내가, 정치가 바로잡히지 않으면 자유도 정의도 없다는 사실을 몸소 경험하고 깨닫게 된 것이다. 나는 정치인이 되었다. 그렇게 무관심하고 때로는 혐오하기까지 했던 정치, 정치인, 그들 중 하나가 되었다.

정치에 뛰어들면서 나는 '화이부동和而不同'의 자세를 마음에 새겼다. 현실 정치의 역사와 문화와 관행을 존중하되, 불신 받는 정치적 행태를 그대로 답습하지 않겠다는 나만의 다짐이었다. 그 이후로 나는 줄곧 나를 정치에 몸담게 만든 국정원 사건의 진실을 밝히기 위해, 그 바탕이 된 무너진 사회 정의와 사법 정의를 바로 세우기 위해, 그리고 돈과 권력과 공직의 야합을 해체하고 약자와 피해자를 보호하기 위해 노력했다. 이를 위한 첫 단계가 바로 '정권 교체'였다.

너무나 고맙고 다행스럽게도 나와 같은 마음과 생각을 가진 수천만의 시민들이 불의한 권력에 굴하지 않고 촛불을 들고 광장에 모여 서로의 마음과 생각을 자유롭게 말하고 글로 쓰고 표현하는 자유를 행사해주었다. 전 세계가 놀라고 감탄하고 존경한 평화적인 '촛불 혁명'은 철옹성 같던 박근혜 정권을 무너뜨렸다. 그리고 마침내 국민의 힘에 의한 정권 교체가 이루어졌다. 2012년에 이루어졌어야 할 '정치적 정의'가 4년 5개월 늦게 찾아온 것이다. 하지만 이것은 끝이 아니다. 나와 내 가족 그리고 동료 시민들과 우리 후손들의 '자유'가 다시는 돈이나 권력에 의해 불법 부당하게 유린되거나 억압당하고 통제되지 않도록 사회 정의와 사법 정의가 굳건히 자리 잡고, 정치가 정상적으로 작동하는 '나라다운 나라'를 만들기 위한 과정이 아직 남아 있다. 우리는 지금 그 출발점에 서 있을 뿐이다.

　이 책은 그 시작을 위한 준비이다. 초심을 잃지 않기 위한 기록이다.

2017년 겨울

표창원

01

국정원 댓글 사건,
판도라의 상자를 열다

많은 사람들이 나에게 왜 사직서를 냈느냐고 물어왔다. 한 마디로 말하자면 '자유', '표현의 자유'를 얻기 위해서였다. 글을 씀에 있어 어떠한 것에도 구애받고 싶지 않은 욕구 때문이었다. 그리고 국정원 사건을 저지른 자들과 그들을 비호하는 세력들과 온몸으로 제대로 붙어보고 싶었다. 그냥 그러고 싶었다.

내 삶을 바꾼
'국정원 사건'

1985년 경찰대학에 입학한 이후 27년 간 나는 직업적으로 그리고 의식적으로 정치와 거리를 두고 살아왔다. 공정성과 객관성이 생명인 경찰로서도 그리고 범죄를 수사하고 연구, 분석하는 경찰대학의 교수로서도 정치적 이념이나 선호를 가지게 되면 자신도 모르는 사이에 편파성과 치우침의 위험에 빠질 수 있기 때문이었다. 직업을 떠나 한 개인이자 국민 그리고 유권자로서 충분히 정치적 견해를 가질 수 있고, 투표를 통해 이를 표현할 권리와 의무를 가지고 있지만, 나는 내 직업에 충실하고 싶었다. 그래서 나의 삶에 여하한 편향이나 오류, 비윤리가 개입할 여지를 두지 않아야 한다는 강박적 의식에 사로잡힌 채 살아왔다.

당시 내가 정치에 기대했던 것은 친일 잔재를 뿌리 뽑고, 독립운동과 임시정부의 법통을 제대로 살려내는 것, 독재와 부정선거 끝에 국민에 의해 쫓겨난 이승만이나 반란과 내란 목적 살인 및 뇌물 수수 등의 혐의로 대법원에서 무기징역 확정 판결을 받은 전두환, 노태우를 제외한 역대 대통령들의 공과 과를 객관적으로 평가하고 인정하는 것, 그리고 한 가지가 더 있다면 대한민국이 이적단체로 규정하고 있는 북한에 대한 지지나 추종은 용납할 수 없다는 것 정도였다. 그 테두리 안에서 진보든 보수든 서로 경쟁하며 국가를 잘 운영해주길 바랄 뿐이었다.

그런 내게, 2012년 12월 11일, 이 모든 것을 한순간에 무너뜨린 사건이 발생했다. 서울 시내의 한 오피스텔에서 대선 여론개입을 위해 댓글을 달았다는 의혹을 받고 있는 국정원 직원 그리고 진실을 밝히기 위해 오피스텔 문을 열 것을 주장하는 민주당 당원들과 경찰들. 양측이 작은 문 하나를 사이에 두고 대치하고 있는 상황을 수많은 언론이 보도하고 있었다. 정치권에서는 각자 자신들의 입장에서 이 사건을 해석하고 논평을 냈지만, 그날 저녁 우연히 접한 그 사건 보도는 내게 살인이나 뇌물과 다름없는 또 하나의 범죄사건이었다.

다른 점이 있다면 일주일여 앞으로 다가온 대통령 선거와 관련되어 있고, 국정원이라는 최고 국가안보 권력기관의 개입 의혹이 제기되는 엄중한 사안이라는 점이었다. 모든 정치적 이해관계나 역학관계를 배제하고 오직 실체적 진실을 규명하고 사법 정의를 구현해야 한다는 생각만이 내 머릿속을 채웠다. 하지만 국정원의 전신이었던 중앙정보부와 국가안전기획부가 개입해서 선거와 여론을 조작했던 3.15 부정 선거, 북풍과 총풍 및 간첩조작 사건, 부산 초원복집 사건, 용팔이 사건 및 수지 김 사건과 같은 일련의 사건이 자연스럽게 떠오를 수밖에 없었다. 정보기관의 정치개입이라는 점에서 미국의 워터게이트 사건 역시 같은 '맥락'에 있었다. 반대로 내부 고발 형식을 빌려 허위 의혹을 조작해 대선에 영향을 끼친 것으로 알려진 '김대업 사건'의 데자뷔일 가능성도 있었다.

모든 가능성을 생각할 때, 경찰과 선관위는 즉시 신고와 의혹의 대상이 된 오피스텔 문을 강제로라도 열고 들어가서 증거를 확보하고 조속히 신고 내용의 진위를 조사해서 불법적으로 선거에 부당한 영향을 미치려 한 (국정원의 여론조작이든, 아니면 야당의 허위 신고나 흑색선전이든 간에) 것이 누구인지를 대통령 선거 전에 반드시 밝혀야 한다고 생각했다. 그리고 그 생각을 블로그와 트위터, 페이스북 등 내가 운영하던 사회 관계망 서비스 Social Network Service, SNS에 올렸다. 그러자 엄청난 지지와 응원, 비난과 공격이 동시에 쏟아졌다. 나는 관련된 법 규정과 이론 및 판례, 범죄수사의 원칙과 범죄심리에 대한 설명을 이어갔다. 반면 나와 다른 생각을 가진 쪽에서는 '중립을 지켜야 할 경찰대학 교수가 정치적인 주장을 한다'는 똑같은 논리로 많은 사람들이 온라인에 글을 올리고 댓글을 달았다. 나의 주장을 계속 펼치기 위해 경찰대학 교수직을 버리든지, 아니면 조용히 입을 다물고 있든지 양단간의 결정을 내려야 한다고 판단했다. 나는 전자를 택했다. 마치 〈임금님 귀는 당나귀 귀〉라는 동화에 나오는 이발사 같은 심정이었다.

　결국 나는 27년간 입고 있던 경찰과 경찰대학 교수의 옷을 벗었고, '자유인'으로서 거침없이 SNS와 언론, 방송, 저술, 팟캐스트 등을 통해 나의 주장을 펼쳤다. 공개토론과 전국 순회 무료 강연은 물론 집회에 참석해 단상 위에서 즉석연설을 하기도 했다. 포털사이트에 국정원 사건에 대한 특검과 국회의 국정조사 도입을 촉구하는 청원을 올리고 10만 명, 20만 명의 서명을 받아서 당시 새누리당 당사를 찾아가 전달하기도 했다. 2015년 12월 정치에 입문하기 전까지 나는 꼬박 3년을 국정원 사건에 매달렸고, 그 과정에서 나도 모르는 사이에 27년간 애써 멀리해온 '정치'에 가깝게, 그리고 깊숙하게 다가서게 되었다.

진실의 문을
열어라

      2012년 12월 11일 저녁, 국정원의 선거개입 의혹이 제기된 현장인 오피스텔에서 사실 확인을 위해 문을 열어달라고 부탁하는 수서경찰서 수사과장(현재 국민의당 권은희 의원)의 사진과 함께 인터넷 기사가 화면에 떴을 때, 나는 이 분야의 종사자로서 그냥 외면할 수 없었다. 공개된 자료들을 중심으로 사건 상황을 파악해 '경찰상 즉시강제'에 기반한 현장 진입과 증거인멸 방지 그리고 공직선거법에 따른 조속한 조사와 사실 확인이 필요하다는 의견을 SNS에 올렸다.

_ 2012년 12월 11일 화요일

1. 국가적 대사인 대통령 선거에 대한 국가기관의 불법적 개입, 여론조작
   의혹은 즉각 진위를 가려 그 결과를 공개해야 할 사안입니다. 경찰은

지체 없이 잠금장치를 부수고 진입해서 진위를 밝혀야 합니다.

2. 경찰의 정당한 공무집행을 위한 문 개방 요구에 불응해 증거인멸의 우려가 커질 경우 경찰상 즉시강제를 발동, 현장 진입 후 진위를 가리기 위한 조사를 진행해야 합니다. 그 결과 허위 제보임이 밝혀진다면 그로 인한 막대한 피해는 경찰 출동과 진입을 요구한 측이 책임을 져야 합니다.

3. 경찰은 한 점 의혹도 남지 않도록 용기 있고 결단력 있게 즉각적으로 진입하여 현장을 보존하고 수사에 임해야 합니다. 그 결과 (신고 내용이) 사실일 경우 정부 여당의 엄중한 책임 인정이, (신고 내용이) 허위일 경우 야당과 후보의 엄중한 책임 인정이 뒤따라야 합니다. 그 이외의 타협은 없어야 합니다.

위와 같은 제 주장에 대해, 양대 후보 지지자 중에서 한쪽에선 국가기관의 조직적 선거개입이 중대 사안이 아니라며 반발하고, 다른 쪽에선 허위로 밝혀질 경우 책임을 지라고 했다며 반발합니다. 부디 내편 들기 같은 유아기적 망동에서 벗어나 한 사람의 주권자로, 이성을 가진 인간으로 냉정해지기를 바랍니다.

글을 올리자 수많은 의견과 질문이 쏟아졌고, 그중에서 많은 사람들이 똑같은 논리와 내용으로 반복된 공격을 해왔다. "경찰이 영장 없이 개인의 사생활을 침해하면 되느냐", "확실한 물증 없이 경찰권을 발동하거나 선관위가 진입하여 조사하는 것이 가능하냐", "인권침해다"라는 주장이었다.

하지만 내 생각은 분명했다. 국가적 대사인 대통령 선거에 국가정보원이 개입했다는 의혹은 그것이 사실이든 허위이든 국가 공공의 안녕과 질서를 해하는 매우 중대한 문제였다. 영장을 발부 받는 절차를 따를 경우 증거가 인멸될 수 있는 위급성도 존재했다. 진위를 가려 유권자와 국민 전체에 투명하게 공개함으로써 주권자들의 알 권리를 충족시켜줘야 할 의무도 있었고, 그 진위에 따라 책임져야 할 자들에게 응분의 책임을 지게 해야 할 '정의Justice'가 요구되는 중대한 사안이었다.

한국의 워터게이트, 역삼동 오피스텔

대한민국은 정의로운 국가인가, 허위와 기만이 지배하는 국가인가? 이 질문에 대한 대답은 국정원 사건에 대한 태도에 달려 있다고 나는 생각했다. 사건 초기에 공개된 제한된 정보와 달리 이후에 새롭게 알려진 사실들도 있기에 국민들이 사실 관계를 명확하게 인식할 수 있도록 보완 설명을 할 필요도 있었다. 그래서 여전히 계속되고 있는 진실을 덮기 위한 작업들을 중단시키고 투명한 진실을 밝히기 위해 좀 더 명확하게 이 사건에 대한 입장과 의견을 밝혔다.

💬
_ 2012일 12월 13일 목요일

국정원 직원으로 밝혀진 김 모 씨의 오피스텔은 이제 '한국의 워터게이트'로 역사에 기록될 상황에 이르렀습니다. 10평 안팎의 작은 오피스텔 현관문 앞에 국가 공권력을 상징하는 경찰과 선관위, 그리고 문 해정장치를 든 소방대 팀이 대기하고 그 뒤를 취재진과 정당 관계자들이 둘러싸고 있는 진풍경이 지속되고 있기 때문입니다. 2012년 12월 11일 오후에 시작된 이 희한한 대치 상태가 벌써 48시간을 넘어서고 있고, 이미 외신도 주목하고 기록하고 있을 것으로 짐작됩니다. 초기에 선관위와 경찰이 과감한 법 집행으로 진실을 밝혔더라면 이처럼 큰 사건으로 비화되지 않았을 수도 있습니다. 지금 상황은 이렇습니다.

1. 야당의 주장이 사실로 밝혀진다면, 이는 국익을 보호하기 위해 특별한 권한과 예산을 부여받은 국가 최고의 정보기관인 국가정보원이 대통령 선거에서 특정 후보를 당선시키고 다른 후보를 떨어뜨리기 위해 직원들을 동원해 여론조작을 조직적으로 수행한 것으로, 미국의 '워터게이트(1972년 당시 미국 대통령 닉슨의 재선을 위해 닉슨 측의 비밀공작반이 상대방인 민주당 선거본부 '워터게이트 건물 내 사무실'에 침입, 도청장치를 설치했다가 적발되어 결국 대통령의 사임으로 이어진 사건)'를 능가하는 세계에서 유래를 찾기 힘든 희대의 '국가적 선거부정 사건'이라 할 것입니다. 그리고 시간이 갈수록 그 파장은 커질 것입니다.

2. 야당의 주장이 허위로 밝혀진다면, 지지율 저하 등 위기에 몰린 야당이 대선 직전 국면전환을 위해 근거 없는 허위 정보에 의지해 무리하게 국정원 직원을 미행, 감시하고 그 거주지를 습격한 뒤 공권력을 동원해 겁박하고, 절대 비밀에 부쳐져야 할 정보요원의 신원을 노출시킨 희대의 '황당 스캔들'로 기록될 것입니다. 유권자와 국민은 야당과 그 후보에 실망할 것이고 낙선은 불을 보듯 뻔한 일이 될 것입니다. 그리고 시간이 갈수록 그 위험성은 커질 것입니다.

국정원이 불법적인 방법으로 선거에 개입했다는 의혹이 사실로 밝혀질 경우, 당시 여당이던 새누리당은 엄청난 정치적 타격을 입고 18대 대선을 통한 집권은 물론 상당 기간 재집권이 어려운 상황에 처할 것이 분명했다. 국가안보의 보루인 국가정보원을 한 정당과 후보자를 위한 사설 용역원, 댓글 알바, 공작원으로 전락시켰다는 비난을 피하기 어렵고 아직 입증되지 않은 수많은 부정선거의 의혹들까지도 기정사실로 인식시킬 우려가 있었다. 이런 이유에서 당시 나는 여당과 박근혜 후보가 극단적인 '방어행동'을 하고 있다고 판단했다. 공무원 개인의 범죄 의혹 사건에 대해 후보와 당이 나서서 무리하게 '용의자 편'을 들고 있었기 때문이다. 경찰에 대한 위협과 협박의 의도까지 느껴졌다.

야당 역시 마찬가지였다. 겉으로는 자신들의 주장에 대해 "자신있다", "확실하다"라고 말하고 있지만, 경찰, 검찰, 선관위 등 공권력만으로 수사를 진행하는 데에는 반대했다. 국정원 직원이 사용하던 노트북의 하드디스크 복사본을 민주당에서도 가져야 하고, 수사과정에도 직접 참여해야겠다고 주장하고 있었다. 만약 제보 내용이 허위로 밝혀질 경우 그 결과를 감당할 수 없기 때문에 민주당에서 억지를 펴고 있다는 역공이 상대측에서 제기되는 상황이었다.

어쩌면 당시 서로를 향해 잔뜩 날을 세우고 있는 양측은 차라리 이렇게 대치상황이 계속되면서 그 사이 하드디스크의 디가우징이 이루어져 모든 증거가 사라져버리길 바라고 있는지도 모른다는 생각까지 들었다. 그래야 '불편한 진실'은 계속 감춘 채 서로를 비난하고 공격하며 지지 세력을 결집시킬 수 있기 때문이었다.

그렇게 되면 결국 피해를 보는 것은 국민과 국가였다. 이 사건에 대한 진실이 밝혀지지 않는다면 어느 정당에서 집권한다 해도 끝없는 진실 공방만 이어질 뿐, 선거에서 진 쪽은 패배를 받아들이지 않고 "마타도어 때문이다", "부정선거 때문이다" 하며 다음 5년을 어지러운 정쟁의 소용돌이로 몰아갈 것이 분명했다. 대한민국의 국격과 국제적 위상은 또 어떤가? 607호 오피스텔의 문만 열고 들어가 국정원 직원이 가지고 있는 노트북 컴퓨터와 스마트폰(혹시 있다면 태블릿 PC)을 압수하여 경찰의 컴퓨터 포렌식 팀에서 분석하면 바로 진실이 밝혀질 일이었다. 이런 단순한 문제를 가지고 끝없는 정치적 공방을 이어간다면, 대한민국이라는 나라가 세계인들의 조롱거리가 될 것이 분명했다.

대한민국의 국민이자 유권자로서 나는 이런 피해를 보고 싶지 않았다. 그래서 경찰과 선관위를 향해 과감하고 용기 있는 법 집행을 요청하고 그 근거가 되는 논리와 이론을 제공했다.

607호, 진실의 방

당시 내가 SNS를 통해 밝혔던 '경찰 강제진입의 법적 근거'는 다음과 같다.

1단계 : 신고를 받고 경찰과 선관위가 출동했던 사건 초기의 강제진입 문제. 선관위의 해명 자료에 따르면, 신고 후 처음 현장에 갔을 때 거주자의 승인을 얻어 해당 장소에 들어가 살펴보았지만, 최초 신고 내용인 불법 선거 사무실의 정황이 발견되지 않아 제보자의 동의를 얻은 후 조사를 마치고 현장에서 퇴거했다. 이 경우 (아마도 의혹을 제기한 야당 관계자였을) 제보자의 어설픈 실수 혹은 착오가 가장 비난받아야 한다. 선관위의 해명대로라면 제보자의 신고 내용에 심각한 오류가 있었고, 선관위의 대응에는 아무런 잘못이 없다. 강제진입의 필요 없이 '동의에 의한 진입'과 필요한 조사가 이루어졌기 때문이다. 선관위의 해명 자료에 오류나 허위가 있다면 이는 또 다른 문제이지만, 이 공식 해명 자료에 대한 반론이나 이의제기는 없었다.

문제는 그다음이다. 제보자 측에서 사실은 국가정보원 직원이 선거개입을 위한 여론조작 작업에 동원되고 있다는 첩보를 입수했고, 일주일 이상 대상자를 미행해 의혹을 확인한 끝에 신고를 한 것이라고 신고 내용을 수정한 것이다. 이에 선관위는 출동한 경찰과 함께 다시 대상자를 찾아가 국정원 직원인지를 물었다. 대상자는 아니라고 했지만, 이후 진행된 조사에서 국정원 직원이 맞는다는 사실이 확인되었고, 국정원도 이를 인정했다. 그러자 다시 현장에 진입할 필요가 발생했다. 하지만 이번에는 대상자가 문을 열어주지 않았다. 이미 취재진도 도착했고 야당 관계자 등 여러 사람이 운집해 있는 상황이었다. 경찰서 수사과장이 조사를 위해 문을 열어달라고 요청했지만, 문은 열리지 않았다.

현장 경찰관과 선관위 직원이 쉽게 판단할 수 있는 상황이 아니었다. 대선이라는 매우 중대한 사안과 관련된 문제이기에 신중해야 했고, 1차로 동의를 얻어 진입해 살펴보았을 때 특별히 의심할 만한 정황을 발견하지 못했기 때문이다. 제보자의 진술이 바뀌어 새로운 혐의 내용을 조사할 필요가 생겼지만, 제보자의 말만 믿고 마치 그 대리인처럼 행동하는 것은 국가공무원이 취할 태도는 아니었다. 그렇다고 대상자의 신분이 국정원 직원이라는 새로운 사실과 의혹을 품을 만한 정황이 확인된 마당에 그대로 손 놓고 철수할 수도 없었다.

그래서 다시 한 번 대상자의 동의를 구해서 진입한 뒤 신고 내용처럼 야당과 그 후보에 대한 악성 댓글 작업이 이루어졌는지를 확인하려고 했다. 하지만 대상자는 결코 문을 열어주지 않았다. 시간이 흐르면서 제보자 측은 증거인멸을 우려해 진입을 독촉했고, 경찰의 계속된 설득에 대상자는 자신의 오빠를 불러달라고 했다. 그러면 문을 열고 조사를 위해 노트북을 내주겠다고 약속했다. 하지만 오빠에 이어 부모님까지 도착한 뒤에도 대상자는 문을 열지 않은 채 오히려 '감금당했다', '인권침해다'라는 주장을 폈다.

이 상황에서 어떻게 해야 할까? 강제진입밖에는 사실을 확인할 방법이 없었다. 물론 가장 좋은 방법은 법원으로부터 압수수색 영장을 발부 받는 것이다. 그런데 사건 초기 증거인멸 우려가 제기된 상황에서, 경찰이 검사에게 영장을 신청하고, 검사가 사건을 검토한 뒤 증거 보완 등의 과정을 거쳐 판사에게 영장을 청구한 뒤, 다시 판사가 기록을 검토해 영장 발부 여부를 결정할 때까지 기다릴 여유가 없었다. 이런 경우에 적용되는 법리가 '행정상 즉시강제'이다. "공무원이 영장도 없이 사적 공간인 비디오 가게에 진입해 불법 음반·비디오·게임물을 수거하여 폐기할 수 있도록 한 것은 영장주의 위반이 아니다"(헌재 2002.10.31.2000헌가12)라고 헌법재판소가 판시한 예가 있으니, 분명 우리 법체계에서 허용되는 개념이다.

헌법재판소의 논지는 "행정상 즉시강제는 상대방의 임의이행을 기다릴 시간적 여유가 없을 때 하명 없이 바로 실력을 행사하는 것으로서, 그 본질상 급박성을 요건으로 하고 있어 법관의 영장을 기다려서는 그 목적을 달성할 수 없다고 할 것이므로, 원칙적으로 영장주의가 적용되지 않는다"는 것이다. 즉, 급박한 경우 영장 없이 집행할 수 있는 예외적인 강제수단을 허용한다는 것이다. 경찰법에서는 경찰의 이러한 즉시강제 행위를 '경찰상 즉시강제'라고 하는데, 그 법 원칙적 근거는 헌법에 기반한다. 대한민국 헌법 제37조 2항에는 '국가안보, 질서유지, 공공복리 등 공익을 위해 필요할 경우' 국가공권력이 개인의 권리를 침해할 수 있다고 규정하고 있다. 다만, 이때 법률에 근거를 두고 있어야 하며, 그 경우에도 기본권의 본질을 해하지 않는 범위 안에서 이루어져야 한다고 정하고 있다.

앞에서 설명했듯 대통령 선거라는 중대한 사안과 관련 있다는 점에서 공익을 위해 필요한 상황임은 자명했다. 그다음 문제인 법률의 근거로 우선 '공직선거법'을 들 수 있다. 공직선거법에서는 현행범에 대한 신고가 있거나 선거법 위반이 행해지고 있다는 혐의가 소명되었을 때, 선관위가 해당 장소에 진입해 질문하고 조사하고 증거물품을 수거할 수 있다고 규정하고 있다.

당시 나의 주장에 대해 반론이 제기된 부분은 '현행범, 혐의 소명'의 요건이 충족되었느냐였다. 다른 해석의 여지가 있겠지만, 그건 선관위 직원이 판단하고 책임질 문제였다. 선거법 위반의 요건이 충족되었다고 보고 진입해서 조사한 후 의혹이 사실로 드러나면 전혀 문제가 되지 않는 '행정상 즉시강제'에 의한 강제진입이 된다. 만약 의혹이 허위로 밝혀지면 그 판단의 적법성에 대한 문제 제기가 이루어질 수 있고, 손실 보상 혹은 손해 배상과 구상권 청구 및 징계 등 법적, 행정적 절차가 뒤따를 수 있다. 하지만 문제는 진위를 두고 서로 다투고 있던 양측 정당과 국정원 간의 분쟁이지 선관위가 아니기 때문에 '즉시강제' 결정의 적법성 문제가 제기될 가능성은 크지 않아 보였다.

비슷한 시기에 여의도의 한 사무실에서 유사한 여론조작 활동을 하던 민간인 조직인 소위 '십알단(십자군 알바단)' 작업실에 대한 신고를 받고 출동한 선관위 직원들이 영장 없이 진입해 컴퓨터 등 증거를 확보한 것도 같은 법규와 논리에 입각한 것이었다. 물론 이 문제에 대해서는 추후 학계에서 논의가 이루어질 가능성은 열려 있다.

경찰 역시 마찬가지다. 경찰관 직무집행법 제2조에 범죄예방, 수사, 공공의 안녕과 질서유지 등 경찰의 직무가 규정되어 있고 이는 '경찰상 즉시강제의 일반적 수권(근거)조항'으로 해석된다는 학설이 있다. 과거에 시위진압이나 수배자 은닉 의혹이 있는 거소에 영장 없이 과감하게 진입할 때 적용되었던 논리이다. 물론 개별적 수권조항이 존재한다는 이유로 법 개정을 통해 '명시적인' 일반적 수권조항을 신설해야 한다는 의견이 다수설이다. 개별적 수권조항이란 경찰관 직무집행법 제7조에 '생명, 신체의 위험이 있을 때 그 방지를 위해 경찰은 영장 없이 거소에 진입해 구출, 범죄 진압 및 중단 등을 할 수 있다'고 정한 별도의 개별적 규정이다. 선관위와 마찬가지로 경찰의 강제진입 결정에는 적법성 논란이 잠재해 있다.

여기서 경찰과 선관위의 '의사결정'과 '재량'에 관한 문제가 대두된다. 다소의 논란과 법적 책임 소재를 안고서라도 적극적인 법 집행을 하자면 과감하게 강제진입해 노트북 등 증거자료를 확인한 뒤 증거인멸 방지를 위한 조치를 취하고 노트북 소유자의 동의를 얻어 임의 제출을 받거나 법원에 영장을 청구한 뒤 압수해서 경찰청 사이버테러 대응센터로 가져가면 된다. 그러면 사건의 진위와 함께 진실도 밝혀질 것이다.

물론, 관계 공무원과 지휘권자가 이 결정에 대해 책임을 지거나 불이익을 당할 수도 있다. 나는 그것이 공직자의 숙명이자 직업윤리라고 생각한다. 원하지 않아도 자신의 직무와 관련해 국가와 국민, 법과 정의를 위해 반드시 필요하다고 판단될 경우 과감한 결정을 내리고 그 결과에 대해 책임을 지는 것. 하지만 경찰과 선관위가 적극적이고 과감한 결정을 내리지 못하고 오피스텔 문 앞에서 그저 기다리기만 하는 동안, 이미 '즉시강제'의 요건인 '긴급성'이 사라져버렸다. 시간이 경과하면서 영장을 발부 받지 않을 명분이 없어진 것이다.

2단계 : 압수수색 영장 문제.
이제 경찰과 검찰, 법원을 거쳐 압수수색 영장을 발부 받아야 적법하게 강제진입을 할 수 있는 상황이 되었다. 그런데 초기와 똑같은 상황, 똑같은 문제가 계속되고 있었다. '증거 부족으로 충분한 소명이 이루어지지 못해' 영장 신청을 하지 않는다는 것이 경찰의 입장이었다. 과연 다른 사건에서도 경찰은 같은 태도를 취했을까? 경찰의 적극적인 수사 의지가 있다면 일단 검사에게 영장 신청은 할 수 있다. 영장이 기각된다고 해서 경찰에게 해가 될 일은 없다. 그런데 경찰은 아예 영장 신청을 하지 않는다고 발표했다. 검찰이 안도의 한숨을 내쉴 상황이었다. '수사권 독립'을 둘러싸고 대립 중인 경찰이 정치적으로 민감하고 중대한 사건에 대해 '영장'이라는 뜨거운 감자를 검찰로 넘기면 어쩌나 걱정하던 중인데, 아예 영장 신청을 안 한다니 검찰 입장에서는 이보다 더 고마울 수 없었을 것이다.

3단계 : 대치가 지속될 경우 '생명 보호(자살 위험 방지)를 위한 즉시강제, 진입'의 문제.
오피스텔 문 앞에서 대치가 계속되면서 대상자의 부모가 빵과 우유를 오피스텔 안으로 넣어주고 있다고 했다. 식사는 그렇게 해결한다고 해도 스스로 문제를 해결하지 못해 오빠와 부모를 부를 정도로 심약한 대상자가 엄청난 중압감을 견디지 못해 극단적 행동을 취할 우려가 조심스럽게 논의되

고 있었다. 경찰은 자살방지용 매트리스를 오피스텔 창문 밖 바닥에 설치
했다. 정신과 전문의의 평가가 선행되어야겠지만, 만약에 그런 위험이 있
다고 판단된다면 다시 '경찰상 즉시강제'가 필요한 상황이 된다. 이번엔 경
찰관 직무집행법에 명시적인 개별적 수권조항이 있고 모든 요건이 구비되
어 있기 때문에 고민하거나 망설일 이유도 없다. 다만 그 시점이 언제일지,
실제 위험이 있다고 판단할 징후가 있는지가 관건이 될 것이다.

  그런데 이런 경우 진입 및 구출, 구호는 가능하지만 증거물 수거는 어떻
게 될까? 생명이 위험한 상황에서 이러한 논의가 냉정해 보이겠지만 어쩔
수 없다. 앞서 밝힌 것처럼 선관위는 선거법 위반 신고 대상 장소에 진입해
조사하고 증거인멸 방지 및 증거물품 수거를 해야 한다. 경찰 역시 공직선
거법에 따라 공무원의 선거법 위반 혐의 사건일 경우 즉시 단속 및 수사에
임해야 할 법적 의무를 가지고 있다. 만약에 자살 방지와 생명 구호 활동의
혼란을 틈타 누군가 노트북과 스마트폰 등 증거를 절취 혹은 인멸하도록 방
치한다면 선관위와 경찰은 직무유기의 범죄 혐의로부터 자유로울 수 없을
것이다. 특히, 당시에 내가 SNS를 통해 공개적으로 그 가능성을 공지했기
때문에 '예측가능성'까지 발생했다. 아래 내용은 당시에 SNS에 올린 글이다.

___

_ 2012월 12월 13일 목요일

지금 제 심정은 무척 답답하고 부끄럽고 안타깝습니다. 증거를 인멸하
고 현장을 조작하고 도주하는 살인범에 대한 현장 수사가 얼마나 어려운
가요? 그 현장에서 경찰관들은 한 톨의 증거도 놓치지 않기 위해 사력을
다합니다. 지금 오피스텔 607호의 문만 열고 들어가면 증거가 얌전히 앉

아 기다리고 있습니다. 더구나 이 사건은 국가 위기에 준하는 엄청난 의혹 사건입니다. 허위라면 혼란을 야기한 야당은 엄중한 책임을 져야 합니다. 그런데 일반인도 아닌, 최고의 인재로 선발되어 국민 세금으로 교육과 훈련을 받고 권한과 임무를 부여받은 최고의 법 집행자들이 607호의 얇은 문 하나를 열지 못해 국가와 국민을 이렇게 망신시키고 있습니다.

아직 투표할 후보자를 선택하지 못한 유권자로서 요청합니다.

지금 당장 607호의 문을 열어라! 그리고 노트북과 스마트폰을 경찰청 사이버테러 대응센터로 가져가 분석하라! 그리고 그 결과를 한줌 숨김 없이 유권자와 국민 앞에 공개하라!

이 요청을 외면하거나 왜곡하거나 무시하는 자, 대한민국을 하류 사기 국가로 전락시키는 주범이라고 감히 규정합니다.

결국 12월 13일, '김하영'으로 이름이 밝혀진 국정원 직원은 경찰에 노트북을 제출한 뒤 여러 명의 국정원 직원에게 둘러싸인 채 오피스텔을 떠났다. 이제 본격적인 '수사'가 시작되었다.

그 이후 나는 경찰 내부 관계자들의 양심과 경찰정신에 호소하며 유한한 권력의 눈치를 보지 말고 영원한 역사와 국민의 눈을 의식해 이 사건을 규정에 따라 제대로 처리하고 진실을 밝히자는 독려의 글을 계속해서 올렸다.

_ 2012년 12월 14일 금요일

과거 '건국경찰', '호국경찰', '구국경찰'의 숭고한 희생과 찬란한 영광. 그 뒤에 따라온 '권력의 시녀', '독재의 주구', '고문경찰', '민중의 몽둥이' 등의 오명…. 과거의 영욕은 비극적인 한국 근현대사와 함께 있는 그대로 받아들이고 가슴에 담읍시다. 비록 순경부터 제대로, 정식으로 출발하진 않았지만 저도 경찰대학 졸업 후 일선 현장에서 돌에 맞아 코뼈가 부러지기도 하고, 화염병이 전신을 휘감는 공포도 겪었으며, 도주 차량의 사이드미러에 매달려 10여 미터를 끌려가기도 했습니다(비록 우리의 영웅 '다이하드 캅'처럼 범인을 잡지는 못했지만). 부천경찰서 형사로 일하면서 힘들고 어렵고 더러운 현장 환경에 분노하기도 했구요.

그러면서 보고 겪은 한국 경찰은, 솔직하게 말씀드려서, 유학 이후 사직하고 몸담게 된 학계에 비해 수십 배 깨끗하고, 순수하고, 정의로웠습니다. 물론 비리 경찰관도 봤고, 부도덕하고 무책임하고 무능한 상사들도 여럿 겪었습니다. 사명감이라고는 눈 비비고 찾아보려 해도 찾아볼 수 없는 동료들을 보며 저런 사람들 때문에 우리 경찰이 국민의 불신을 받고 이토록 마음고생을 하는구나 하는 생각에 분노하기도 했습니다. 그러나 과학수사, 사이버수사, 형사, 강력, 지능수사, 경비, 보안, 외사, 교통, 생활안전, 지구대 파출소, 정보, 경무 등 각 분야에서 자신의 전문성을 향상하고, 어렵고 부족한 여건 속에서도 민원인과 피해자들에게 최선의 서비스를 제공하려 노력하는 경찰관들을 보면서 눈물겹도록 고마움을 느낀 적이 훨씬 많았습니다.

당시 경찰종합학교(지금의 경찰교육원)에서 경사 300분과 수사구조 개혁 및 경찰대학 문제에 대한 난상 자유토론을 하면서도 여러분들의 진지한 열정과 배려와 순수한 희망을 발견하고 그에 부응하지 못하는 제 무능함에 자괴감을 느끼기도 했습니다. 그래서 전 제 동료였고 지금도 동료인 우리 경찰관들을 믿습니다. 법과 제도, 조직과 지휘체계만 제대로 갖춰진다면 세계 최고의 경찰서비스를 국민들에게 제공해줄 수 있는 분들이란 것을, 모든 경찰관이 임용과 동시에 선서하는 '경찰헌장'에서 말하듯 '어떠한 압력이나 유혹에도 굴하지 않고' '오직 법과 정의, 양심에 따라' 임무를 수행해낼 분들이란 사실을 조금도 의심하지 않습니다.

다른 얘긴 다 생략하겠습니다. 지금 대한민국은 대통령 선거라는 중대한 사안을 눈앞에 두고 있습니다. 그 어느 때보다 압력이나 유혹이 강할 때입니다. 우리 국민을 위해, 부디 용기와 신념을 잃지 말고, 엄정하고 용기 있고 과감하게 법을 집행하고 진실을 규명하고, 정의를 수호해주십시오. 그래서 우리 국민의 신뢰를 확보해주십시오.

여러 가지 기술적, 시간적 어려움이 뒤따르겠지만, 지금 진행 중인 '국정원 선거개입 의혹 사건'에 대해 신속하게 진실 규명을 해주실 것을 믿고 또 믿습니다. 19일 선거일 전에 결과가 공개되어 책임질 자가 책임지는 '정의'가 구현될 수 있길 기원하고 열망합니다. 이를 방해하려는 어떠한 내외부의 압력이나 유혹이 있더라도, 이에 결코 굴하지 않으리라는 것을 믿습니다. 만약 19일을 넘긴다면, 그건 결코 내외부의 압력이나 유혹, 정치적 고려 등의 이유가 아닌, 순수한 기술적 어려움 때문이기를 믿고 싶습니다.

그렇다면 이후 법적 절차 및 학계 등의 검증 과정을 통해 진실이 입증되리라는 것을 믿습니다. 국민 여러분도 저와 같은 생각이길 바랍니다.

대한민국 경찰, 힘내세요!

이 글을 올린 이후 경찰청과 경찰대학에는 나를 제지하고 징계하라는 요구가 빗발쳤고, 두 기관의 홈페이지에는 나를 파면하라는 요청서가 게시물로 올라와 삽시간에 수천 개의 찬반 댓글이 달렸다. 온라인상에서는 물론이고, 주변 지인과 경찰 및 경찰대학 관계자들로부터 비난과 항의 혹은 회유와 설득을 시도하는 글과 연락이 쏟아졌다. 나는 휴대전화를 아예 꺼버렸다. 그리고 컴퓨터 앞에 앉아서 미친 듯이 후속 글을 써서 올렸다.

_ 2012년 12월 14일 금요일

SNS에 글을 쓴 이후 제게 여러 경로로 연락을 하려는 분들이 있었다는 소식을 우연히 듣게 되었습니다.

제 전화기에 이상이 있어 12월 19일까지는 연락을 받지 못합니다. 그런데 연락하려는 시기와 주체 그리고 상황을 미루어 짐작할 때, 이런저런 관계를 동원해 글쓰기를 중단시키려는 회유 내지 압력일지 모른다는 아주 희미한 의구심이 들기도 합니다. 그래서 노파심에 이 글을 씁니다. 만에 하나, 제가 직접 전화를 받고 그러한 내용을 전달받는다면, 해당 연락자와 그 내용을 기록하고 공개할 수밖에 없습니다. 대학교수의 양심과 표현의 자유를 침해하려는 매우 중대한 행위로 해석될 수 있기 때문입니다. 저는 그분들의 입장과 심정을 충분히 이해하고 존중합니다. 그리고 그분들에게 저로 인한 불이익이 발생하지 않길 바랍니다. 어쩌면 그분들 자신보다 제가 그분들의 입장을 더 잘 이해하고 있을 수도 있습니다.

과거에도 여러 번 유사한 경험을 한 적이 있습니다. 하지만 그런 행위가 소기의 목적을 달성한 적은 없습니다. 중간에서 어쩔 수 없는 그분들의 입장을 곤란하게 해드려 개인적으로 무척 송구합니다. 하지만 제 나이 40대 중반, 옳고 그름과 해야 할 일과 하지 말아야 할 일, 그리고 할 말을 해야 할 때와 침묵해야 할 때는 스스로 결정할 수 있고 책임질 수 있다고 판단합니다. 저는 (사회적 관심의 대상이 되는) 이런 유의 글을 자주 쓰지 않습니다. 꼭 필요하다고 느낄 때, 글을 쓰지 않는 것이 제 양심에 어긋나서 견디기 어려울 때 펜을 듭니다. 물론 그런 경우에도 이런저런 이유나 핑계로 글을 쓰지 않았던 적은 무척 많습니다. 부디 헤아려주시고, 제게 전달하도록 요청받은 의미는 충분히 전달되었음을 요청자에게 알려주시길 바랍니다. 그리고 어떤 수단이나 관계를 동원해도 제 말하기와 글쓰기에 영향을 미칠 수 없음을 받아들여주시기 바랍니다.

제가 쓰는 글들은 저 개인 이외의 어떤 집단이나 조직, 그룹을 대표하지 않음을 명확히 밝힙니다. 저와 공식적으로 연관된 어떤 조직이나 기관, 그룹, 단체도 지금 시점 이후 제 말이나 글과 전혀 무관함을 공지하셔도 좋습니다. 제가 쓰는 글이 징계나 법적 제재의 사유가 된다면 얼마든지 그 절차를 진행하시기 바랍니다.

저는 제가 쓰는 글에 대해 전적으로 책임을 지겠습니다. 바라건대, 다시는 저를 포함한 그 누구도 (법에 저촉되는 내용이나 방식이 아닌 한) 하고 싶은 말을 하고 쓰고 싶은 글을 쓰면서 주저하지도 눈치 보거나 두려워하지도 않는 세상이 되었으면 좋겠습니다.

그들만의 인권

국정원 사건이 터지면서 국정원 직원 김 씨의 인권에 대한 논란이 불거지자 이전까지는 인권단체의 주장을 달갑게 여기지 않던 사람들이 '인권'을 소리 높여 외치는 것을 보게 되었다. 그들 중에는 여성이나 장애인, 외국인, 동성애자와 같은 소수자의 차별에 앞장서던 사람들도 있었다. 그런 모습을 보면서 한편으로는 이제 우리나라의 인권 수준도 향상될 수 있겠다는 희망을 가질 수 있었다. 하지만 다른 한편으로 그들이 주장하는 '인권'에 개운치 않은 점이 있음은 어쩔 수 없었다.

유엔 인권위원회와 국제사면위원회 등의 인권 지침 및 교육에서 가장 중시하는 것은 '인권 감수성'이다. 이는 자신과 정반대의 입장이나 위치에 있는 사람 혹은 자신이 싫어하는 유형의 사람을 포함한 모든 사람의 권리를 존중하는 마음의 태도가 숙성되어 있느냐를 의미한다. 그런데 그들이 주장하는 '인권'이란 '우리 편', '내 편'만의 인권이며, 그것도 다른 문제를 회피하기 위한 수단으로 인권을 이용하고 있다는 느낌을 지울 수가 없었다.

세계인권선언은 '(인종, 국적, 성별, 성적 취향, 장애 유무 등 어떤 차이에도 불구하고) 모든 사람에게 동등한 권리가 보장된다'라고 천명하고 있다. 당연히 국정원 직원도 사람이니까 인권을 보장받아야 마땅하다. 하지만 인권 문제의 핵심은 '사회적 약자에 대한 권리 침해'를 막는 것이다. 그리고 이 경우 가장 중요한 것은 국가권력 등 강자에 의해 약자의 권리가 침해 받는 상황이다.

특히 유엔 인권위원회 및 국제사면위원회의 보고서에서는 우리나라에 '국가보안법 등에 의한 개인 표현의 자유 및 결사의 자유 침해', '양심수 문제', '고문 등 국가권력 남용 가해자에 대한 처벌의 미약', '피해자에 대한 보호와 지원 미약' 등의 문제가 있음을 공식적으로 제기하고 지적해왔다. 최근 우리나라에서 문제가 된 국가권력의 민간인 사찰은 대표적인 인권침해의 사례이다. 국정원의 선거개입 의혹이 사실로 밝혀진다면, 이 역시 국가

권력에 의한 범죄이고 그로 인해 국민의 참정권이 침해되는 인권침해의 상황이 될 것이다. 그런데 이를 막기 위한 민간의 방어활동을 인권침해라고 주장한다면 지나가는 개가 웃을 코미디가 아닐 수 없다.

과연 국정원 직원 김 씨는 보호가 필요한 약자였을까? 대한민국 국가정보원의 직원들은 세계 어디에 내놓아도 뒤지지 않는 최정예 요원들이다. 그리고 보도된 내용에 따르면 김 씨는 해당 오피스텔을 '침식을 위한 주거용 공간'이라기보다 '재택근무용 사무실'로 사용하고 있었다. 하루 2~3시간 외출 외에는 주로 해당 오피스텔 안에 머물렀다는 것이 그 사실을 입증하고 있다. 그렇다면 당시 김 씨의 상황은 근무 후 사적인 거소에서 휴식을 취하는 민간인 상태라 할 수 없다. 그보다는 정예 국가정보요원이 민간에 신분과 활동이 노출된 채 불법적이고 인권침해적인 활동을 했다고 의심받는 상황이었다. 이때 김 씨는 '개인으로서의 여성'이 아니라 '임무수행 중인 국가 최정예 정보요원'이었다.

만약 김 씨가 합법적인 업무 수행 중이었다면, 김 씨에 대한 민간인들의 미행이나 감시, 제지 등의 행동은 '공무집행방해'라는 주장이 제기될 수 있을 것이다. 물론 위계나 폭력의 수단이 사용되지 않았다면 공무집행방해에도 해당되지 않는다. 하지만 김 씨는 오피스텔 밖에 있는 사람들이 '사실상' 자신을 감금했다고 주장했다.

기본적인 상식을 가진 사람이라면, 이는 오히려 불법행위를 한 것으로 의심받는 국가정보원 직원이 도주나 증거인멸을 할 것을 우려해 시민들이 자발적으로 모여 감시하고 대기하는 '시민 행동'이라고 보는 것이 마땅하다. 아울러 같은 국가공무원인 경찰과 선관위 직원이 진입 및 면담, 조사를 요구한 상황이었기 때문에 국가공무원의 성실 의무와 공직선거법상의 수인 의무 등을 준수했다면 전혀 발생하지 않았을 상황이다. 즉, 이러한 대치 상황은 문 밖에 대기하고 있는 사람들에 의한 '사실상의 감금'이 아니라 중대 의혹을 해소하기 위한 적법 조사에 불응하고 스스로 은닉 및 증거인멸의 의심을 사고 있는 '사실상의 도주 상황'이라고 봐야 한다는 것, 즉 '감금'이 아니라 '잠금'이라는 것이 당시의 내 판단이고 주장이었다.

국정원의 처참한 민낯

이 사건에서 가장 놀란 것은 과연 내가 알고 있는 최정예 국가정보요원이 맞나 싶은 정도로 충격적인 김 씨의 태도였다. 국정원이나 경찰 등 훈련을 받은 전문 국가공무원의 사회에서는 성 차별이 없다. 아니, 없어야 한다. 남녀 간의 차이는 인정하고 존중되어야 하지만 남녀 구분 없이 각자가 맡은 역할을 타인에게 의지하지 않고 해낼 능력과 자세를 요구받기 때문이다. 국정원의 전폭적인 지원으로 제작되었다고 알려진 드라마 〈아이리스〉나 영화 〈7급 공무원〉에 나오는 정예 여성 정보요원을 보면 멋지고 당당하기 그지없다. 그런데 현실에서 국정원 직원은 근무 중에 발생한 상황을 처리하기 위해 오빠와 부모를 부르고 있으니, 통탄할 노릇이 아닐 수 없었다.

무언가를 숨기려는 다급하고 비상식적이고 불안한 상황이 아니라면 자신은 물론 가족의 신원을 철저히 비밀에 부쳐야 할 정보요원이 공개된 장소에서, 그것도 수많은 기자와 사람들이 운집한 곳에 오빠와 부모를 부른다는 것은 상상도 할 수 없는 일이었다. 세상 어느 나라의 정보요원이 이런 행동을 할 수 있을까? 신분이 노출된 가족이 북한이나 적대세력의 표적이 되길 바라는 것인가? 가족을 부르라는 것이 상관의 지시였을까? 나는 국가 정보 시스템이 무너지는 그런 상황은 상상조차 하기 싫었다.

당시 일부 사람들은 '민간인에 의한 공무원 사찰'이라는 듣도 보도 못한 개념을 들먹이며 김 씨를 미행했던 이들을 비난했다. 상식적으로 생각해도 민간인이 최정예 정보요원인 국정원 직원을 사찰한다는 것은 말이 되지 않았다. 그것이 사실이라면 사자를 잡아먹겠다고 위협하는 토끼 꼴이 아닌가? 또한 법률적으로 봤을 때, 국가권력이 민간인을 사찰하는 것은 불법이지만, 민간인이 국가권력을 감시하는 것은 너무도 당연한 시민의 권리이다. 앞에서 설명했듯 '공무집행방해죄'가 구성되지 않음은 분명했다. 만약 그렇다고 해도 경찰에 바로 신고해 현행범으로 체포하고 법에 따라 처벌하면 그만이다. 기어코 국가권력을 감시하는 시민에게 법적 제재를 가하고 싶다면, 당시 경범죄처벌법에 신설된 '스토킹 행위'에 해당하니 지구대 경찰관에게 신고해 8만 원의 범칙금 고지서를 발부하면 된다. '인권침해'와 전혀 관련 없다는 말이다.

내가 방송 토론을 통해 이런 설명을 하자, 일베 등 새누리당 지지 세력과 일부 언론에서는 '경범죄 8만 원'만을 내세워 내가 심각한 스토킹 범죄를 경시했다면서 공격을 퍼부어댔다. 참으로 유치하고 어리석은 자들이다. 이 사건을 둘러싸고 제기되었던 '인권침해 드립'은 몇 해 전 아프가니스탄에 인질로 억류되었던 한국인 22명을 구조한 뒤 국정원장과 정보요원이 선글라스를 끼고 공개적으로 사진을 찍으며 국제적으로 신분을 노출한 이래 두 번째로 보는 너무도 슬픈 국정원식 '코미디'였다.

경찰대학 교수직을
사직하다

사직서

경찰대학 교수부 행정학과
부교수 **표창원**

위 본인은 1999년 8월, 그동안 현직 경찰 경험과 외국 유학을 통해 연마한 실무기술과 학술을 정예 미래 경찰간부 양성과 경찰 이론, 정책 및 실무기법 향상을 위한 연구에 효과적으로 활용하기 위해 경찰직을 사직한 후, 경찰대학 전임강사 채용 공채에 응시, 합격하여 동년 9월 1일 자로 전임강사 임용된 자임.

이후 학칙에 따른 제반 요건을 충족하고 규정에 따른 인사위원회를 거쳐 조교수 및 부교수로 승진 임용되면서 제반 관련 법률과 규정을 준수하고 양심에 따라 대과 없이 교수로서의 직무를 수행하여 왔음.

하지만 2012년 12월 19일 실시되는 제18대 대통령 선거와 관련한 견해를 공개적으로 표명하는 과정에서, 본의 아니게 '경찰대학 교수로서의 직위'가 이용될 수 있음을 인식하고, 경찰대학과 학생들의 숭고한 명예와 엄정한 정치적 중립성에 부당한 침해가 발생할 가능성을 방지하고, 경찰대학 재학생 및 졸업생 등에게 혹여 자유롭고 독립적인 견해를 구축하는 데 있어 부당한 영향을 끼칠 가능성을 방지하기 위해 사직하고자 합니다. 부디 원을 받아들여 수리하여주시기 바랍니다.

2012년 12월 16일 **표창원**

그동안 나는 크고 작은 모든 일을 아내와 상의해서 결정해왔다. 하지만 경찰대학의 교수직을 그만두는 것만은 혼자 결정하고 행동한 뒤 아내에게 양해를 구할 수밖에 없었다. 아내에게 너무 미안했다. 아내는 조금 충격을 받은 듯했지만, 다행히도 "그럴 것 같더라" 하며 바로 나의 결정을 존중해주었다.

12월 16일 당일은 일요일이라 일단 온라인상에서 사직서를 공개한 뒤, 월요일에 대학 측에 공식적으로 제출했다. 그리고 이것은 다른 사람의 제안이나 요구에 의한 것이 아니며, 오로지 나 자신의 숙고와 판단 끝에 내린 결정임을 공개적으로 명확하게 밝혔다. 그리고 이와 다른 사유에 대한 오해나 추측을 하지 말아주길 공개적으로 부탁하기도 했다. 내 결정으로 인해 어느 누구도 불이익을 받지 않길 바랐고, 어떤 동정의 시선도 받고 싶지 않았다.

이렇게 공개적으로 사직서를 제출했으니, 대학 측이든 어디에서든 만류를 한다 해도 되돌릴 수 없고 되돌리지 않을 것임을 재차 공개적으로 천명했다. 이제 내 모든 것을 건 '본격적인 싸움'이 시작된 것이다.

자유인 표창원

많은 사람들이 나에게 왜 사직서를 냈느냐고 물어왔다. 한마디로 말하자면 '자유', '표현의 자유', 글을 씀에 있어 어떠한 것에도 구애받고 싶지 않은 욕구 때문이었다. 그리고 국정원 사건의 진실을 밝히라는 내 주장의 무게와 진정성을 인정받고 싶은 마음도 있었다. 너무 가벼운 결정이 아니냐는 질타도, 교수직을 유지한 채 발언을 해도 되지 않느냐는 말씀을 주신 분들의 마음도 감사히 받아들였다. 그동안 나름대로 최대한 중립과 형평성, 경찰대학 교수로서의 책임을 인식하며 글을 써왔지만, 그런 나의 글이 일부 사람들에게는 여전히 편향적으로 받아들여질 수 있음을 생각하면 마음이 편하지만은 않았다. 무엇보다 이제부터 정말 아무런 구애도 받지 않고 마음껏 쓰고 싶은 글을 쓰며 자유롭게 의사 표현을 하고 싶었다. 그리고 국정원 사건을 저지른 자들, 그들을 비호하는 세력들과 온몸으로 제대로 붙어보고 싶었다. 그냥 그러고 싶었다.

학생들에겐 정말 미안했다. 하지만 이미 학기를 마쳐 수업을 종료했고 기말시험의 채점과 성적 제출도 모두 마친 상태였기 때문에 내 의무를 결략할 일은 없었다. 사직서를 내기는 했지만 혹시 경찰대학에서 내 강의가 필요하다면, 그리고 불러준다면 외래강사로 얼마든지 강의를 할 마음은 있었다(물론 경찰대학은 이후 단 한 차례도 내게 강의 요청을 해온 적이 없다). 다른 연구 작업 등 기타 필요한 역할은 전과 다름없이 수행할 수 있었다. 당시에는 부디 어떤 오해도 없이 있는 그대로의 내 마음을 이해하고 받아들여주길 바라는 마음뿐이었다.

이후 나는 12월 17, 18일 양일간 JTBC 방송에 출연해 권영진 당시 새누리당 전략기획단장과 열띤 토론을 벌이는 등 다양한 매체를 통해 경찰의 미온적인 대응과 소극적인 수사를 비판했다. 그리고 국정원 사건의 진실을 제대로 규명하기 위해서는 피의자들을 감싸고도는 새누리당 정권이 물러나고 새로운 정부가 들어서는 정권 교체가 이루어져야 한다고 강하게 주장했다. 하지만 결국 12월 19일에 치러진 대통령 선거에서 새누리당 박근혜 후보가 당선되었다. 그러나 내 싸움은 끝나지 않았다. 오히려 본격적으로 시작되었다. 언제까지 싸워야 할지 예상할 수 없었지만, 나는 '끝까지 간다' 라고 결심하고 대선 패배로 상심한 시민들을 위로하기 위한 프리허그를 시작했다. 그리고 길거리 강연, 집회 연설, 방송 출연 및 언론 기고와 저술 등 할 수 있는 모든 방법을 다 동원해 길고 힘든 싸움을 해나갔다.

대선이 끝난 이후, 나는 국정원 사건을 제대로 해결하려면 국회정보위 소속의원들을 전면 검증하고 국정원 및 국정원 사건과의 관련성이 의심되는 의원들을 교체한 후 국정조사 청문회를 생중계로 진행할 필요가 있다고 주장했다. 소위 '십알단' 사건으로 불린 윤정훈 새누리당 SNS단장의 불법선거사무실 여론조작 범죄 혐의(선관위가 검찰에 고발)와 국정원 사건(경찰수사 중)은 한 덩어리로 봐야 했다. 혐의 사실인 여론조작의 의도와 목적, 수혜자가 같기 때문이었다.

사직서를 제출한 지 보름 남짓 지난 (그리고 국정원 사건의 진상 규명 없이 대통령 선거가 치러진 이후인) 2013년 1월 2일, 사표가 수리되었다는 연락을 받았다. 사표수리, 직장을 잃은 것이 기쁜 소식이라고 SNS에 공개적으로 알리는 입장이 다소 희극적이었지만, 사표수리 과정에서 수고하신 모든 분과 내 안위를 걱정하고 내 결정을 격려해주신 모든 분께 감사하는 마음이었다. 이제 '진짜 자유인'이 된 것이다!

12월 16일, 중간 수사결과 발표

12월 13일, 사건 발생 후 48시간 동안의 '셀프 잠금' 대치 상황 끝에 노트북 컴퓨터를 경찰에 제출한 뒤 국정원 직원들에 둘러싸여 사라진 국정원 여직원 김하영. 곧이어 국정원은 경찰수사에 협조하겠다는 발표를 했다. 이제 공은 경찰에게 넘어갔다. 과연 경찰은 제출된 노트북, 용의자 김하영의 휴대전화와 다른 컴퓨터에 대한 디지털 포렌식과 용의자 김하영에 대한 강도 높은 신문 및 오피스텔과 국정원 사무실 등에 대한 압수수색을 포함해 엄격하고 공정하고 신속하게 수사를 할 것인가? 12월 19일 대통령 선거 전까지 수사 결과를 발표할 것인가? 여야 정치권과 언론, 시민들의 관심과 논쟁이 뜨겁게 달아올랐다.

국정원 사건이 터지기 전까지 여론조사에서는 박근혜 후보가 우위를 달리고 있었다. 하지만 문재인 후보의 지지율이 점차 올라가면서 국정원 사건에 대한 경찰수사가 진행된 지 사흘째인 12월 16일 일요일에는 후보 간의 우열이 뒤바뀌는 '골든 크로스'가 발생했다는 관측이 강하게 제기되고 있었다. 특히 이 날은 박근혜와 문재인 두 유력 대통령 후보 간의 마지막 TV 토론이 있는 날이었고, 이전 토론에서 이미 밝혀진 두 후보의 토론 능력 차이로 선거의 판세가 결정될 것이라는 견해가 지배적이었다.

그런데 상황이 이상하게 흘러가기 시작했다. 새누리당 김무성 선거대책위원장 등이 오후 12시 서울경찰청을 방문해 '경찰은 눈치 보지 말고 오늘 중으로 수사결과를 발표해달라'고 요구했다는 보도가 나왔다. 그리고 저녁 8시부터 진행된 생방송 토론에서 박근혜 후보가 연약한 젊은 여성인 김 씨에 대한 감금과 인권침해 문제를 제기하더니 경찰 수사결과에서 여직원이 댓글을 단 증거가 없다는 것이 다 밝혀졌다고 주장하는 황당한 상황이 발생한 것이다. 토론이 끝난 직후 YTN의 〈대선 3차 TV 토론 어떻게 보셨습니까〉라는 생방송 프로그램에 출연한 새누리당 박근혜 후보 선거캠프의 박선규 대변인이 '오늘 중으로 경찰이 수사결과를 발표할 것'이라는 공개 발언을 하며 앞선 두 발언이 오해나 실언이 아님이 확인되었다.

　　그동안 경찰은 디지털 포렌식 작업의 특성상 빨라야 17일 월요일 이후에나 어느 정도 확인이 가능할 것이라고 밝혔고, 늦으면 대선 이후에 결과가 나올 수도 있다고 전망해오던 터였다. 그런데 16일 일요일 밤 11시, 한창 횡설수설과 비문을 남발하거나 침묵으로 위기를 넘기던 박근혜 후보의 토론에 대한 평가와 비판이 극에 달하던 순간, 모든 방송 화면 하단에는 "경찰 중간 수사결과 발표, 국정원 여직원 댓글 단 흔적 없어, 김 씨 무혐의"라는 자막이 빨간 바탕에 굵고 큰 글씨로 나타났다. 잠시 후 긴급속보로 경찰 제복을 입은 수서경찰서 이광석 서장의 발표 장면이 반복해서 보도되었다. 인터넷 포털 역시 마찬가지였다.

　　경찰의 발표 후 채 몇 분이 지나지 않은 11시 11분, 국정원은 "민주당이 제기한 '국정원의 조직적 비방 댓글' 주장은 사실무근으로 드러났고, 국가정보기관을 정치적 목적으로 이용하는 일이 더 이상 반복되어서는 안 될 것"이라는 내용의 보도자료를 배포했다. 이 내용은 다시 긴급속보로 방송

자막과 뉴스 및 보도로 이어졌다. 새누리당과 박근혜 후보 선거캠프, 그리고 경찰과 국정원이 모두 사전 조율 및 협력하지 않았다면 현실적으로 불가능한 일들이었다.

다음 날, 12월 17일 월요일 주요 신문의 1면 머리기사는 원래 예정됐던 두 후보 간 마지막 TV 토론 분석 및 대선 여론 전망이 아닌 "경찰, 국정원 여직원 댓글 흔적 없어" 제하 기사로 변경되었다. 당시 경찰 안팎에서는 김용판 서울지방경찰청장이 대표적인 '친박' 실세로 자신의 상관인 김기용 경찰청장의 지시를 무시하고 수사과정 전반을 왜곡하고, 잘못된 중간 수사결과 발표를 주도했다는 의혹이 제기되고 있었다.

내 기억으로 경찰 역사상 일요일 밤 11시에 중간 수사결과를 발표한 적은 없었다. 단 한 번, 한화 김승연 회장의 청부 폭력 사건 당시 밤 11시에 브리핑을 한 적은 있지만 지금처럼 "아직 아무것도 발견하지 못했다"는 사실을 발표하기 위해 일요일 밤 11시에 중간 수사결과를 발표한 예는 없었으며, 원칙과 기준에도 맞지 않는 황당한 일이었다. 게다가 당시 이 긴급 발표는 마치 '혐의 없음'이 공식 확인된 것처럼 사람들을 오도하는 효과가 명확했고, 대통령 선거를 사흘 앞둔 시점에서 유권자들의 심리에 큰 영향을 미칠 것이 자명했다. 그리고 당시 김용판 서울경찰청장과 그 지시를 받고 수사에 적극 개입한 의혹이 제기된 김병찬 서울경찰청 수사2계장 등은 국정원 직원과 수차례 만나거나 전화 통화를 해왔다는 의혹이 제기되고 있었다.

대선 이후 계속된 수사에서 김하영을 포함한 여러 국정원 직원들이 정치와 선거에 개입하는 게시글과 댓글을 달고 찬성 반대 클릭들을 무수히 행한 증거들이 확인되어 결국 원세훈 당시 국정원장과 이종명 차장, 민병주

단장 등이 유죄 판결을 받게 되었다. 특히 국회 국정조사 청문회에서 공개된 서울경찰청 사이버 증거분석실 설치 CCTV영상에서 12월 16일 중간 수사결과 발표 전 이미 수사관들이 댓글과 게시글 등을 발견하고 놀라며 감춰야 한다는 이야기를 주고받은 사실이 드러나 충격을 주었다. 12월 16일 일요일 밤 11시에 이루어진 경찰의 중간 수사결과 발표는 그 시간의 이례성만 문제였던 것이 아니라 내용에 있어서도 완전한 허위, 조작이었음이 확인된 것이다.

당시 국정조사 청문회에 증인으로 출석한 김용판은 '증인 선서'를 거부하는 해괴한 행동을 하고 당시 상황에 대한 정확한 진술을 거부했다. 이후 박근혜 정권하에서 검찰에 의해 기소된 뒤 재판을 받았지만 대법원에서 무죄 확정 판결을 받았다. 12월 16일 중간 수사결과 발표는 '매우 부적절'했지만, 박근혜 후보의 당선을 돕겠다는 고의가 입증되지 않았다는 이해하기 힘든 판결 내용이었다. 2016년 총선에서 김용판은 국정원 사건과 자신을 비판한 나를 심판하고 박근혜 대통령을 지키겠다고 주장하면서 새누리당 대구 달서을 지역의 예비후보로 출마했다. 하지만 그는 국회 국정조사 청문회에서 자신을 비호해주었던 같은 경찰 출신 윤재옥 후보에게 크게 패하면서 당내 경선을 통과하지 못한 채 낙마했다.

최근 국정원 개혁위원회의 조사 결과 김병찬 당시 서울경찰청 수사2계장이 국정원 사건 수사과정에서 국정원 직원과 수시로 통화하면서 수사기밀을 알려주고 수사과정을 왜곡시킨 정황이 드러나 다시 검찰의 수사가 개시되었다. 이번에는 김용판의 당시 행위와 범법 여부에 대한 진실이 드러날 수 있을까?

'풍전등화' 국정원

당시에 재미있게 본 영화와 드라마 중에 〈7급 공무원〉과 〈아이리스〉가 있었다. 두 작품 모두 국정원 요원들의 활약상을 멋진 액션과 탄탄한 미스터리 구조 속에서 그려내 재미와 감동을 주었다. 이 영화와 드라마를 본 청소년 중에는 '한국의 007', 국정원 요원이 되는 꿈을 갖게 된 이들도 있을 것이다. 미국의 중앙정보국CIA, 이스라엘의 모사드, 영국의 비밀첩보국 SIS(일명 MI6) 등과 어깨를 나란히 하며 국가와 국민을 위해 희생하고 봉사하는 최고의 전문가들. 나와 많은 청소년이 기대하고 믿는 국정원의 모습이었다.

실제로 내가 경찰관 생활을 하며 만났던 실무요원들의 모습은 영화나 드라마 속 이미지와 크게 다르지 않았다. 특히 1992년 대테러 종합 모의훈련에서 테러범 역할을 담당하며 경찰 협상요원이었던 나와 1박 2일간 두뇌싸움을 벌였던 안기부 '장 선생'은 국가정보요원에 대한 강한 인상을 심어주었다. 외국 테러범에게 인질이 납치된 상황을 설정하고 진행된 모의훈련이었기에 협상은 모두 영어로만 진행되었다. 미군 범죄수사대CID의 협상 교육을 받았고, 경찰 내에서는 누구보다 영어는 잘한다는 자부심을 가지고 있던 나였지만 유창함과 정확성은 물론이고 중동식 억양과 미국 본토 억양을 자유자재로 구사하는 장 선생 앞에서 나는 어린아이 같았다. 영어만이 아니었다. 협상을 이끌어나가는 심리전 능력은 물론이고 훈련 막바지에 경찰 특공대의 진입 상황에서 보여준 무술 실력 또한 탁월했다. 나에겐 장 선생이 영원한 국정원 요원의 롤 모델이었다.

하지만 시간이 지나 관계기관 대책회의 등에서 접했던 국정원 관료들에게서는 장 선생 같은 전문 실무요원과 같은 모습을 전혀 찾아볼 수 없었다. 장 선생 같은 진짜 전문가들이 아닌 검찰 등 다른 행정기관의 관료들이 낙하산처럼 국정원 고위직에 임명되었다는 소식을 접할 때마다 안타까웠다. 중앙정보부에서 안전기획부를 거쳐 국정원으로 여러 차례 간판을 바꿔 달수밖에 없었던 '정치화'의 상처와 후유증은 일선 현장에서도 확인할 수 있었다. 유능한 실무요원들이 점차 한직으로 밀려나고 소위 '줄을 잘 선' 관료들이 득세해 권력을 추구하는 모습이 감지된 것이다. 그 결과 과거 '음지에서 일하고 양지를 지향한다'는 모토를 가졌던 국정원이 2002년 월드컵 등 국제행사의 공식 보안책임기관을 맡겠다며 경찰과 힘 겨루기를 해 다른 나라 경찰 관계자들을 경악하게 하기도 했다.

그뿐만이 아니었다. 2011년에는 무기 구입을 위해 우리나라를 방문한 인도네시아 사절단의 호텔방에 국정원 직원들이 숨어들어가 노트북을 훔쳐보다가 호텔 직원에게 발각되고 결국에는 경찰에 체포되는 어이없는 일까지 발생했다.

2012년 국정원 사건 역시 불법 선거개입 논란은 차치하고라도, 국내 최고의 정보기관에서 훈련 받은 국정원 직원이 민간인에게 미행을 당하고 숙소와 일과까지 모두 발각이 되도록 조금도 눈치를 채지 못하고 있었다는 점에서 국정원 직원의 수준을 의심케 할 만한 일이었다. 그것도 모자라 선관위와 경찰이 와 문을 열고 조사에 협조하라고 하자 오빠와 부모까지 불러 언론 앞에 노출시키는, 이해 못 할 상황이 벌어진 것도 국정원의 역량 약화를 보여준 단적인 예였다.

그 순간 북한에서는 미사일을 쏘아댔지만, 국정원에서는 정작 북한의 움직임은 전혀 파악하지 못하고 있었다. 결국 우리나라 정부는 공식적으로

'북한은 발사 계획을 철회했다'고 발표해서 국제적으로 어처구니없는 망신을 당하고 말았다. 또한 고발뉴스의 기사에 따르면, 유사한 시기에 말레이시아에서 태국 주재 MBC 기자가 북한 김정은의 형 김정남을 만나 인터뷰를 시도했지만, 국정원은 아무런 제지도 하지 않았다. 과연 국정원에서는 이런 사실을 몰랐던 것일까, 아니면 대선에 이용하도록 방조한 것일까? 그 내막은 알 수 없는 일이다.

분명한 것은 국정원은 위기였다. 누구도 부인할 수 없는 사실이었다. 내가 생각한 중요한 원인 중 하나는 국정원의 정치화였다. 정치 관료가 국정원을 장악하고 정보와 예산, 인력을 정치적으로 이용하면서 정작 국정원의 주요 임무에는 구멍이 생기고 있었던 것이다. 의도적 정치화가 아니라 하더라도 어떤 이유에서든 국정원은 이미 국제 첩보 세계에서 조롱거리가 될 정도로 무능화·무력화되어 있었다. 국정원을 위해서라도 아니, 대한민국의 진정한 안보를 위해서도 대수술이 필요했다. 생명은 살리되 뇌 속 암세포를 제거하는 정밀하고 체계적인 대수술만이 국정원을 살려내 국민이 신뢰하는 '한국의 007'로서의 위상을 바로 세우는 길이었다. 그런데 국정원은 오히려 이런 견해를 담은 나의 〈경향신문〉 기명 칼럼을 문제 삼아 나를 '출판물에 의한 명예훼손' 혐의로 검찰에 고소했다. 검찰은 피고소인인 나를 대상으로 어떤 조사도 하지 않은 채 시간만 끌다가 결국 각하 처분을 내렸다.

국정원 사건은 범죄 사건

경찰보다는 정치권에서 날 선 공방이 오갔지만, 국정원 사건은 나에게 처음부터 끝까지 '범죄사건'이었다. 신고와 혐의에서 출발해서 단서가 발견되고, 현장과 관련자 조사를 통해 심증이 강해지면 강제수사로 증거물을 확보하고, 공범 여부와 추가 범죄 및 여죄를 확인하여 증거인멸이나 범인을 은닉한 방조범도 찾아 처벌해야 마땅한 '범죄'임이 명확했다.

경찰과 검찰, 법원에서 사법제도가 제 기능을 다해 국정원 사건 같은 민감하고 정치적이며 국가적인 사건을 의혹 없이 밝혀내고, 언론과 방송이 제대로 된 보도로 국민들의 궁금증을 해소해준다면, 국민들은 어떤 의혹이나 의심 없이 국가 시스템을 신뢰할 수 있을 것이다. 그러면 국민 다수가 국가에 대한 믿음을 가지고 안보나 경제위기 극복을 위한 노력에 동참할 수 있을 것이다. 반대로 경찰, 검찰, 법원이 대통령이나 정부, 고위관료, 재벌 등을 위해 진실을 숨기고 사건을 축소하고 왜곡한다는 의혹이 번지면, 국가와 정부에 대한 신뢰는 흔들린다. 그럴 경우 안보나 경제위기에도 국민은 자기희생은커녕 정부에 어떤 협조도 하지 않게 될 것이다.

과거 정권에서는 정통성에 위기가 올 때마다 소위 북한의 도발 위협 등 '북풍'을 일으켜 국민 여론을 환기시키고 애국심에 호소함으로써 정부를 비판하거나 시위하는 시민들을 제압하는 명분을 만들어냈다. 하지만 양치기 소년의 말을 믿지 않게 된 마을 사람들처럼, 우리 국민들에게도 더 이상 이런 방법은 통하지 않는다. 한 치의 의혹도 없는 철저한 수사와 조사, 책임자에 대한 문책과 사과만이 국민들의 마음과 신뢰를 얻을 수 있다.

당시 북한은 미·중 정상의 '북핵불인정' 합의, 국제사회의 제재, 라오스 내 탈북청소년의 강제 북송에 대한 전 세계적인 규탄, 버진 아일랜드의 유령회사 설립 발각 등으로 위기에 몰린 상태에서 남북대화 카드를 꺼내들었고, 그 결과가 어떻게 될지 모르는 상황에서 우리나라의 안보 위기는 여전했다. 국민통합을 통한 공동대응이 절실한 상황이었다.

국내의 여건도 만만하지 않았다. 뿌리 깊은 부패 때문에 원전 가동이 중단되면서 전력난이 발생했고, 그 때문에 여름 무더위 속에 시민들의 불만이 터져나왔다. 그밖에 불경기와 자영업 줄도산, 취업난, 물가 불안 등의 경제 위기도 우려되는 상황이었다. 국민통합과 야당의 협조와 지지 없이 결코 이겨내지 못한다는 우려가 팽배했다.

국정원 사건의 진실을 감추고 무마한다면, 당장 나부터 대통령과 정부의 정통성과 정당성을 인정할 수 없었다. 그런 마음으로는 앞으로 닥칠 안보와 경제와 같은 국제적 위기 상황 속에서 정부에 지지와 협력을 보내기 힘들다는 데 많은 국민이 공감했을 것이다. 애국심이 없다고 탓할 일이 아니었다. 불의를 용납하는 것은 애국이 아니기 때문이다.

국정원 사건의 진실 규명에 협조하고, 책임자 전원을 밝히고, 정당한 처벌을 받게 하고, 다시는 국가기관이 선거개입, 정치개입, 여론조작에 가담하지 않을 법제도적 장치를 마련하고, 박근혜 대통령 스스로 잘못된 발언과 진실 규명을 방해한 언행을 인정, 사과하고, 선거의 엄정중립을 약속해야 한다고 나는 주장했다.

당시에 청와대와 황교안 법무부장관과 새누리당이 총력으로 나서서 검찰수사에 개입하고 압력을 넣는 이유는 결코 '원세훈 구하기'가 아니라고 생각했다. 박근혜 정권 입장에서 보면, 원세훈은 2007년 한나라당 대통령 경선을 치르며 철천지 원수가 된 이명박 전 대통령의 충복이었고, 할 수만 있다면 밟고 싶은 자였을 것이다. 이런 이유에서 원세훈을 보호하려는 박근혜 정권의 노력은 그가 대선 여론조작 사건과 관련된 새누리당의 공모자와 그 밖의 배후를 밝히지 못하게 하려는 안간힘으로 보였다.

특히 새누리당의 일부 인사들이 국민들에게 엄청난 비난을 받을 위험을 감수하면서도 말도 안 되는 '국정원 여직원 인권' 운운하며 '국정원 제보자 민주당과 고위직 밀약설'을 흘리는 이유는 논란과 관점을 다른 곳으로 옮겨 원세훈, 김용판의 배후와 수사 자체를 세간의 이목에서 멀어지게 하려는 의도로 보였다.

국정조사로
진실을 밝혀라

       국정원 사건의 진상 규명을 위해 나는 당시 경찰에 이어 수사를 진행 중이던 검찰에 대한 공개 응원 운동을 전개해나갔다. 경찰은 2012년 대선 사흘 전인 12월 16일 밤 11시에 유례를 찾아 볼 수 없는 긴급 기자회견을 통해 국정원 직원 김씨의 '하드디스크에서 댓글 흔적을 발견하지 못했다'는 허위 조작 발표를 해서 노골적으로 새누리당 박근혜 후보를 도운 당사자였다.

비록 수사권 독립 문제 등을 두고 검찰보다는 경찰 편에 서왔던 나였지만, 이번에는 검찰 편이었다. 경찰의 문제와 잘못을 찾아내고 지적해도 좋으니 부디 이 사건의 실체적 진실을 제대로 파헤쳐주기를 간절히 바랐다. 그 염원을 담아 SNS를 통해 시민들에게 검찰 특별수사팀에게 응원과 격려를 보내달라고 요청하고 호소했다. 전례를 찾기 힘든 엄청난 응원과 지지와 격려의 메시지가 검찰에 답지했다. 하지만 검찰 역시 막강한 권력 앞에서 약한 모습을 보였다.

2012년 12월 11일 오피스텔 앞에서 대치 상태를 야기했던 국정원 직원 김 씨는 실제로 그곳에서 박근혜 후보를 지지하고 문재인 후보를 비방하는 대선개입 여론조작 댓글을 다는 일을 '업무로' 하고 있었다. 김 씨만이 아니라 다른 직원들도 같은 행위를 했으며 이들이 상관들의 지시를 받아 '조직적으로' 범행을 했다는 사실은 이미 밝혀졌다. 하지만 검찰은 단지 상관이 내리는 지시와 명령에 따랐을 뿐이라는 이유로 그 범죄자들에게 '기소유예' 처분을 내렸다. 이들에게 지시를 내린 상관인 이종명 국정원 3차장과 민병주 심리전단장에게도 기소유예 처분을 내리고 우두머리 격인 원세훈 전 국정원장만을 불구속 기소했다.

워터게이트 사건이 발생했을 당시, 미국에서는 지시를 받고 야당 사무실에 도청장치를 설치하려 한 5명을 체포해 구속하고 강도 높게 추궁한 끝에 결국 그 윗선인 CIA와 백악관, 그리고 공화당 고위 관계자들의 혐의를 밝혀냈다. 그리고 닉슨 대통령의 탄핵까지 이끌어냈다. 워터게이트 사건과 비교해봤을 때, 당시 우리나라의 검찰에게는 처음부터 진실 규명의 의지 같은 건 없다고 볼 수밖에 없었다. 이제 국회의 힘이 필요했다. 국정조사와 공개청문회를 열 수 있도록 여론의 압박을 가해야 했다. 나는 인터넷 포털 청원사이트를 이용하기로 했다.

_ 2013년 6월 14일 금요일
다음 아고라 청원서

국정원 게이트, 국정조사 실시해주세요!

지난 대선, 새누리당과 박근혜 후보는 국정원 사건이 허위 조작이고, 여직원에 대한 인권유린이라며 김용판 서울경찰청장이 주도한 경찰의 거짓 발표를 무기삼아 17, 18일 양일간 집중 유세를 펼친 끝에 대선에서 승리했습니다. 그리곤 대선 후 논란이 일자 새누리당과 민주당, 여야가 국정조사에 합의했습니다. 국정조사 실시!

새누리당과 민주당은 국정원 사건에 대해 '검찰수사 종결 후 국정조사'를 실시하기로 원내부대표 간 합의를 했습니다. 하지만 경찰과 검찰수사로 의혹이 사실로 드러나자 불리해진 새누리당은 '수사, 재판 중인 사건은 국정조사를 하지 못한다'라고 하며 말을 뒤집었습니다. 그렇지만 국회 입법조사처는 수사 중인 사건도 국정조사가 가능하다는 결론을 내렸습니다. 국정조사 실시!

미국 워터게이트 사건은 민간인 5명이 체포되며 시작되었습니다. 수사 끝에 그중 한 명이 전직 CIA 요원이자 공화당 선거운동본부 경비책임자임이 드러났고, 이 사람의 수첩에 고위 백악관 관계자의 전화번호가 적혀 있다는 사실이 밝혀지는 등 진상이 드러나자 닉슨 대통령은 수사를 무마하려고 영향력을 행사했습니다. 하지만 결국 그 사실마저 밝혀지며 의회에서 공화당 의원들까지 찬성해 탄핵안이 의결됩니다. 닉슨은 탄핵 직전에 사임합니다.

한국 국정원 사건은 6개월간의 경찰과 검찰수사로 조직적인 정보기관의 불법적 선거개입 범죄가 확인됐지만, 체포/구속 0명, 실제 불법행위를 자행한 국정원 직원들은 기소유예됩니다. 이는 정권의 이익을 위해 국정원과 경찰, 검찰이 고의적으로 사법 정의를 짓밟은 '쿠데타'입니다.

새누리당 정권이 천년만년 갈 것 같습니까? 언제든 바뀝니다. 불법과 부정 위에 쌓인 힘과 권력은 언젠간 무너지고, 그 과정은 비참할 것입니다. 국민이 잊지 말고 기억하는 것이 중요합니다. 국정원과 경찰과 검찰의 담당자 이름을 반드시 기억합시다. 황교안 법무부장관의 이름을 기억합시다. 새누리당 관계자들의 이름을 기억합시다.

전두환의 12.12 쿠데타, 5.18 내란 학살, 수천억 뇌물 비자금 사건도 정권의 눈치를 본 정치검찰이 '성공한 쿠데타는 처벌하지 못한다'라는 말도 안 되는 근거로 사법면죄부를 쥐어주며 역사 속에 묻히는 듯했습니다. 하지만 국회청문회에서 진실의 상당 부분이 드러났고 정권이 교체된 후 전두환에게 사형 판결(항소심에서 무기징역으로 감형)이 내려졌습니다. 국정원 사건과 유사합니다. 1980년대 쿠데타는 총칼과 군대를 동원했지만, 21세기 쿠데타는 국정원과 경찰을 동원했다는 것이 다를 뿐입니다. 검찰이 사후 승인을 해준 과정도 동일합니다. 국회의 국정조사를 통해 진실의 상당 부분을 밝혀낸 뒤 정권 교체를 통해 확실하게 심판하면 됩니다.

불법과 부정을 자행한 자들은 국민의 냉소와 무관심을 먹고삽니다. 냉소하지 맙시다. 패배주의에 빠지지 맙시다. 관심을 가집시다. 지금 "국정조사 실시!"라고 한목소리로 외칩시다.

부탁드립니다. 호소드립니다. 다음, 네이버 등 포털에, 언론사 게시판에, 새누리당과 민주당 등 정당 홈페이지에, 트위터에, 페이스북에 "국정조사 실시!"를 써주십시오. 외쳐주십시오. 그리고 이 청원에 서명해주십시오. 그래서 국민의 대표인 국회가 제 역할을 하게 해주십시오. 헌법에 명시된 것처럼 대한민국이 '민주공화국'임을, '국민이 주권자'임을, '모든 권력은 국민에게서 나온다'는 것을 확인하게 해주세요.

우리 아이들에게 자랑스러운 민주국가를 물려주고 싶습니다.

2013년 6월 14일 오후 4시부터 18일 오후 6시까지 4일 동안 인터넷 포털 다음 아고라에서 서명을 받은 결과, 총 10만 273명의 시민들이 서명을 해주었다. 짧은 기간에 거둔 엄청난 성과였다. 처음 10만 명 서명을 제안했을 때만 해도 '불가능하다', '서명을 받는다고 뭐가 달라지느냐'라며 냉소적이었던 일부 사람들의 부정적인 반응을 무색하게 하는 쾌거였다. 언론과 방송에서 화젯거리로 보도되기도 했다. 다음 단계는 '퍼포먼스'였다. 직접 인쇄한 〈국정원 게이트, 국정조사 실시해주세요!〉 청원서와 10만 273명의 서명자 명단을 들고 새누리당 당사를 찾아가겠다고 SNS에 공지했다. 미리 예고한 2013년 6월 19일 오후 12시 30분, 새누리당 당사 앞에는 이미 기자들과 인터넷 방송사의 촬영팀이 도착해 있었다. 검은색 양복을 입은 나는 미리 요지를 숙지해두었던 '새누리당이 국정조사 요구를 수용해야 할 10가지 이유'를 발표했다. 그러자 예상과 달리 새누리당 당사에서 당직자가 나와 청원서와 서명자 명단을 수령했다. 다음은 그날 새누리당 당사 앞에서 발표했던 내용이다.

_ 2013년 6월 19일 수요일
'국정원 게이트' 국정조사를 수용해야 할 10가지 이유

1. 약속의 엄중함

우리는 어린이들에게 '약속은 반드시 지켜야 한다'라고 가르칩니다. 대한민국 최대의 정당, 대통령의 정당, 집권 여당이 약속을 안 지킨다면 우리 국민이 가정에서, 그리고 학교에서 어떻게 아이들에게 '약속을 지켜라'라고 가르칠 수 있겠습니까? 2013년 3월 17일 새누리당은 민주당과 '미래창조과학부 신설이 포함된 정부조직법 개정안 통과 및 검찰수사 종료 후 국정원 사건 국정조사에 합의'했습니다. 당시 새누리당으로서는 너무도 필요하고 중요한 '정부조직법 개정안 통과'라는 목적을 달성하기 위해 양보와 타협을 하신 것이지요. 그런데 원하던 목적을 달성하고 나서 약속을 이행하지 않겠다고 하는 것은 상식 있는 인간이면 누구라도 납득할 수 없는 모습입니다. 약속을 꼭 지켜주십시오. 국정원 사건에 대한 공직선거법의 공소시효는 6월 19일, 검찰의 최종 수사결과 발표는 6월 14일이었습니다. '검찰수사가 아직 끝나지 않았다'는 등의 어떤 변명으로도 '새누리당이 약속을 지키지 않으려 한다'는 지적과 비판에서 벗어날 수 없습니다. 국정원 사건의 국정조사 실시 약속을 지켜주십시오.

2. 대한민국의 안정과 번영

지금 북한은 어처구니없는 핵개발, 미사일 발사 등 도발과 탈북자들에 대한 비인도적 납치와 탄압, 북한 내 우리 동포들에 대한 폭압과 인권유린의 망동을 저지르며 국제사회의 제재를 받고 있습니다. 그 가운데 '비핵화'를 무기로 미국과 협상을 구걸하고 중국에 지원을 요청하고 대한민국 민간단체에 손을 내미는 등, 대한민국 정부를 따돌리고 이익을 취하려는 술책을 벌이고 있습니다. 이런 상황에서 국민이 대통령과 정부를 신뢰하고 뜻을 모아 대처하지 않는다면 북한의 술책에 끌려가거나, 위험한 대치 대결 상황으로 빠져들 위험이 상존합니다. 글로벌 경제위기와 악화되기만 하는 빈부격차, 원전비리로 인한 전력난 역시 마찬가지입니다. 헌법이 유린되고 국정원과 경찰이 사적으로 동원되어 야당과 지식인, 시민단체와 국민 다수를 '종북, 적'으로 몰고 척결 대상으로 삼는 '심리전'을 전개하고, 대통령 선거에도 고의적, 조직적으로 개입한 정황과 증거가 확인된 '국정원 사건'의 해결 없이 어떻게 대통령과 정부에 대한 신뢰, 국민 단결이 가능하겠습니까? 부정과 불법, 불의를 그대로 두고 무조건적 충성만을 요구하는 것은 스탈린이나 히틀러가 했음직한 독재입니다. 부디 대한민국의 안정과 번영을 위해 국회 국정조사를 실시해주십시오. 그래서 진상을 정확하게 밝히고 책임질 자들에게 엄중한 책임을 묻고, 다시는 이런 일이 재발하지 않도록 개혁안을 내놓고, 대통령의 사과든 사퇴든 국민이 납득할 만한 입장 표명을 해주십시오.

3. '정의'가 살아 있다는 믿음

《정의란 무엇인가?》의 저자 마이클 샌델 하버드 대학 교수가 실시한 설문조사에서 대한민국 국민(설문대상자)의 73.8%가 '한국사회는 불공정하다'라고 답했습니다. '유전무죄, 무전유죄'라는 말이 유행입니다. 불행하게도 대한민국 국민 다수가 '정의는 강자, 가진 자들의 것'이라는 패배주의에 빠져 있습니다. 국회와 정당, 국회의원의 역할이 무엇입니까? 우리 국민에게 정의가 살아 있음을 보여주십시오. 정치역학과 정치공학, 정치전략 차원에서 본다면 국정조사를 받아들이지 않는 게 유리하겠지요. 하지만 우리 국민은 새누리당의 그 똑똑한 생각과 기발한 전술과 뛰어난 수단과 방법 앞에 '역시, 대한민국에 정의는 없구나' 하는 절망감을 느낍니다. 한때 제가 그리고 많은 국민이 차라리 이민을 가고 싶다는 자조적인 생각을 하게 된 이유입니다. 부탁드립니다. 부디, 어렵지만 용기 있는 결정을 하셔서 우리 국민에게, 외세의 침략이나 공산당의 침공이나 독재의 압박하에서도 독립과 자존과 민주주의를 지켜낸 우리 위대한 국민에게, 대한민국에 정의가 살아 있다는 것을 보여주십시오.

4. 국가적 사안의 진실 밝히는 것은 헌법기관인 입법부, 국회의 의무

국회가 무엇을 하는 곳입니까? 직접민주주의가 불가능한 현대국가에서 각 지역구의 주민 대표로 선출된 선량들이 '사회적 합의'를 확인하고 이행하는 곳 아닙니까? 행정부의 전횡을 감시, 경계하고 사법부가 해석하고 결정할 '법'을 만드는 것이 입법부의 역할이지 않습니까? 행정부 전체의 정통성과 사법부의 영역 밖으로 전개되고 영향을 미치는 국정원 사건이 바로 국회법에 마련된 '국정조사'의 가장 전형적인 대상 아닙니까? 부디, 국회가 역할을 할 수 있도록 힘 있는 다수당, 집권 여당의 위용을 보여주시기 바랍니다.

5. 냉전, 매카시즘 시대의 종결

1950년부터 1954년까지 4년간 미국을 휩쓴 비극적인 '매카시즘'을 잘 아실 겁니다. "미국 내에 수많은 공산주의자가 암약하고 있고, 내 손 안에 공산주의자의 명단이 들어 있다"라는 선언 하나로 국회의원들과 공무원, 지식인, 예술가, 교육자, 노동조합 관계자, 심지어 군인들까지 '빨갱이'로 몰아붙였던 광란의 매카시즘. 결국 상원의원 매카시가 뿌린 종이 안에는 '빨갱이 명단'이 들어 있지 않았습니다. 그가 고발한 수많은 사람이 공산주의자가 아니란 것이 판명되었습니다. 결국 같은 공화당의 양심적인 의원들이 "결코 독재자의 방법으로 자유를 지킬 수 없다"며 매카시즘에 반대하는 선언을 하기에 이릅니다. 1954년 3월 9일 CBS 방송국의 시사 프로그램에서 매카시즘의 허구성이 낱낱이 밝혀지고 의회와 법원에서 청문회와 재판이 잇따르면서 매카시즘은 종말을 맞게 됩니다. 국정원 사건의 검찰수사 결과에 나타난 범죄 사실과 그 증거들은 국정원이 바로 '한국형 매카시즘'을 일으켰다는 사실을 확인해주고 있습니다. 야당과 야당 의원들, 시민단체나 노동조합, 교사단체, 정부에 비판적인 지식인이나 국민 모두를 '종북'으로 매도하고 이를 뒷받침하는 허위 사실과 논리들을 무차별적으로 인터넷에 살포했습니다. 그 허위 사실과 논리들은 다시 극우 논객들과 일베 등 극우적 사이트 회원들을 통해 확대 재생산되어 인터넷을 뒤덮었습니다. 이것이 국정원이 말한 '사이버 심리전'의 모습입니다. 이제 이 비극적이고 불행한 냉전시대의 유물, 매카시즘을 종결시켜야 하지 않겠습니까? 우리 국민이 반으로 나뉘어 서로를 '종북좌빨'과 '수구꼴통'으로 부르며 적대시합니다. 영호남이 갈려 서로를 혐오합니다. 국정원 '사이버 심리전'의 성과입니다. 대한민국 최대 정당 새누리당은 언제까지 이런 국론 분열, 국민 분열에 기대고 의지하실 것입니까? 상대방의 문제도 있지요. 야당과 진보진영의 여전한 운동권 논리에도 문제는 있습니다. 하지만 국가기관의 조직적 여론조작이 문제의 본질이고 핵심 아닙니까? 결자해지의 마음으로 새누리당이 풀어주십시오. 국정조사에 합의, 이행해주십시오. 그래서 망국적이며 구시대적 냉전 논리인 '매카시즘'을 종결하고 새 시대를 열어주십시오.

6. '이익'보다 '옳음'을 추구하는 자세

지난해 흥사단이 우리 청소년을 대상으로 실시한 설문조사에서 44%가 '10억 원을 준다면, 징역 1년 정도 살 범죄를 저지를 수 있다'라고 답했다고 합니다. 꼭 이 설문조사가 아니더라도 결과만 좋으면 수단과 방법은 나빠도 상관없다는 인식이 팽배해 있습니다. 국가에 필요해도 내 마을, 내 집, 우리 식구에게 피해가 된다면 결사 반대하는 님비^{NIMBY} 현상 때문에 정부도 골치를 썩고 있을 겁니다. 이대로는 안 됩니다. 그 변화의 출발점은 정부와 국회, 사회 지도층이어야 합니다. 자신에게 유리하고 이익이 되는 것이라도 옳지 않으면 포기하는 모습을 보여주십시오. 자신에게 불리하고 불이익이 되더라도 옳은 것이라면 받아들이는 모습을 보여주십시오. 국민이 따르고 아이들이 따를 것입니다. '국정원 사건의 국정조사'를 받아들여 주십시오.

7. '보수의 대표' 새누리당의 존재 의의

'보수'가 무엇입니까? 그 사회의 전통과 체제, 이념, 가치, 윤리와 문화를 지키는 사람들과 그런 태도가 바로 '보수' 아닙니까? 위대한 5천 년의 역사, 멸사봉공 견리사의 선비정신, 독립투사들의 애국애족, 반공 선열들의 자유와 평화에 대한 신념, 독재를 거부하고 분연히 일어선 시민들의 결기와 용기, 예의범절과 상대에 대한 배려, 정의에 대한 타협 없는 고집. 이것이 바로 대한민국을 지켜온 '보수'입니다. 그런데 지금 대한민국에선 '보수'가 조롱거리가 되고 있습니다. '반공과 애국'을 전가의 보도처럼 내세워 반대편을 '종북좌빨'로 내몰고 자기 편의 부정과 불의와 불법, 무례와 폭력을 모두 감싸안는 '비겁하고 저급한 사람들'이라는 의미로 오용되고 있습니다. '보수'가 무너진 나라에는 희망이 없습니다. 바로 세워주십시오. 새누리당은 대한민국 '보수의 대표 정당' 아닙니까? 대한민국의 '보수'가 불법과 불의, 부당과 협잡, 편 가르기, 집단 이기주의로 뭉쳐있다는 세간의 인식을 바꿔주십시오. '국정원 사건에 대한 국정조사 수용'이 그 첫걸음입니다.

8. '국정조사 거부' 이유의 궁색함

새누리당이 내세운 '국정조사 거부의 이유'는 너무 궁색합니다. 그 이유는 다음과 같습니다.

(1) "본질은 민주당의 매관매직에 의한 국기문란이다." 그렇다면 국정조사를 통해 드러내고 밝히고 국민이 심판하게 해주십시오.

(2) "국정원 여직원 감금 사건의 수사는 안 끝났다." 아니요. 그 사건의 수사는 '일단' 끝났습니다. 검찰의 '기소중지' 처분으로 종결되었습니다. 피고소인인 민주당 당직자 등의 출석조사 거부는 비난할 필요가 있습니다. 하지만 검찰이 강제구인이나 체포 등을 하지 않은 이유도 살필 필요가 있습니다. 필요하다면 이 부분 또한 국정조사에서 다루면 될 문제입니다. 민주당이 거부한다면 이 부분 역시 국정조사에 포함시킬 것을 국민이 민주당에 요구하겠습니다. 따라서 이것이 국정조사의 거부 사유는 될 수 없습니다.

(3) "국정조사를 실시할 필요를 느끼지 못할 정도로 사안이 경미하다." 국가정보원의 수장과 서울경찰청의 수장이 기소되었습니다. 6개월간 어느 누구도 구속되지 않은 상태에서 조직적이고 적극적인 증거인멸 작업이 진행된 후에도 5천여 건의 정치개입 댓글이 발견되었고 공소시효가 임박해 확실하게 선거개입으로 볼 수 있는 댓글로 추린 것이 73개입니다. 지금 외국에 서버가 있는 트위터 글들이 추가되며 수백 개가 범죄사실에 추가되었습니다. 이런 사안이 '경미'하다면, 도대체 어떤 사안이 중대한 것입니까?

9. 국민의 여망

국민은 '진실과 정의'를 원합니다. '3.15 이후 최대의 부정선거'라며 자신의 투표권이 유린되었다고 분노한 국민도 많지만, 여전히 국정원의 "종북 대응을 위해 필요한 활동이었다"라는 변명을 믿고 싶어하는 국민 역시 많습니다. 양측 모두 진실과 정의를 원합니다. 첨부하는 청원서에 단 4일 만에 10만 명이 넘는 분이 서명해주었습니다. 온라인 서명이라 가볍게 여기신다면 거리에서 실제 서명을 받아드리겠습니다. 그것으로도 확인할 수 없다면 서울광장에 얼마나 많은 사람들이 모이는지 보여드리겠습니다. 이 청원서를 제출한 후 일주일 이내에 국정조사에 합의를 하지 않는다면 국민들의 여망을 눈으로 확인하고 싶다는 뜻으로 알고 직접 보여드리겠습니다. 이로 인해 발생하는 국민들의 불편과 손실, 경찰관들의 고생은 모두 새누리당이 책임져주시기 바랍니다.

10. 대한민국의 역사와 미래

그동안 너무 힘들고 어렵게 살아온 대한민국 국민들에겐 '희망'이 절실하게 필요합니다. 국민들이 원하는 것은 더 부유한 국가, 더 잘사는 국가로 만들어주겠다는 허황된 희망이 아닙니다. 이미 우리는 세계 15위 내에 드는 부자 나라입니다. 하지만 64%의 국민이 '행복하지 않다'라고 느끼는 나라입니다. 국민 행복지수가 세계 69위에 그치는 나라입니다. 우리 국민에게 필요한 것은 '정상적인 나라'가 될 수 있다, 잘못한 사람은 벌 받고 착한 사람은 상 받는 세상이 될 수 있다, 열심히 일한 만큼 벌 수 있고, 가난해도 아이들이 열심히 공부하면 공정한 교육시스템 속에서 성공할 수 있다는 믿음과 희망입니다. 국정원과 경찰 고위직과 직원 몇이 불법과 조작으로 대통령을 만들 수 있고, 정해진 법과 규칙을 무시하고 어겨도 이기고 당선되면 다 용서되는 세상이라면 국민에게는 희망이 없습니다. '국정원 사건 국정조사 합의 이행'으로 대한민국의 역사를 바로 세우고, 희망찬 미래를 열어주십시오. 대한민국에서 '나쁜 짓을 한 사람은 반드시 벌을 받고, 반칙을 하면 반드시 불이익을 받는다'는 상식이 통함을 보여주십시오. 새누리당에게 제 마지막 기대를 걸어보겠습니다. 부탁드립니다.

자유시민 **표창원**

처음 인터넷 청원을 한다고 했을 때, '그런 거 아무리 해봐야 소용없다'는 냉소적 반응이 무척 많았다. 하지만 4일 만에 10만 명이 넘는 서명 참여가 이루어지고 새누리당에서 국정조사 청원서와 서명자 명단을 접수하자 여러 언론에서도 보도하면서 주목을 끌게 되었다. 그러자 이번에는 국회 국정조사 무용론이 제기되었다. 국회에 대한 불신과 과거 국정조사들이 지나친 정쟁으로 흐르면서 큰 효과를 거두지 못한 사례들을 생각하면 이해할 만했다. 하지만 나는 할 수 있는 모든 방법을 동원해 이 사건의 진실을 밝혀야 한다고 믿었다. 결국 당시 야당의 노력과 국민적 요구가 모여 우여곡절 끝에 국정조사가 시작되었다. 나는 SNS에 지속적으로 국회 국정조사의 생중계를 시청할 것을 촉구하는 글들을 올렸다.

_ 2013년 7월 26일 금요일

국정조사 무용론을 주장하는 분들의 마음을 이해합니다. 하지만 우리는 헌법과 법률, 제도를 유린하며 목적을 달성하려는 저들과 다르지 않습니까? 인내하며 하나씩 적법한 절차를 밟아나갑시다. 모든 절차를 마친 후 다 드러나지 않은 것이 있다면 정권이 교체된 뒤에는 반드시 밝혀지게 되어 있습니다.

성급하고 과격한 구호와 목표는 중립적인 시민의 참여를 이끌어내지 못할 뿐만 아니라 기대에 못 미치는 결과에 실망만 커질 뿐입니다. 차분하고 즐겁게 참여를 넓히며 온 국민의 축제로 만들어나갑시다. 진실이 밝혀지고 정의가 구현될 때까지. 희망!

2013년 7월 26일 금요일 오전 10시 09분 현재, 국회방송 국정조사 생중계가 진행 중입니다. 새누리당 의원들의 자리는 모두 비었습니다. 기관 보고를 해야 할 남재준 국정원장과 간부 직원들도 불출석했고, 야당 측 의원들만 나와서 기다리고 있습니다. 국민도 기다리고 있습니다. 모두에게 소중한 시간입니다.

미국 닉슨 전 대통령이 워터게이트 사건으로 탄핵 의결된 3가지 사유 중 하나는 '국회 모독'입니다. 백악관 대통령 집무실 내 녹음장치에 녹음된 내용을 제출하라는 국정조사특위의 요구에 불응했기 때문입니다. 남재준 국정원장은 법을 위반하고 국정조사에 출석하지 않았습니다. 국회모독입니다.

무죄추정의 원칙에 따라 피고인의 자기 방어권은 반드시 보호되어야 한다. 하지만 명백한 증거 앞에서도 억지 주장과 논리를 펼치면서 피해자(혹은 유가족)를 괴롭히고 사법 비용을 낭비한 경우에는 유죄 판결 시 반드시 가중처벌 해야 한다.

워터게이트 재판을 담당한 존 시리카 판사는 도청 미수 혐의로 체포된 민간인 피고인 5명에게 '배후를 안 밝히면 내게 부여된 권한을 최대한 활용해 징역 40년 형을 선고할 것'이라고 경고해 백악관과 닉슨 선대본부 고위관계자의 연루 사실을 밝혀냈다. 과연 대한민국 사법부는 어떤 판단을 했을까?

워터게이트 사건의 특별검사 아치볼드 콕스(하버드 법대 교수)는 닉슨 대통령의 혐의를 성역 없이 파고들다가 결국 해임되었다. 하지만 그의 후임으로 닉슨 행정부가 선임한 친 닉슨 성향의 특별검사 역시 닉슨의 혐의를 끝까지 추적해 결국 밝혀내고야 말았다. 대한민국 법조계는 과연 어떤 선택을 했을까?

'정의'의 조건

누구나 알고 있듯, '정의Justice'는 '옳음'을 기반으로 한다. 무조건적인 옳음이 아닌, '법, 도덕, 윤리, 철학 혹은 종교적 근거를 가진 옳음'이라고 할 수 있다. 특히 사회적 관점에서 보자면 정의롭게 살아야 할 근본적인 이유가 두 가지 있다. 하나는 인간의 '생리적 구조' 즉 타고난 특성 때문이고, 다른 하나는 사회 구성의 원리 때문이다.

우선 인간 생체의 타고난 특성을 볼 때, 인간이 삶을 유지하기 위해서는 '만족감, 성취감, 쾌감' 등 심리적 보상이 반드시 필요하다는 사실이 콜브 위쇼 등의 뇌과학자에 의해 밝혀졌다. 그렇지 않을 경우 무료함이나 우울감에 빠지며 삶을 지속하기 어려워진다. 인간은 대뇌 변연계의 선조체가 활성화될 때, 그 심리적 보상에 따른 감정을 느끼게 된다. 사랑에 빠지거나, 좋은 성적을 올리거나, 오락이나 유흥을 즐기는 것은 모두 이 때문이다. 그러나 이런 '보상'의 효과는 일시적인 것으로, 오래 지속되지 못하는 특징이 있다.

2008년 미국 UCLA의 실험에서는 강하게 지속되며 누구에게나 보편적으로 작용하는 '심리적 보상의 원천', 즉 대뇌 변연계의 선조체를 활성화하는 조건이 있다는 사실을 발견했다. 그것은 바로 어떤 상황이 정의롭다 혹은 공정하다고 느끼는 것이다. 반대로 대뇌 섬엽이 활성화되면 매우 불쾌한 감정을 느끼게 되는데, 대뇌 섬엽은 불의하거나 불공정한 상황에 처할 때 혹은 그런 장면을 목격할 때 활성화된다. 다시 말해, 사람은 기본적으로 '정의롭게' 살 때 삶을 지속할 수 있는 정신적, 심리적 힘을 얻을 수 있는 반면, 불의 앞에서는 분노하게 된다는 것이다.

둘째, 우리 사회의 구성 원리로 보면, 과거 절대주의 시대를 벗어나 '사회계약론'을 기반으로 하는 근대 이후 민주사회에서는 그 사회를 구성하는 개인들에게 국가 혹은 사회와 관계를 맺거나 해지할 '자유'가 주어진다. 개인적으로는 이민, 망명, 귀화 등의 방법으로 이러한 자유의 행사가 이루어지기도 하지만, 집단적으로 그 사회의 법이나 규범을 무시하고 체제를 붕괴시키는 행동이 나타나기도 한다. 물론 그 사회에 소속된 개인들은 사회적 규범을 지키고 유지함으로써 안전을 보장받는다. 하지만 나는 안정과 평화 이외에 시민들이 현재의 민주사회를 유지하는 가장 중요한 이유가 한 가지 더 있다고 생각한다. 그것이 과연 무엇일까? 그 단서는 미국 수도 워싱턴 D.C.에 있는 연방정부 법무부 청사 외벽에 새겨진 문구에서 찾을 수 있다. "Justice Alone Sustains Society.(오직 정의만이 사회를 지탱한다.)"

그 사회의 법과 행정, 입법과 사법 등 정의를 지키기 위한 제도가 제 기능을 발휘하고 있다는 믿음이 사회 구성원 대부분에게 깊이 자리잡고 있을 때 그 사회는 지속될 수 있지만, 다른 모든 조건이 양호해도 '정의 시스템'

이 불신 받는다면 그 사회는 붕괴를 향해 치닫게 된다. 하지만 언젠가부터 정의보다는 불의가, 믿음보다는 불신이 우리 사회를 지배하고 있다는 생각이 들었다. 도대체 우리 사회에서 이토록 정의에 반하는, 불의와 악을 행하는 사람이 많은 이유는 무엇일까? 나는 우리의 모습에서 그 답을 찾을 수 있다고 생각한다.

말을 배우고 걸음마를 시작하면서부터 부모로부터 '옳은 것'보다는 '이로운 것'을 택하라는 교육을 받고 자라는 우리 사회의 안타까운 교육 풍토는 학교에서 지옥 같은 폭력과 따돌림에 시달리는 친구를 외면하는 '방관자'들을 양산하고 있다. 그 '방관자'들은 학습과 경험을 통해 괜히 옳지 않은 일에 저항하거나 옳은 일을 하겠다고 나서서 귀찮은 일에 시달리고 불이익을 당하는 것은 '바보 짓'이라는 것을 먼저 배우게 된다.

세월이 흐르면서 '방관의 습관화'가 이루어지면, 불의를 눈감고 외면해도 별로 마음이 불편해지지 않는 '면역'이 생기게 된다. 하지만 그 '면역'은 강화된 의식의 진통 작용으로 '윤리적 통증'을 잠시 잊게 할 뿐 심리적 상처를 낫게 하지는 않는다. 어떤 형태로든 그 곪은 상처에서는 고름과 진물이 흘러나오게 되어 있다. 우리가 간혹 보는 이해 못 할 잔혹한 범죄자, 상습 사기꾼 혹은 불의한 권력자나 공무원, 사이비 종교나 비뚤어진 이념 혹은 가치를 맹목적으로 추구하는 사람들이 그 예이다.

외면할수록 날카로워지는 불의의 칼날

학습을 통해 습관화된 '방관자'의 태도는 결국 선거에서 부도덕한 괴물들

을 정치권력자로 선출하고, 그런 그릇된 충성의 대가로 부동산 가격 상승
이나 세금 인하 등 뭔가 이익이 발생할 것을 막연하게 기대하는 행태로 이
어진다. 권력이 불법이나 편법을 자행해도 자신에게 직접적인 손해나 불이
익을 가져오지 않는다면 무감각해지고 무시한다. 나치 독일 시대를 고발한
'마르틴 니묄러'의 시 〈나치가 그들을 덮쳤을 때〉를 원용해서 설명해 보자.

어느 날 친하게 지내던 이웃집 남자가 나치의 친위대원에게 불법적으로
보이는 체포를 당하자, 그가 물었다.

"저 사람이 무슨 잘못을 했나요?"

"유대인이에요. 몰랐어요?" 친위대원이 대답했다.

그는 몰랐다며 손사래를 쳤다. 며칠 뒤 또 다른 이웃이 잡혀갔고, 그가 똑
같은 질문을 하자 이번엔 "사회주의자예요, 몰랐어요?"라는 답이 돌아왔다.

다시 며칠 뒤에 다른 이웃이 체포되었다. 그러면서 친위대원이 말했다.

"흑인, 유색인종이잖아요. 보면 몰라요?"

또 며칠 뒤엔 "동성애자예요, 몰랐어요?"라며 다른 이웃을 연행했다.

그 며칠 뒤, 이번엔 나치 친위대가 이 독일인 남자의 현관문을 두드렸다.
그러자 남자는 문을 열고서 대답했다.

"잘못 찾아왔어요. 난 유대인도, 유색인종도, 동성애자도 아니에요."

하지만 친위대원은 남자를 잡아가면서 이렇게 말했다

"당신의 죄는 이웃에 유대인과 유색인종과 동성애자가 있는데도 신고하
지 않은 것입니다."

그제야 문제를 깨닫게 된 남자는 수용소에서 의미 있는 글을 남겼다. "주
변에서, 이웃에서, 불법과 불의가 발생하면 결코 방관해서는 안 된다. 지금
당장은 나와 내 가족과 상관없어 보일지 몰라도, 우리가 방관하는 사이, 언

젠가는 그 무섭고 날카로운 불의의 칼날이 나와 가족 혹은 후손의 뒷목을 후려칠 것이 분명하기 때문이다."

정의의 불씨를 지키는 시민들

국민의 혈세로 운영되는 국가정보원이 다수의 국민과 야당, 시민단체와 비판적인 지식인들에게 '종북, 좌파'라는 딱지를 붙이기 위해 수년 동안 '대국민 사이버심리전'을 벌이고 마침내 대통령 선거에까지 개입해 여론을 조작한 혐의가 드러난 '국정원 사건'. 하지만 공정해야 할 경찰마저 이러한 혐의에 대해 '국정원 직원 김 씨의 컴퓨터에서 댓글 흔적을 발견하지 못했다'는 허위 중간수사 결과를 발표했다. 그것도 대통령 선거 사흘 전 일요일 밤 11시에 무리한 발표를 한 것이다. 국가의 근간을 흔들 수 있는 이런 중대한 사건 앞에서 우리 사회는 너무 조용했다. 게다가 이해관계가 얽힌 새누리당은 오히려 이 국기문란 범죄자들을 감싸고 옹호하며 본질을 흐리는 데 총력을 기울이고 있었다.

진실을 규명하고 잘못된 권력을 비판해서 법과 정의를 바로 세울 의무를 가지고 있던 언론이나 정치, 법조계, 학계 등 각계각층의 특권적 엘리트들은 자신들의 자리 보전에만 애쓰는지 침묵으로 일관했고, 오직 시민들만이 분노를 참지 못해 광장으로 나와 촛불을 들었다. 굴욕적인 일제치하에서 태극기를 흔들며 3.1 항거에 나선 것도 민초들이었고, 북한 공산군의 무자비한 침략 앞에서 훈련도 제대로 받지 못한 상태로 총을 들고 돌을 들어 나라를 지킨 것도 어린 학생과 백성들이었다. 이승만 독재의 불법선거에 분

노해 거리로 뛰쳐나와 결국 그를 하야시킨 것도 힘없는 시민들이었다. 잔혹한 전두환 독재 폭압에 저항한 5.18과 6월 항쟁도 마찬가지였다.

한 명 한 명은 아무 힘 없고, 경찰의 공권력 앞에 맥없이 쓰러지고 잡혀가는 약한 존재들일지언정 대한민국이 아직 붕괴되지 않는 유일한 이유는 바로 '정의의 불씨'를 지키는 이들 시민들, 민초들이라고 나는 확신했다. 당리당략과 불의와의 공범놀이에 빠진 정치권력이 끝없이 타락하고, 전관예우에 오염된 사법권력이 흔들리고, 성적과 진학 등 이익을 위해 친구의 고통과 아픔을 외면하도록 교육받으며 성장해온 각계각층의 비겁한 엘리트들이 이기적 욕심에만 탐닉할 때 일신의 안위를 팽개치고 사회 정의를 외치는 시민들이 있었기에 그나마 이 사회가 유지되고 있었던 것이다.

하지만 언제까지 힘 없는 민초들의 희생과 헌신에만 기대고 의지해 버텨나갈 것인가? 나는 헌법과 법률, 제도라는 정상적인 절차를 통해 불의와 불법을 단죄하고 정의를 구현함으로써 체제에 대한 신뢰를 회복해야 한다고 생각했다. 그래서 모든 사람들이 세상과 사회 속에서 걱정 없이 생업과 가족 행복에 전념할 수 있게 해줘야 한다고 공개적으로 주장했다. 그리고 대통령을 필두로 한 정치, 행정권력과 국회 입법권력, 그리고 사법권력과 사회 엘리트들의 대오각성을 강하게 촉구했다.

또 다른 음모가
시작되다

2013년 9월, 채동욱 검찰총장의 혼외자 의혹이 보도되었다. 임명된 지 얼마 되지 않은 검찰총장의 사생활에 대한 갑작스러운 폭로. 국정원 사건을 조사하면서 정권과 대립해온 검찰에 대한 의도적인 공격이라는 의혹이 불거지는 것은 당연한 일이었다. 나는 채동욱 총장처럼 고위 공직에 오르거나 큰 권한을 가져본 적은 없었지만 나름 24년간의 공직생활을 대과 없이 성실하게 마친 사람으로서, 권력의 입맛에 안 맞는다는 이유로 신망 받는 양심적 공직자의 사생활을 파헤치고 명예와 자존심을 짓밟아 내팽개친 더러운 권력을 공개적으로 규탄하고 부정했다. 하지만 채 총장 사생활의 '무결성'과 그에 연관되는 '정직성'에 큰 흠집이 난 것은 어쩔 수 없었다.

당시의 상황과 정황으로 볼 때, 정권의 정당성에 위협이 되는 수사를 진두지휘하며 청와대의 지시를 거스르고 있는 검찰총장을 찍어내려 한다는 의혹을 가질 수밖에 없었다. 이 의혹을 제기한 〈조선일보〉와 그 배후로 의심받는 정권에게 해명과 설득의 의무가 있다고 생각했다.

상황이 야기한 합리적 의심

2013년 4월 국정원 사건에 대한 경찰수사는 명백한 범죄 증거가 확인된 국정원 실무자 2명과 민간인 협력자 1명을 기소하는 것으로 종결되었다. '공직선거법' 적용을 배제하고 원세훈과 김용판에 대해서는 수사조차 하지 않은 채, '개인 범죄(국정원법 위반)'로 사건을 축소한 것이다. 하지만 채동욱 검찰총장이 취임하고 윤석열 검사를 국정원 사건 특별수사팀장으로 임명한 이후 검찰수사에서는 이러한 '통제와 관리'가 통하지 않았다. 검사 출신인 김진태 의원은 검찰수사진 중 한 명의 학생운동 경력과 진보단체 후원 사실을 공개하며 '종북 검찰'이라는 색깔론 공세를 이어나갔다. 아울러 곽상도 청와대 민정수석과 황교안 법무부장관이 '공직선거법' 적용 배제 및 원세훈, 김용판의 불구속을 종용했다는 의혹도 줄곧 제기되었다. 하지만 채동욱 검찰총장은 공직선거법을 적용한다는 원칙을 꺾지 않았고 결국 국정원 사건을 '국정원과 경찰의 조직적 불법 대선개입 사건'으로 기소했다.

만약 검찰의 수사를 통해 국정원 사건에 유죄 판결이 내려지면 정권의 정통성에 엄청난 타격이 될 것은 불을 보듯 뻔한 노릇이었다. 2012년 12월 11일 처음 오피스텔 앞에서 대치가 시작되었을 당시 새누리당과 국정원 측에서는 자신들과는 아무 관계가 없다는 듯, 만약 국정원의 대선개입을 위한 여론조작이 사실이라면 엄청난 국기문란 사건이라고 당당하게 이야기했다. 오히려 당시 야당인 민주당의 주장이 허위로 밝혀지면 야당의 대선 주자는 사퇴하고 대국민 사과를 해야 한다며 공세를 폈다. 하지만 점차 사실이 드러나며 말이 바뀌기 시작했다. '직무와는 관계없는 국정원 직원 김 씨의 개인적인 활동'이라고 했다가 결국에는 '국정원의 정당한 대북 심리전 업무의 일환'이라는 식으로 말을 바꾸며 어떻게든 국정원 사건이 박근혜 정권과 연결되는 것을 막으려 노력했다. 그런 그들에게 검찰의 뻣뻣한 태도는 눈엣가시였을 것이다.

김용판 전 서울경찰청장이 주도한 12월 16일 중간수사 결과 발표가 허위임을 밝혀낸 것도 검찰수사였다. 지난 대통령 선거에 영향을 미쳤다는 사실만 확인되지 않는다면, 국정원 사건은, 법정에서 유죄판결을 받는다 해도 '전 정권의 문제'로 처리하고 넘어갈 수 있었을 것이다. 하지만 대선 3일 전 경찰의 고의적인 허위 수사결과 발표는 그 직전 진행된 대선 후보 간 마지막 TV 토론의 효과를 완전히 잠재웠다. 허위로 밝혀진 중간 수사결과 발표로 새누리당과 그 후보는 비열한 흑색선전의 피해자로 둔갑했고, 야당과 문재인 후보는 '허위 주장을 하며 국정원까지 끌어들여 불법 흑색선전이나 하는 비열한 대상'으로 보이게 되었다는 사실이 검찰수사로 드러나게 된 것이다.

이런 검찰수사를 진두지휘하고 있는 채동욱 총장에 대한 당시 여당과 정권의 감정이 좋을 리가 없었다. 비단 '감정'의 문제만이 아닐 수도 있었다. 당시에 진행되고 있던 재판에 검찰이 얼마나 적극적이고 공격적으로 임하느냐, 그리고 재판에 임하는 판사들이 판결에 얼마나 부담을 느끼느냐 하는 문제와도 연관될 수 있는 부분이었다. 그리고 이는 곧 재판 결과와 직결되는 사안이었다. 채동욱 총장의 혼외자 의혹이 갑자기 불거졌던 당시는 인사청문회 시기도 아니었고 친자 확인과 관련된 소송이 제기된 것도 아니었다. 검찰의 역할이 어느 때보다 중요한 시기에 혼외자 문제가 터졌다는 것에 대해 정치적 공작의 가능성을 의심하지 않는다면 그것이 더 이상하지 않았을까?

당시 또 하나의 중요한 상황적 요인이 있었는데, 바로 '전두환 추징금 환수' 문제였다. 채동욱 총장은 오랜 기간 보수진영의 아킬레스건이었던 전두환 추징금 환수 문제를 '범죄수사'라는 강력한 수단을 사용해 해결했다. 국민에겐 큰 기쁨을 주었지만 시효 연장 등을 위한 특별법 제정에 반대했던 새누리당과 전두환을 추종하는 세력에겐 큰 치욕과 충격을 남겼다. 이런 채동욱 총장의 몰락은 역사적인 전두환 추징금 환수의 성과를, 어쩌면 그 성과를 원하지 않았을지도 모를 박근혜 정권의 '치적'으로 고스란히 안겨주는 효과를 가져올 수도 있었다.

내로남불의 불공정 보도

채동욱 총장의 혼외자 문제를 처음으로 보도한 〈조선일보〉가 언제부터 공직자의 사생활 문제를 중요하게 다루었을까? 이명박 정권 시기에 이만의 환경부 장관에게 37세의 여인이 친자확인 소송을 제기하고 혼외자임을 인정하고 양육책임을 지라고 요구하면서 사회적으로 '공직자의 윤리' 문제가 심각하게 불거진 적이 있다. 이때 〈조선일보〉는 사설을 통해 '직무와 관련성 없는 사생활 문제이니 내버려 두라'고 주장했다.

그런 〈조선일보〉가 느닷없이 1면에 대문짝만하게 채 총장의 혼외자 의혹을 마치 확인된 사실인 것처럼 보도하는 것을 보고는 〈조선일보〉의 '내로남불'식 이중 잣대에 어이를 상실할 수밖에 없었다. 채 총장에 대해서는 친자확인 소송이 제기된 것도 아니었고 기사가 보도되기 전에는 그 누구도 공개적으로 의혹을 제기하지 않았다. 국내 최대 언론사로서, 이러한 이중 잣대에 대한 비판과 보도 의도의 순수성에 대한 합리적 의심이 제기될 것을 뻔히 알면서도 대대적인 보도를 선택한 데에는 편집 데스크보다 높은 '윗선'의 정치적 입김이 작용했을 것이라는 의문을 가질 수밖에 없었다.

이와 더불어 〈조선일보〉가 채 총장의 혼외자에 대한 정보를 어떻게 얻었느냐에 대한 문제도 제기되었다. 기사에는 채 총장의 혼외자라는 11세 어린이의 혈액형과 생활기록부상 기재 내용, 출입국 기록 등 본인과 관련 공직자만 확인할 수 있는 정보가 포함되어 있었고, 그렇다면 그것은 불법적으로 유출된 것이라는 합리적인 의심을 제기하는 것은 당연한 일이었다. 나를 비롯한 여러 전문가들과 법조인들이 '보도에 사용된 민감한 개인정보 습득의 불법성 의혹'을 제기했고 시민단체에서는 이에 대해 검찰에 고발했다. 이후 청와대 행정관과 국정원 직원이 서초구청의 국장을 통해 채동욱 총장의 혼외자라는 의혹이 있는 11세 어린이의 개인정보를 불법적으로 요구했다는 사실이 밝혀졌다. 이는 결국 〈조선일보〉의 보도윤리를 넘어 정권이 개입된 '정치공작 범죄'의 가능성을 시사하는 것이었다. 채 총장 개인의 윤리적 문제와는 비교도 할 수 없는 엄청난 권력적 범죄 의혹이 또 다시 제기된 것이다.

인격권, 사생활권과 함께 정보화 사회에서 가장 중요한 인권이 '정보인권', 다시 말해 '정보의 자기결정권'이다. 이러한 흐름에 따라 과거 '공공기관의 개인정보보호에 관한 법률'을 전면 개정해 '개인정보보호법'을 제정하였고, 해당 법률에 따라 민간기업이나 개인도 고객 등 타인의 개인정보를 함부로 유출할 경우 강력한 처벌의 대상이 된다. 이는 포털이나 게임 사이트는 물론이고 동호회와 인터넷카페 운영자들도 익히 알고 있고 주의하고 있는 사실이다. 정부에서도 개인정보보호 포털을 별도로 운영하며 혹시 개인이나 민간에서 잘 모르고 가해자 혹은 피해자가 되지 않도록 정보를 제공하고 이러한 사실을 알리려 노력하고 있었다.

그런데 원세훈 전 국정원장이 서울시에 근무하던 시절부터 최측근이었다는 베테랑 행정공무원이, 그것도 서초구 국장이, 자기 소관 분야에서 가장 중요한 법률인 정보보호법을 몰랐다는 게 말이 되는가? 천만 번 양보해서 몰랐다 하더라도 자신이 법을 몰랐다면 지인이 부탁을 해왔을 때, 다른 사람의 개인정보를 조회해서 타인에게 넘겨줘도 되는지 알아보는 것이 행정공무원으로서의 상식 아닌가? 담당자에게 딱 한 차례만 물어봤으면 타인의 개인정보를 유출하는 것이 징역형을 받을 수 있는 중범죄라는 사실을 알 수 있었을 것이다. 더욱이 자신이 불법으로 빼내 건넨 정보의 결과가 〈조선일보〉 1면을 장식하고 연일 나라 전체를 뒤흔들고 결국 검찰총장을 사퇴하게 만들었는데도 그것이 자신과 관련된 문제임을 모르고 있을 수가 있을까?

청와대와 법무부장관은 줄곧 합법적으로 취득한 정보라고 주장했고 새누리당의 윤상현 의원은 여권만 보면 다 나오는 정보라는 새빨간 거짓말을 하며 국민을 우롱했다. 자신이 유출한 정보 때문에 엄청난 스캔들이 빚어졌는데도 당사자는 불법인 줄 몰랐다는 얼토당토 않은 주장으로 일관했다. 그리고 검찰수사를 통해 밝혀질 때까지 신고도 하지 않았다. 국장의 지시를 받고 불법으로 개인정보를 유출한 직원은 또 어떠한가? 그는 국장이 '지인'의 요청을 받고 불법적으로 타인의 개인정보를 조회해서 넘겨줬지만, 그 지인이 누구인지, 직업이나 지위도 몰랐다고 주장했다. 이것이 상식적으로 가능한 일일까? 이 말을 믿을 사람이 과연 있을까? 모두가 감추려 했지만, 결국 청와대와 법무부, 〈조선일보〉와 서초구청이 연합해 불법을 저지르면서 채동욱 총장을 찍어냈다는 점만이 확인될 뿐이다.

남은 것은 국정원과 새누리당 그리고 서초구청장의 역할이었다. 검찰은 사상 처음으로 총장이 모욕스럽게 쫓겨난 사건의 전모를 밝혀낼 수 있을까? 21세기에 가장 중요한 인권인 정보인권이 처참히 유린된, 그래서 검찰총장은 물론 그의 혼외자 의혹을 받은 11세 어린이의 짓밟히고 파괴된 권리를 회복해줄 수 있을까? 과연 '거악' 앞에서 진실과 정의를 밝히고 지켜줄 수 있을까? 하지만 모든 사람들의 바람과는 달리 당시 여론에 밀려 마지못해 시작된 수사는 담당자에게 솜방망이 처벌을 내리는 꼬리 자르기 식으로 끝나고 말았다.

대통령과 청와대, 법무부의 이상한 대응

저축은행 사건에 연루되었다는 의혹을 받던 동생 박지만 씨와 그 부인의 문제에 대해 박근혜 대통령은 "본인이 아니라면 아닌 것이지요"라고 대답했다. 그는 경찰수사를 통해 심각한 성추문 범죄 의혹이 드러난 김학의 전 법무차관 후보자에 대해서도 긴 시간 침묵과 모르쇠로 일관했다. 심지어 경찰의 수사를 방해한다는 의혹까지 불러일으켰다. 그뿐인가. 그토록 많은 의혹이 제기된 윤창중 전 대변인을 감싸며 임명을 강행해 국가망신을 초래했던 박 대통령이었다. 그런 박 대통령이 채동욱 총장의 혼외자 의혹에 대해서는 너무나도 다른 태도를 취했다. 자신이 임명한 검찰총장을 대상으로 일방적인 의혹을 제기하던 언론사를 도와주지 못해 안달이 난 듯한, 오히려 제기된 의혹을 앞장서서 보완해주고 문제가 더 커지도록 도와주는 박근혜 대통령의 모습에서 합리적 의심을 제기하지 않을 수 없었다.

결국 이 사건의 핵심은 제기된 의혹의 사실 여부를 떠나 '미운 놈을 찍어내기 위해' 권력과 최대 언론사가 협력해 전방위적으로 개인의 신상을 털고, 불법 사찰과 정보 유출을 했다는 것이었다. 채 총장 가족이나 혼외자의 어머니로 알려진 임 씨 등, 관련 당사자 누구도 문제 제기를 하지 않고 있는 상황에서 혼외자가 있느냐 없느냐 하는 막장 드라마 같은 가십에 집중하는 것은 옳지 않다는 것이 나의 생각이었다. 만약에 '혼외자 의혹'이 사실일 경우, 이 사건의 피해자는 당연히 채 총장의 부인과 딸, 그리고 11세 어린이일 것이다. 그 피해 당사자들이 가만히 있고 아무 문제가 아니라는데, 언론이 앞장서서 호들갑을 떠는 상황을 도무지 이해할 수 없었다. 무엇보다 이만의 전 환경부 장관에게 피해자인 37세 딸이 친자확인 소송을 제기했을 때는 '직무와 관련 없는 사생활 문제'라고 주장하던 〈조선일보〉가 채동욱 총장의 사건에 목소리를 높이는 것을 보며 웃음밖에는 나오지 않았다.

공직자의 도덕성과 사생활

고위 공직자에 대한 인사청문회 제도가 생기면서 공직자의 도덕성 문제가 언론에 회자되는 경우가 많아졌다. 그중에는 실제로 잘못이 있는 경우도 있고 오해로 인해 잘못된 기사가 나가는 경우도 있다. 가장 악의적이고 문제가 되는 경우는 정치적 음해를 위해 '아니면 말고' 식의 무책임한 정보를 흘린 뒤 인터넷상에서 마녀사냥 같은 신상털기가 이루어지는 것이다.

나 역시 이런 경험을 한 적이 있다. 국정원 사건으로 언론의 조명을 받은 이후 내 박사 논문에 대한 표절의혹이 제기되었다. 나는 너무나 자신 있었고, 고생하며 쓴 16년 전 논문에 문제가 없으리라 생각해 '네 논문에도 아마 문제가 있을 거야'라며 공격하는 사람들에게 자신있게 내 논문을 검증해보라고 했다. 그 결과 출처와 인용사실을 다 밝혔지만 따옴표 없이 직접 인용을 하거나 내용은 같되 문장을 새로 작성하는 패러프레이징^{paraphrasing}(의역)을 해야 할 부분에 부적절한 간접인용 방식을 사용한 실수들이 발견되었다. 이는 내가 2011년 학생들에게 제시한 표절 기준에 어긋나는 부분이기도 했다.

　나는 나의 실수를 인정하고 사과했다. 일부 언론과 방송은 하루 종일 이 사실을 보도했고, 이 보도로 나에 대한 부정적인 이미지가 확산되기도 했다. 나는 바로 영국에 계신 지도교수님에게 이 사실과 문제가 된 문장들을 보내 조사 및 조치를 요청드렸다. 교수님은 검토 끝에 "표절이 아니며, 단순한 인용 실수일 뿐 학위에는 전혀 영향을 미치지 않는다"는 1차 의견을 보내주셨다. 나는 이 사실을 공개했고, 일부 언론에서 이런 사실을 보도해주어 일부나마 명예회복이 이루어졌다.

　이후 일베를 중심으로 지도교수님에 대한 신상털기가 시작되었다. 대학 홈페이지에 공개된 교수님의 이메일 주소로 '항의 이메일 보내기 운동'이 일어난 것이다. 당시에 이미 은퇴를 하시고 명예교수로 계시던 지도교수님은 당신이 처한 상황을 알려주시며 이후 연락사항들은 절대 공개하지 말아달라고 부탁하셨다. 그 후 2차, 3차 회신을 받고 대학 당국 책임자들과 외부 전문가 및 1997년 당시 나의 논문 심사를 담당했던 외부 대학 교수 등에게서 같은 내용의 확인 회신을 받았다. 대학 측에서는 누구라도 공식적으로 문제 제기를 할 경우 법적인 대응을 할 준비를 하고 있었다.

이러한 과정들을 거치며 도덕성에 대한 공격에 대해 일부라도 문제가 있는 경우, 이를 인정하고 사과하면 오해 없이 이해하고 받아들여 주는 사람들이 있는 반면, 오히려 의혹을 부풀리고 더 심한 공격의 빌미로 삼으려는 사람들도 있다는 것을 다시 확인하게 되었다. 그래서 제기된 의혹과 전체적인 진실이 다른 경우, 비록 부분적으로 사실인 내용이 있더라도 의혹 자체를 강력하게 부인하는 경향이 사회에 자리잡게 된 배경을 이해할 수 있게 되었다.

범죄수사를 하는 과정에서도 이러한 '방어적 태도'와 '불신'에 기반한 '두려움'이 늘 문제를 야기하고 전체적 진실 발견의 과정을 방해하곤 했다. 가령 살인 현장에 우연히 들어갔다가 용의자로 몰린 사람이 있다고 치자. 사건 현장에 '들어간 것은 맞지만 살해하지는 않았다'는 것이 진실일 경우 우선 '들어간 것' 자체를 부인하게 된다. 들어간 것을 인정하는 순간, 자신이 살인 누명을 쓸 것이라고 예견하게 되기 때문이다. 수사기관이 진실을 발견해 정의를 구현해줄 것이라는 '신뢰'가 없기 때문이기도 하다.

채 총장 사건에서 '전체적 진실'과 '개별 사실들'의 의미를 명확히 이해하고 구분해내는 것은 쉽지 않았다. 내가 직접 조사를 한 사안도 아니었다. 다만, 의혹을 제기한 측에서 수집한 '정황'들 중에는 그 동기와 방법의 적절성 문제와는 별개로 상당히 설득력이 있는, 의혹이 사실일 가능성에 대한 심증을 강하게 일으키는 내용들도 포함되어 있었다. 만약 해당 사안이 '범죄'라면 내사를 개시할 요건은 충분해 보였다. 증거 확보를 위해 법원이 영장 청구를 하는 것도 가능했을 것이다. 하지만 문제의 핵심은 의혹의 대상이 된 사안이 '범죄'가 아닌 '도덕성'이라는 것이었다. 그것은 수사를 할 필요성이나 가치, 정당성이 없는 '사적인 영역'이었다.

미운 검찰총장을 찍어내기 위한 불법 사찰 및 정보 유출 의혹에 대해서는 수사를 통해 진실을 규명하고 엄중하게 법적 책임을 묻는 것이 당연하다. 하지만 이와는 별도로 검찰총장의 공적이고 공개적인 거짓말 의혹은 진실 여부에 따라 도덕적 책임의 문제로 남아 있었다. 결국은 유전자 검사를 통한 진실 규명은 피해서는 안 되고 피할 수도 없는 숙제가 되고야 말았다. 모친 임 씨의 회피로 친자 확인은 이루어지지 않았고, 채동욱 총장은 윤리적 도덕적으로 만신창이가 된 채 사퇴하고 말았다.

당시에 나는 내로남불식의 이중잣대를 사용해 기존의 입장과는 정반대의 태도로 (비록 공인이라 해도) 한 개인의 사생활을 파헤치고 혼외자 의혹을 대대적으로 보도하며, 그 과정에 11세 소년의 인권이 처참하게 유린되는 상황을 초래한 〈조선일보〉의 '언론윤리' 문제는 심각한 논의와 대책이 필요하다고 주장했다.

나쁜 놈과 더 나쁜 놈

우여곡절 끝에 발생한 지 1년 가까이 지나서야 국정원 사건은 국회의 국정감사 대상이 되었다. 당시 고위 관료 출신들이 다수인 새누리당 의원들은 국정감사 현장에서 자신들이 '조직 논리'에 매몰되어 소신에 따라 행동하고 진실을 위해 양심선언을 하는 개인을 저지하고 처벌해온 당사자라는 사실을 적나라하게 보여주었다. 그동안 저들로 인해 얼마나 많은 공무원들이 숨 막히는 조직적 부패 속에 고통받아왔는지 알 듯했다.

2012년 12월 11일 '국정원 대선개입 여론조작' 활동이 발각된 이후 2013

년 10월 국회 국정감사 당시까지 새누리당 의원들은 피의기관들과 한몸이 되어 수사를 방해하고 여론을 왜곡하며 양심적이고 소신 있는 공무원들을 공격하고 파멸시켜왔다. '증거가 없지 않느냐, 하나라도 있다면 국기문란 사건이다'라고 큰소리를 치더니 증거가 나온 뒤에는 '개인 행동이다'라고 억지주장을 하고, 근무시간에 여럿이 조직적으로 댓글을 단 사실이 밝혀진 후에는 '정당한 대북 심리전'이라는 황당한 주장으로 말을 바꾸었다.

경찰의 조사 이후 트위터의 글 5만여 건이 더 발견되었고, 이에 대해 검찰 특수수사팀에서 국정원 소속 피의자들을 적극적으로 수사를 하자 당시 수사팀장이었던 윤석열 검사를 '보고 위반'이라는 명분으로 수사에서 배제해버렸다. 국정감사 현장에서 당당하게 큰소리치며 '절차적 정의'나 '인권'을 주장하던 그들의 모습은 건강한 사람까지도 혈압으로 쓰러뜨릴 정도였다. 전체적인 상황 자체가 거대한 코미디 같았다. 극도의 인내심과 감정 조절이 필요한 시간이 너무 길게 지속되었다.

나는 어릴 때부터 나쁜 놈을 남다르게 미워했다. 그게 지나쳐 싸움도 많이 하고 폭력도 많이 썼다. 크면서 책도 많이 읽고 훌륭한 선생님들과 어른들 만나 좋은 가르침을 받으며 폭력을 버리고 대화와 법의 힘으로 정의를 지키고 악을 응징하리라 마음먹게 되었다. 경찰관 생활을 하며 단순히 법을 어기는 서민들에게 가혹한 잣대를 들이대야 하는 상황에서 괴로울 때도 있었고, 강간범 같은 진짜 나쁜 놈들이 돈과 힘을 이용해 합의를 보고 웃으며 풀려나는 모습에 분노하기도 했다.

나이를 먹어가며 세상이 복잡하다는 것, '진짜 나쁜 놈'과 '나빠 보이는 사람'을 혼동하기 쉽다는 것도 깨우쳤다. 이 생각은 영국 유학을 통해 전문적인 내용을 공부하면서 이론적으로 더 깊이 다듬어지기도 했다. 귀국 후 강의하고 연구하고 사건을 분석하면서, 어느 누구보다 나쁜 범죄자를 찾아내고 그들이 왜 그런 범죄를 저지르게 되는지를 잘 분석한다는 자부심을 느낄 정도가 되었다. 냉정과 객관을 잃지 않으려 노력했지만, 국정원 사건의 피의자들과 그들 뒤의 권력자들, 이 사건을 덮으려고 국가 기밀을 유출하고 성실하고 정직하게 일한 공무원들을 파멸시키는 인간들은 내가 만나본 어떤 연쇄살인범 못지않게 '나쁜 놈들'이라는 결론에 도달하게 되었다. 내가 할 일은 '어떻게 이들을 모두 다 밝혀내고 적합한 처벌을 받도록 할 것인가'라는 숙제를 푸는 것이었다.

나는 심사숙고했다. 단 한 사람의 분노한 시민이 어떤 차이와 결과를 만들어내는지 보여주겠다고 다짐했다. 그 기간은 의외로 매우 길 수도 있으리라는 것을 알고 있었다. 그 과정에서 많은 오해와 비판을 받을 수 있으리라는 것도 알고 있었다. 그 모든 것을 감수하고 끝까지 걸어나가겠다고 마음먹었다. 아마 나 혼자만이 아닐 것이란 것도 알고 있었다. 검찰과 경찰 내에 그리고 우리 사회 구석구석에, 나와 유사한 생각을 가진 사람들이 의외로 많을 것이라고 생각했다. 나는 당시에 SNS를 통해 국정원 사건 관련자들에게도 공개적으로 양심선언과 내부고발을 권유하기도 했다.

_ 2013년 10월 21일 월요일

혹시 관련된 자들, 아마도 '합리화'라는 대단히 강력한 심리적 방어기제가 자신 스스로가 그 대상자인지 여부에 확신을 주지 못하게 할 수도 있을 테지만, 다시 생각할 기회를 드립니다. 지금이라도 양심에 따라 이야기하고 행동하십시오. 그래서 당신의 죄를 줄이십시오. 권력이 당신을 끝까지 지켜주리라는 기대를 버리십시오. 그렇게 하지 않을 경우, 시간이 흐를수록, 당신의 말과 행동이 늘어날수록, 당신의 죄는 커질 것입니다. 심판의 날에 관용은 없을 것입니다. 한번 믿어보시죠.

2013년 9월 25일 홍콩대학교(사회학과 범죄학 전공)의 초청으로 국정원 사건에 대한 강의를 하게 되었다. 청중들은 대부분 홍콩 주재의 각국 경찰, 정보 관계자들 및 전공 교수와 학생들이었다. 나는 그들에게 대한민국의 간략한 역사와 분단 현실 등을 설명한 뒤 국정원 사건과 남북정상회담 회의록 유출 사건, 채동욱 사건에서 이석기 사건까지 진행 과정을 객관적으로 설명했다. 그리고 물었다. 분단이라는 특수한 상황을 고려할 때 대한민국에서 국정원이 국민을 대상으로 인터넷 심리전을 벌이고 '종북' 세력을 색출한다는 명분으로 국민을 공격하는 것이 허용될 수 있다고 생각하는지에 대한 의견을 듣고 싶었다. 허용된다고 생각하는 사람, 허용할 수 없는 범죄라고 생각하는 사람, 잘 모르겠다는 사람. 각각 손을 들어달라고 하자 100%가 허용될 수 없는 범죄라는 데 손을 들었다.

그렇다면 국정원 사건을 통해 대통령으로 당선되고, 권력을 이용해 그 사건을 덮으려 한 박근혜 대통령은 어떻게 해야 할까? 그들에게 다시 물었다.

1. 법원 판결이 나올 때까지 기다린다.

2. 인정하고, 대국민 사과하고 근본적인 개혁조치를 취한다.

3. 사퇴한다.

역시 100%의 청중들이 3번에 손을 들었다. 어떤 이견도 없었고, 타협적 대안을 찾아야 한다는 의견도 없었다. 너무도 명확하고 단호하게 이는 허용할 수 없는 범죄이며, 대통령이 책임지고 사퇴해야 한다는 데 모든 참석

자가 주저 없이 손을 들었다. 나는 놀라지 않을 수 없었다. 그들은 절대로 진보나 좌파가 아니었다. 경찰과 정보 분야에 종사하거나 연구하는 보수적인 사람들이었다. 하지만 대한민국의 자칭 '보수'라는 이들과는 너무도 달랐다. 소위 우리나라의 보수정당이라는 새누리당은 어처구니없는 사실 오도와 여론조작을 일삼았고, 사심 없이 성실하게 수사에 임해온 검사를 매도하는 망언과 망동을 지속했다.

사람은 누구나 잘못을 저지를 수 있다. 자신의 잘못을 바로 인정하고 사과하면 가볍게 책임을 지고 넘어가며 좋은 교훈을 얻을 수 있다. 하지만 잘못을 덮으려고 거짓말을 하기 시작하면 거짓말이 다시 거짓말을 낳고, 결국에는 눈덩이처럼 커져 걷잡을 수 없게 될 뿐이다. 나는 손바닥으로 하늘을 가리려는 새누리당에 대해 분노를 넘어 연민을 느꼈다.

국정감사에서 목격한 악어의 눈물

나는 참 눈물이 많은 사람이다. 어렸을 때 별명이 '울보'였을 정도다. 한번은 학회에 참석한 뒤 미국에서 귀국하는 비행기 안에서 〈금발이 너무해〉라는 코미디 영화를 보다가 눈물을 주르륵 흘리기도 했다. 제자를 아끼고 지켜주려는 로스쿨 교수가 이야기하는 장면에서 그만 눈물이 터지고 말았다.

2012년 대선 당일이었던 12월 19일 오후, 한 인터넷 매체의 생방송에 출연하던 중에 진행자가 나에게 내가 좋아하던 시인과 촌장의 〈좋은 나라〉를 불러보라고 했다. 그런데 노래를 시작하고 얼마 지나지 않아 갑자기 북받치는 감정에 몇 소절 부르지도 못하고 눈물을 펑펑 쏟아 방송사고를 내버렸다.

그래도 경찰관으로 일을 할 때나 치열한 논쟁을 할 때, 오해와 비난과 핍박에 시달릴 때, 큰 불이익을 받을 때, 심지어 평생직이라 여겼던 교수직을 포기한 뒤 야비한 왜곡과 비난이 쏟아질 때에는 눈물이 흐르지 않았다. 눈물이 자연스럽게 흐르게 하는 감정선이 자극되지 않는 상황이기 때문이었다.

그런데 2013년 10월 21일, 나는 이상한 눈물을 보았다. 국회 법제사법위원회의 서울중앙지검 대상 국정감사에서 국정원 직원 4명을 체포하려 했던 윤석열 특별수사팀장과 이를 말리다가 급기야 윤석열 검사를 징계하려 한 조영곤 서울중앙지검장 사이의 갈등이 외부로 표출되며 당시 상황에 대한 의원들의 질의가 이어지고 있었다. 동일한 상황에 대해 두 사람이 서로 상충되는 답변을 하면서 구체적인 대화 내용 등에 대한 질문이 이어지던 순간, 갑자기 조영곤 지검장이 눈물을 흘리며 흐느낀 것이다. 국감장에서 조영곤 서울지검장이 눈물을 흘리는 그 모습은 정말 당황스러웠다. 그 사람을 개인적으로 알지는 못하지만, 그의 직업과 지위와 당시 상황을 종합해 볼 때, 전혀 자연스럽지 않은, 그래서 이해도 공감도 되지 않는 눈물이었다.

'악어의 눈물'이라는 말이 있다. 악어가 먹잇감을 삼키려 입을 크게 벌릴 때 눈물샘이 자극되어 눈물을 흘린다고 한다. 그래서 잔인하게 상대를 짓밟으면서 마치 미안함과 동정심을 느끼는 듯 연기를 하고 이해를 구하려는 비열한 술수를 가리킬 때 '악어의 눈물'이라는 표현을 사용한다. 사실 악어들은 억울하다. 그들은 인간과 달리 감정이 없고 그저 생존을 위한 포식행위를 할 뿐이며 먹이를 삼키기 위해 하악골을 최대한 벌리려 근육을 사용하면서 눈물샘이 자극되어 눈물을 흘리는 것일 뿐, 결코 위선자가 아니기 때문이다.

여러 해석과 느낌을 낳은 조영곤 씨의 눈물은 '악어의 눈물'은 아닐지 몰라도 자연스러운 감정적 반응이라고 보기는 힘들었다. 그가 발언하는 태도 역시 자연스럽게 경험한 사실과 생각을 풀어내는 것처럼 보이지 않았다. 다른 의도를 담고 준비된 논지와 논리를 펴다 보니 말을 더듬기도 하고, 문장이 꼬이기도 하고, 중간중간 자주 말을 멈추기도 했다. 입술이 마르는 모습도 자주 보였다. 답변 내용 역시 윤석열 특수수사 팀장과 두 사람 사이에 있었던 대화에 대해서는 단답형으로 부인하거나 자신의 입장을 합리화하기 위해 '규정이다', '관행이다', '설마… 했겠습니까?'라는 모호한 답변만 되풀이할 뿐이었다.

결국 모든 진술의 목적과 방향은 윤석열 수사팀장을 상관인 자신을 무시하고 규정과 지휘체계를 어기면서 독단적으로 수사를 진행한 '나쁜 사람'으로 보이게 만드는 데에 집중되어 있었다. 그뿐만이 아니었다. 자신의 책임하에 진행되고 있는 사건 수사가 법 절차를 위반한 것임을 증명하기 위해 온 힘을 다하는 기이한 모습을 보이기도 했다. 그래서 그 결과물인 트위터의 악성 댓글 5만여 건에 대한 증거능력을 부정하고, 국정원 사건 재판의 성격을 완전히 바꿔버릴 '공소장 변경'을 막으려는 의도가 너무도 역력해 보였다.

당시에 이런 내용들을 SNS에 올리자 친박 및 새누리당 지지 성향의 네티즌들은 "박근혜 대통령을 흔들면 가만두지 않겠다"고 공개적으로 협박하는 댓글과 멘션들을 올리며 공격을 해왔다. 적반하장이었다. 나는 "우리 헌법과 헌정체계를 훼손하고 유린하면 가만두지 않겠다"고 공개 경고했다. 박근혜 대통령 개인보다 대한민국의 역사와 헌법, 헌정체계, 성실한 공직자의 양심과 국민 복리가 훨씬 더 중요하다는 설명도 덧붙였다.

국가기관을 총동원한 부정선거와 이를 덮기 위한 수사 외압, 조작, 이에 저항하는 경찰관 및 검사에 대한 인격 학살과 여론조작은 지금 드러난 증거만으로도 과거 한나라당의 '차떼기' 불법 정치자금 사건보다 몇 만 배 위중한 국기문란 범죄였다. 나는 공개적으로 "새누리당이 해야 할 것은 국민에 대한 협박이 아니라 석고대죄와 자진해산"이라고 주장했다.

수사권의 독립 보장

1992년 내가 일선에서 범죄수사를 할 때의 일이었다. 한 목욕탕의 탈의실 락커에 있던 고객의 지갑이 없어지는 절도사건이 발생했다. 수사가 시작되었고 용의자가 불법취업 중인 중국인 입욕보조인이라는 사실이 밝혀졌다. 그의 소지품 중에서 증거를 발견해 입건하면서, 불법취업 사실 역시 드러났기 때문에 출입국관리법도 적용해 수사보고서를 쓰는데, '윗분'으로부터 차례로 전화가 오기 시작했다. 그 목욕탕 주인이 당시 여당의 지구당 청년위원장이라며 출입국관리법을 적용하지 말아달라는 청탁과 압력의 전화였다. 출입국관리법은 양벌규정이라 불법취업자뿐만 아니라 고용주도 처벌받고 행정처분을 받도록 되어 있었다. 나는 이 '행정지휘권자'들의 지시를 따라야 했을까, 아니면 원칙대로 처리해야 했을까? 나는 그들의 지시를 따르지 않았고, 급기야 지방청 차장에게서 전화가 왔을 때, 중국인을 목동 출입국관리사무소로 데려가 신병을 인계해버렸다. 절도사건은 불구속 상태에서 입건 송치했다. 당시에 내가 받은 불이익은 최악의 인사고과와 근무평점 정도였다. 어차피 승진할 생각도, 자신도 없었기에 그 정도 불이익에 대해서는 별 신경을 쓰지 않았다.

그 외에도 수사를 하다 보면 소위 '높은 분'들에게서 종종 연락을 받곤 한다. 그들의 부탁을 잘 들어주면서 '사고 안 나게' 일을 처리하면 유능하다는 평가를 받으며 좋은 보직으로 옮겨갈 수도 있고, 근무평점도 잘 받을 수 있다는 것쯤은 나도 알고 있었다. 사건의 상대편 당사자에게 피해가 발생하지 않는 선에서 단순한 '편의' 정도만 제공하거나 'ㅇㅇㅇ에게서 연락이 와서 그나마 잘 봐주는 거야' 정도의 립서비스에 대해서는 탓하고 싶지 않았다 (물론 그것조차 나는 하지 못했지만). 하지만 그 정도의 편의도 '빽'이 없는 일반 국민에는 허용되지 않는 것이기에 결코 공정하지 않고, 법 앞의 평등 원칙에 위배되는 것이다.

분명한 것은, 만약 누군가에게 실제 피해가 발생하는 일이라면, 혹은 국가의 법질서나 선거공정성 등 중차대한 국가적 사안에 영향을 끼칠 가능성이 조금이라도 있다면, '행정지휘권자의 부당한 수사 개입'은 결코 허용되어서도 용납되어서도 안 된다는 것이다. 부당한 청탁이나 압력이 드러나서 문제가 되면 이들은 "전화한 것은 맞다, 하지만 격려 전화였다" 혹은 "공정하게, 적법하게 하라는 일반적 당부였다"와 같은 천편일률적인 대답을 하곤 한다. 양자 간의 대화가 녹음되지 않는 한, 무슨 말이 오갔는지 알기 어렵다. 하지만 그 상황과 정황, 관련자 진술, 전후 수사 내용이나 방향 차이 등을 보면 답은 명확해진다.

1829년 영국 최초의 근대경찰을 창시한 로버트 필Robert Peel 경은 경찰이 지향해야 할 최고의 가치는 "Policing by Consent" 즉, 시민의 동의와 수긍, 신뢰를 바탕으로 한 경찰활동이라고 외쳤다. 이 원칙은 지금도 유효하다. 범죄수사는 권력자의 기호나 만족이 아니라 일반 시민들의 신뢰와 수

궁을 목표로 해야 한다. 헌법과 형사소송법 등에서 까다로운 절차를 정해 놓은 것도 마찬가지 이유이다. 법무부장관, 서울중앙지검장, 서울청장, 국 방부장관 같은 고위급 인사들이 수사에 개입하고 어떤 결정을 내릴지 지시 해온 정황이 조금이라도 보인다면 그 자체만으로도 이미 이 수사는 오염된 tampered, contaminated 것이다.

특히 정치적 문제와 관련된 사건의 경우, 그런 의혹 자체를 방지하기 위 해서라도 적극적인 '수사진의 독립'을 천명하고 유지하고 보여줘서 시민의 신뢰와 수긍을 받아야 한다. 이것이 바로 특별검사제가 도입된 취지이며 아일랜드 등 외국에서 경찰 옴부즈만 제도를 도입한 이유이다. 그나마 과 거 군사독재 시절에도 박종철 고문치사사건을 수사한 검사처럼 부당한 지 시에 항명한 수사담당자나 책임자를 드러내놓고 찍어내지는 않았다. 그것 이 용납 받지 못할 행동이라는 것을 알았기 때문이다. 하지만 박근혜 정권 은 김용판 당시 서울경찰청장에게서 부당한 지시를 받았다고 폭로한 권은 희 당시 수서경찰서 수사과장에 대한 비열한 인신공격에 이어 채동욱 총장 을 찍어내고 윤석열 팀장을 능멸했다. 김용판 당시 서울경찰청장의 지시 를 받아 증거인멸과 수사 왜곡이라는 범죄를 저질렀다는 혐의를 받고 있던 자들을 국회에 이어 법정에서도 버젓이 위증을 하게 만들고 있다는 의혹도 제기되었다.

이것이 수사 관련 전문가로서 내가 권력과의 전면 투쟁에 나서는 이유 였다. 나는 일선에서 수사할 땐 상부의 부당한 지시와 명령을 거부했고, 교 수로 재직할 땐 글과 말로 제도 개선과 문제 해결을 위해 노력했다. 그리고 지난 대선의 국정원 개입 의혹 현장 보도기사를 보고는 더 이상 견디지 못 해 교수직을 버리고 뛰쳐나왔다. 21세기 2013년 대한민국에서 정권이 수사의 원칙과 수사기관의 신뢰와 독립성 자체를 완전히 무너뜨리고 있던 그 상황을 나는 결코 묵과할 수 없었다. 다른 모든 문제를 떠나 이 문제 하나만으로도 내게 박근혜 정권은 타도의 대상이었다.

국정원과 그 공범자들

범죄를 모의, 실행하는 과정에는 참여하지 않았지만, 범죄가 이루어진 이후 알리바이 조작, 증거인멸, 도주 방조, 범인 은닉, 장물 처리, 이익 분배 등에 참여하는 경우, 이를 '사후 공범'이라고 부른다.

국정원이 중심이 되고 군 사이버 사령부와 보훈처 등이 광범위하게 모의, 협력, 가담해서 저지른 대규모 조직적 권력형 정치범죄가 바로 '국정원 사건'이다. 이는 야당 정치인이나 비판적 지식인, 표현의 자유를 누리는 일반 국민을 '종북좌빨'로 몰며 마녀사냥을 하는 '신 매카시즘'이나 다름없었다. 또한 총선과 대선 등 각종 선거마다 개입해 허위 사실을 조직적이고 반복적으로 대량 유포하며 여론을 조작해 유권자의 자발적인 선택과정을 침해하고 방해한 반헌법적 관권 부정선거 범죄였으며, 자라나는 청소년과 젊은 층을 현혹하고 유인하고 선동해 맹목적 '우익' 세력으로 양성한 한국판 '히틀러 유겐트'였으며, 선거 승리라는 집단이익만을 위해 국가기밀인 남북정상회담 회의록 내용 일부를 (왜곡해) 공개하며 국가안보를 저해한 반국가적 범죄였다. 그 수법과 양상, 가담자들의 실체가 조금씩 드러나고 있었다. 그 모든 것이 이명박 정권하에서 원세훈 전 국정원장 주도로 행해졌음이 자명해지고 있었다. 2012년 대선 당시 박근혜 후보와 정문헌, 김무성, 권영

세 등 새누리당 선거운동본부 관계자들은 불쌍한 여직원의 인권을 침해한 것이라고 강력하게 주장하면서 국정원 사건과 대통령 기록물인 남북정상회담 회의록 유출 의혹 사건에 대해 (고의든 과실이든) 일정 부분 가담하기도 했다.

만약 대통령 선거 이후, 2013년 6월 14일 혹은 국정조사 또는 국정감사의 윤석열 검사의 항명사건 이전까지, 잘못을 인정하고 국민과 피해자들에게 사과하고, 진실 규명을 위해 진정한 노력을 경주하고, 재발 방지를 위한 최선의 노력을 했더라면, 이 모든 문제는 이명박과 원세훈 선에서 종결될 수도 있었을 것이다. 그리고 새 정부는 국민 다수의 지지 속에 집권 후 펼치고 싶었던 정책과 사업들을 신명나게 펼쳐낼 수 있었을 것이다. 물론 제대로 준비되어 있었다면 말이다.

나는 일부 마음 급한 시민들에게서 '박근혜 사퇴, 하야를 요구하지 않는다'고 욕을 먹었고 촛불집회의 시작을 알린 한대련 학생들의 가두진출 시위를 '폭력적'이라고 비판했다는 이유로 공격당했다. 반면 '박정희의 공과 과를 객관적으로 평가하고 서로 인정하면서 국민화합을 이루자', '박근혜 대통령의 성공을 기원하며, 공약대로 국민 모두를 포용하는 100% 대통령이 되어 국민행복시대를 열기 바란다'는 공개발언 때문에 비판의 대상이 되기도 했다. 하지만 당시 박근혜 정권은 이런 충심과 조언과 바람을 무참하게 짓밟았다. 그리고 오직 공무원으로서의 본분, 양심, 정직과 성실의무에 충실했다는 이유만으로 채동욱, 윤석열 같은 의로운 검사들을 찍어내고 모욕하고 징벌했다.

어떤 일이 있어도 흔들리지 않는 보수 지지층들에게 지속적으로 허위 사실과 정보를 제공하며 이들로 하여금 야당이나 비판적 지식인들을 공격하고 혐오하게 만들었다. 김기춘, 황교안, 남재준, 조영곤 같은 이들을 동원해 지속적으로 증거를 인멸하고 사실을 왜곡하고 수사를 방해하고 여론을 호도했다. 김진태 등의 새누리당 의원들은 국민을 모독하는 막말로 국민 가슴에 못을 박고 치유될 수 없는 상처를 남겼다. 이미 '인정과 사과, 진실 발견과 정의 구현, 재발 방지를 위한 개혁'을 통한 문제 해결의 가능성은 엎질러진 물이었다. 엎질러진 물은 다시 주워 담을 수 없는 법이다.

범죄 사건의 수사과정에서 가장 얄밉고 비열한 자들은 대개 많이 배운 자들이다. 대표적인 사례가 '의사 만삭부인 살인사건'과 부산 '교수 부인 살인사건'이다. 자신들의 전문지식을 동원해 증거를 인멸하고 완전범죄를 추구했던 사건의 범인들은 증거가 하나둘씩 나타나도 자신의 범죄 사실을 완강히 부인했고, 오히려 수사하던 경찰관들을 인권침해로 진정, 고소했으며 가만두지 않겠다는 위협까지 서슴지 않았다. 끝까지 변호인을 동원해 거짓말과 합리화를 하며 피해자 유가족의 마지막 남은 선의마저 짓밟고 가슴에 대못을 박은 그들에게 '선처'를 내릴 수가 있을까? 박근혜 정권은 나에게 그런 범죄자와 다름없었다. 2013년 11월 나는 SNS를 통해 공개적으로 더 이상 박근혜를 대통령으로 인정할 수 없다고 선언했다.

_ 2013년 11월 22일 금요일

저는 이제 더 이상 당신을 대통령으로 인정할 수 없습니다. 당신과 당신에게 충성하며 당신의 지시를 따라 증거인멸과 사실 은폐와 허위 진술을 공모하고 실행하며 여론 호도를 위한 조작을 지속해온 자들을 '국정원 사건'의 '사후 공범' 용의자로 간주하겠습니다. 혐의를 벗고 싶다면 수사를 받기 바랍니다. 수사를 회피하고 사법절차를 방해하면서 '무죄추정의 원칙'을 주장함은 어불성설입니다. 그리고 일반 시민들이 감정을 못 이겨 당신께 몇 마디 내뱉는다고 처벌하는 옹졸한 짓은 좀 중단하십시오. 직업도 없는 일개 자유인인 저도 방송에서 공개적으로 저를 비방한 자들과 인터넷에서 온갖 욕설과 험구로 공격하는 자들에게 단 한 번도 법의 철퇴를 요구한 적이 없습니다. 민주사회 어디에서도 기관장급 이상의 '공적 인물'에 대한 일반시민의 비판과 풍자에 대해, 다소 허위나 모욕적 표현이 포함된다고 하더라도, 처벌하는 법이나 사례를 찾아볼 수 없습니다. 또한, 인터넷 공간은 물론 도심 한복판에 이어 해외에서까지 대한민국이 군국 전체주의 독재국가임을 대대적으로 알리고 있는 어용 군복 폭력 모리배들의 준동을 멈추어주십시오. 그들의 배후에 누가 있는지 수사를 통해 밝힐 용기는 없다는 것을 잘 압니다. '모른다, 도움을 요청한 적 없다, 도움 받은 적 없다' 말씀하실 것도 이미 알고 있습니다. 그냥, 멈추어주십시오. 대한민국 국민으로서 너무 창피해서 그렇습니다. 당신의 임기가 다 채워질지 잘 모르겠지만, 제 마음속에선 이미 당신이 앉아 있는 자리는 '공석'입니다. 부디, 국가와 민족, 후세대와 역사를 위해, 그리고 당신 아버지의 남아 있는 명예를 위해, 국토나 경제, 안보, 국제관계, 복지와 민생에 너무 많은 상처는 남기지 않길 진심으로 바랍니다. 당신이 불의한 권력을 쥐고 휘두르는 기간 중에는 당신과 당신의 추종자들에 대한 '사후 공범' 혐의에 대한 수사는 불가능하겠지만, 과거 역사의 사례가 보여주듯, 당신에게서 '권력'이 떠난 이후, 그 혐의에 대한 수사는 반드시 이루어지리라는 것을 분명히 말씀드립니다.

비난자에 대한 비난의 심리

　사람은 어려서부터 가정과 학교, 사회, 책을 통해 도덕과 윤리를 배우고 훈련을 받는다. 자신의 신념체계 속에 도덕과 윤리를 얼마나 체화하는지는 개인차가 있다. 하지만 누구나 도덕과 윤리 특히 그 가장 구체적인 표현인 법을 어길 경우 닥쳐올 제재와 처벌에 대한 두려움을 마음(뇌) 속에 각인하게 된다. 그런데도 어떻게 그렇게 많은 사람들이 범죄를 저지르게 되는 걸까? 그 이유는 자기통제장치인 도덕심, 윤리의식 및 처벌에 대한 두려움 정도는 무시할 수 있을 만큼 강한 '합리화'를 하기 때문이다. 범죄자들에게 나타나는 합리화의 증상은 가해의 부정, 피해의 부정, 상위 가치에의 호소 등이 있는데, 그중에서 당시 박근혜 정권과 새누리당이 보였던 태도는 '비난자에 대한 비난'이었다.

　과거 지존파로 불렸던 연쇄살인 조직은 절도, 강도, 폭력 등으로 교도소를 다녀온 고향 선후배들이었고, TV에서 보도된 고위 정치인과 관료들의 뇌물 수수와 자녀들의 부정 입학 기사 등을 보고 "세상이 다 썩고 가진 놈들이 더 나쁜 짓을 많이 하는데 왜 우리만 교도소에 가고 욕 먹어야 해!"라는 분노에 공감하며 부유층을 대상으로 납치 강도 살인 행각을 시작했다. 이들은 자신들의 범죄를 비난하고 처벌하려는 수사기관과 사법기관, 언론 및 세상 사람들에게 "너희들은 깨끗하냐, 다 썩은 놈들이 우리를 보고 손가락질 할 자격 있냐"라고 외쳤다. 이것이 바로 '비난자에 대한 비난' 심리이다.

　국정원 사건의 불법 여론조작 및 선거개입 범죄가 드러난 이후 새누리당과 박근혜 정권의 태도는 줄곧 '비난자에 대한 비난' 심리의 반영이었다. 자신들이 연루된 조직적인 대규모 권력형 범죄에 대해 수사의 칼날과 비판이

가해질 때마다, 그들은 진실을 밝히고 책임을 지고 재발방지책을 마련하고 사죄하는 '용기 있는' 정면대응을 택하는 대신 채동욱 총장의 사생활을 파헤치고 의혹을 부풀려 내쫓고, 남북정상회담 회의록을 유출해 논란을 만들어내고, 윤석열 팀장을 배제시키고, 급기야 천주교 정의구현사제단을 종북으로 몰아가고 있었다.

백번천번 양보하고 실제로 우연의 우연이 겹치고 겹쳐서, 국정원 사건의 문제를 지적하고 정권의 방조와 방관을 비판하는 사람 모두가 사생활이나 이념의 문제가 있다고 하자. 그렇다고 해도 그 문제와는 별도로 새누리당과 박근혜 정권은 국정원이 중심이 된 국가권력의 조직적 개입과 국기문란 범죄, 그리고 이 범죄 행위에 대한 수사를 왜곡하고 축소해온 더 큰 범죄에 대해 진실을 밝혀야 했다. 정의를 구현하는 절차에 적극 협조하며 반성하고 사죄하며 국민 앞에 명백한 입장을 밝혀야 하는 책임은 온전히 그들의 몫이었다.

당시의 새누리당과 박근혜 정권은 '비난자에 대한 비난' 심리에 경도되어 점점 더 무리한 조치를 취했고, 범죄자의 전형적인 모습을 보이고 있었다. 최대 정당과 정권이 범죄자의 모습이 되어가고 있는 것을 좋아할 사람이 몇이나 될까? 적어도 나는 그렇지 않았다. 내가 강하게 비판하고 문제를 제기했던 이유는, 어서 이 유치하고 바보 같은 잘못된 대응을 멈추고 진심으로 대응하고 소통하길 바랐기 때문이었다. 아무리 강한 권력과 정당이라 해도 결코 국민을 이길 수는 없다. 나는 그저 한 사람의 시민일 뿐이었다. 혹시라도 온갖 수단과 방법을 다 동원해 내 비판의 목소리를 잠재우는 데 성공한다 하더라도, 제2, 제3의 비판적 시민의 목소리가 더 강하게 터져나올 것이다. 정의구현사제단이나 시민단체, 다른 비판적 지식인 역시 마찬가지다.

당시에 박근혜 정권과 새누리당은 고승이 손가락으로 가리키는 방향이 아니라 그 손가락의 손톱에 낀 때를 지적하는 '우'를 멈추었어야 했다.

이 사건의 진상 규명과 함께 진행되었어야 할 '국내 정보 이관', '수사기능 폐지', '민주적 통제'라는 국정원의 3대 개혁과제는 당시 국정원과 공범 관계로 의심받던 박근혜 정부와 새누리당이 장악한 국회에서는 불가능했다.

국정원 사건 이후 1년

2014년이 시작되자마자, 온라인에서는 내게 이제 지난 대선 이후 1년이 지났으니, 국정원 사건에 대한 이야기를 그만하라는 멘션과 댓글이 이어졌다. 마치 약속이나 한 듯이 이들의 공격 패턴은 흡사했다. 어디에선가 만들어졌을 문장이나 논리, 주장 등을 여러 명이 같거나 비슷한 내용으로 퍼나르는 방식이었다. 나는 이들에 대한 대응으로 지속적으로 반대 논리와 사실들을 인터넷 공간에 올렸다. 특히 글의 일부에는 이들의 본부로 의심되는 국정원이나 그와 유사한 조직원이 알아듣고 뜨끔할 만한 내용들을 담기도 했다.

💬
_ 2014년 1월 2일 목요일

"왜 1년 넘게 물고 늘어지냐"는 분들, 우린 왜 70년 넘게 일제 강점과 종군 위안부 등의 문제에 대해 사죄하라고 일본을 물고 늘어지죠? 일본이 독일처럼 깨끗이 사죄하고 역사를 제대로 가르치고 전범 숭배를 금지했다면, 우리가 그랬을까요? 아직 법원 판결 안 났는데, 왜 그러냐구요? 영화 〈7번 방의 선물〉의 실제 주인공은 진실을 밝히기 위해 36년을 싸워 재심에서 승리했습니다. 동두천 윤금이 씨의 미군 살인범도 시민들이 계속 싸운 덕에 교도소에 가뒀어요.

진실을 밝히려는 채동욱 검찰총장, 윤석열 수사팀장의 노력 앞에서도 피의자들과 피의기관은 계속 증거를 인멸하고 범행을 부인하고 있습니다. 국민이 나서서 지키고 재판까지 외압에 휘둘리지 않게 막아줘야죠.

지난 12월 '연말을 넘기지 말고 사죄하라, 마지막 기회다'라고 요청했잖아요. 안 그러면 더 큰 피해와 충돌을 부를 뿐입니다. 결국 한 분이 분신 사망하시고, 시민들의 분노는 끓어오르고 있습니다. 예상된 비극을 막지 않는 것, 그 자체가 죄악입니다.

국정조사를 이끌어낸 것도 촛불 시민, 채동욱, 윤석열의 양심을 이끌고 지킨 것도 촛불 시민, 수천만 건의 트윗글을 드러낸 것도 그 시작은 촛불 시민의 힘입니다.

국정원 불법은
'전갈의 독침'

혜엄을 못 치지만 강을 건너야 하는 전갈이 개구리를 불렀다.

"나를 업고 강을 건너줘, 부탁할게."

"전갈아, 네 독은 너무 강하고 넌 누구나 독침으로 찌르잖아. 어떻게 널 등에 업고 강을 건널 수 있겠니?" 개구리가 답했다.

전갈이 말했다. "널 독침으로 찌르면 나도 물에 빠져 죽을 텐데 어떻게 널 독침으로 찌를 수 있겠니?"

전갈의 말을 듣고 보니 그럴듯했다. 개구리는 전갈을 등에 업고 혜엄을 치기 시작했다.

중간쯤 왔을 때 전갈은 개구리의 옆구리를 독침으로 찔렀다. 개구리가 극심한 고통을 느끼며 어처구니없다는 표정으로 전갈을 돌아봤다. 그러자 전갈이 말했다.

"개구리야, 미안. 나도 어쩔 수 없었어. 난 전갈이잖아."

전갈과 개구리는 모두 물에 빠져 죽었다. 기원전 3세기 고대 인도에서 시작돼 전 세계로 전파된 우화의 내용이다. 어떤 상황에서도 바뀌지 않는 '본질적 속성'의 무서움을 알려준다.

2014년 초, 세계 주요국 정상의 통신을 도청한 사실이 드러나 파문을 일으켰던 미국의 국가안보국NSA, 20세기 중반 말을 안 듣는 외국 지도자들을 암살한 미국의 중앙정보국CIA, 1994년까지 존재 자체가 비밀이었던 영국의 MI6…. 오직 '국익'을 위해 살인과 납치, 고문, 폭파는 물론 도청과 조작까지 서슴지 않는 각국 첩보기관의 모습이다. 법과 절차를 다 지키고 활동내역이나 예산 용처를 투명하게 공개했다가는 적국 첩보기관의 밥이 될 수밖에 없는 것이 냉혹한 첩보 세계의 현실이다. 공식적으로는 존재하지 않거나 다른 신분으로 살고 있는 요원의 정체가 드러나고 불법 행위가 적발되면, 군사력을 동원해서라도 구조해내야 한다. 그것이 여의치 않을 경우 그 요원은 자살을 택하거나 신분을 감춘 채 형사 처벌까지 감수할 수밖에 없다.

그런데 대한민국에서는 다른 나라와 달리 이런 첩보기관이 법과 절차를 철저히 준수해야 하는 '범죄수사'를 담당한다. 그리고 '국내 정보'라는 명목으로 정치와 사회에 개입한다. 신분과 기관을 공개하며 정부 보안 관리와 사이버 안전 관리, 국제 대테러 협상 책임자로 군림한다.

당시에 새누리당 의원들은 '국가기관이 증거를 조작할 리가 있느냐', '국가기관이 선거에 개입하는 말도 안 되는 일이 있을 수 있느냐', '안보 중추 기관을 약화시키면 안 된다'라며 개구리 등에 올라탄 전갈 같은 소리를 하고 있었다. 1987년 정치깡패 '용팔이'를 동원해 통일민주당의 창당을 폭력으로 봉쇄한 사건과 홍콩에서 남편에게 살해당한 불쌍한 여인 수지 김을 간첩으로 조작한 사건이 터졌을 때도 당시 여당 의원들은 똑같은 소리를 읊어대며 경찰의 수사 자체를 봉쇄했다. 결국 정권이 바뀌고 이것이 장세동 안기부장의 정치공작이었음이 밝혀진 뒤에야 이들은 대국민사과를 하고 '안기부'의 이름을 '국정원'으로 변경했다. 김영삼 대통령의 민주정부, 김대중 대통령의 국민의 정부, 노무현 대통령의 참여정부에서조차 "널 찌르면 나도 빠져 죽을 텐데 설마 그러겠니"라는 전갈 아니, 국정원의 말을 믿었다. 국내 정보와 범죄수사권을 그대로 손에 쥐어주고 정부기관들과 지자체, 언론과 기업, 대학과 연구기관 등 국가와 사회 전반을 통제하고 주무르게 해준 것이다.

결국 21세기 대한민국은 국정원이 자행한 불법 정치개입과 대선개입, 종북몰이와 지역감정 조장, 남북정상회담 회의록 유출 파문, 채동욱 검찰총장 음해 공작, 서울시 탈북 공무원 간첩 조작 등 무수한 독침을 옆구리에 얻어맞고 가라앉는 중이었다. 국정원이 저지른 명백한 불법과 탈법의 증거 앞에서도 검찰은 주춤거렸고 대통령은 침묵했다. 총리와 법무부장관은 새누리당 의원들과 함께 국정원을 위한 잔 다르크 노릇을 하고 있었다.

개구리가 된 대한민국이 살 길은 하나다. 전갈과 다름없는 국정원의 독침을 북한과 잠재적 적국을 향해서만 사용하게 하는 것이다. 국내 정치에 개입하는 것을 금지하고, 범죄수사를 하지 못하도록 해야 하는 것이다. 그 출발점은 특검을 통한 진상 규명이며 개혁입법이었다. 하지만 이런 나의 주장은 박근혜 정권과 새누리당의 눈과 귀에는 보이지도 들리지도 않았던 것 같다.

또 다시 시작된 간첩 조작 사건

과거 영국 경찰에 '경찰 재산police property'이라는 은어가 있었다. 실제 재산이 아니라 경찰이 범죄 정보를 알아내고 수사를 하는 데 이용하는, 특정 직업이나 경력을 가진 사람들을 뜻한다. 주로 전과자, 좀도둑, 성매매 여성, 노점상처럼 약점을 가지고 있는 사람들로, 이들은 경찰과 빈번하게 접촉하기 때문에 경찰이 시키는 대로 할 수밖에 없는 사람들이었다. 대개는 범죄 첩보를 알아오라고 하거나 특정 대상을 감시하는 등 '정보원' 역할을 하지만, 간혹 부패 경찰의 증거 조작, 목격자 조작 등 불법적이고 탈법적인 일에 동원되다가 스캔들의 대상이 되기도 했다. 지금은 비판받고, 사라진 개념이다.

우리나라에도 이와 유사한 처지에 있는 이들이 있을 수 있다. 탈북자, 조선족 동포, 국가보안법 위반 전과자 등 국정원이 관리하거나 국정원의 조치 혹은 의견에 따라 대한민국 입국이나 취업, 생계 등이 좌우될 수 있는 사람들이 대상이 될 수 있다. 2013년에 발생했던 '탈북자 출신의 서울시 공무원 유우성 씨 간첩조작 사건' 경우를 통해서도 이들의 존재를 확인할 수 있다. 언론 보도에 따르면, 탈북자였던 유우성 씨는 처음 국정원에 의해 정보원으로 일할 것을 요청받았지만 거절했다. 하지만 자신과 아직 북에 있는 가족의 안전을 위해 국정원 담당자와 지속적으로 연락을 하며 우호적 관계를 유지했다. 특히 그는 중국계 화교라는 사실을 숨기며 탈북자에 대한 정부의 정착금 지원을 받는 '불법'을 저지른 약점이 있기에 국정원에 발목이 잡혀 있었다.

그러던 중 탈북한 뒤 중국에 머물르고 있던 여동생이 오빠와 같은 방법으로 중국 국적의 화교 탈북자라는 사실을 숨긴 채 북한 국적 탈북자 신분으로 대한민국에 입국하려 하자 유우성 씨는 담당 국정원 직원에게 이 사실을 알리고 잘 봐달라는 부탁을 했다. 국정원 직원은 알았다고 답했다. 이후 여동생은 국정원에서 보호를 받으며 3개월간 강도 높은 조사를 받았다. 그 과정에서 자신의 친오빠가 간첩이라는 진술을 하게 되고 그 진술을 가장 유력한 증거로 확보한 국정원은 유우성 씨를 간첩죄로 체포, 기소했다.

하지만 유 씨의 여동생은 법정에서 진술을 번복했고, 국정원 측이 가혹 행위를 통해 허위자백을 강요했다는 주장이 받아들여져 유우성 씨가 1심에서 무죄를 선고받는 것으로 이 사건은 일단락이 되는 듯했다. 하지만 국정원과 검찰은 항소를 했고, 유우성 씨가 중국을 통해 북한을 여러 차례 드나들었다는 중국 측의 북한 출입국 기록을 새롭게 제시했다. 하지만 국정원이 제시한 증거는 중국 대사관 측에 의해 '위조'라는 공식 결정이 내려져 법원에 통보되었다. 이제 사건은 유우성 씨의 간첩 여부가 아니라, 국정원과 검찰이 증거를 위조해 엉뚱한 사람에게 간첩이라는 누명을 씌우려 한 간첩 조작 사건으로 변경되었다.

자신들이 제시한 증거가 위조된 것임을 중국 정부가 공식적으로 밝힌 마당에 국정원과 검찰에게는 퇴로가 없었다. 남은 것은 누가 책임을 질 것이냐 하는 '폭탄 돌리기', '희생양 찾기', '꼬리 자르기' 뿐이었다. 일부 언론에서 국정원의 정보원 역할을 하던 '조선족 김 씨'에게 모든 혐의를 덮어씌우는 듯한 이야기가 흘러나오기 시작했다. 마치 국정원이 순진하게 조선족 정보원을 너무 믿었고, 그 정보원이 스스로 중국 출입국 서류와 그 서류가 사실이라는 확인서 등 3종의 공문서를 위조해 마치 진짜 문서인 것처럼 국정원 직원에게 전달했다는 것이다.

검찰이 말한 조선족 김 씨는 한국 검찰에 출두해 조사를 받은 뒤, 자신이 머물던 모텔 방 벽에 피로 '국정원'이라고 쓰고 유서를 남긴 뒤 자살을 시도했다. 검찰은 그 유서를 공개하지 않았다. 이미 그 전에 자신을 조사한 검사에게 자살을 암시하는 문자메시지를 보냈다는 사실도 뒤늦게 밝혀졌다. 다행히 모텔 종업원이 자살 시도 장면을 목격하고 신고하는 바람에 목숨은 건지고 응급실로 후송되었지만 김 씨의 상태는 위중했다.

이 사건을 접하고 자기 조직과 집단의 이익을 위해 약점이 있는 사람들을 수단과 도구로 이용하고, 무고한 사람에게 간첩이라는 누명을 씌우면서도 아무런 가책도 책임도 느끼지 못하는 인간들이 안보를 지킨다는 명목하에 내가 낸 세금으로 무소불위의 권력을 행사하고 있다는 사실에 살이 떨리는 분노와 아픔을 느꼈다. 우리가 절대 군주가 지배하는 중세의 암흑시대에 살고 있는 걸까? 히틀러의 나치 치하에 살고 있는 걸까? 일본 제국주의의 광풍 속에 살고 있는가? 아니면 북한 세습 독재왕국에 살고 있나?

자유로운 민주공화국 대한민국에서는 사람 위에 사람 없고 사람 밑에 사람 없다. 누구도 다른 사람을 도구로 이용해서는 안 되며, 특히 생명과 자유를 침해해서는 안 된다. 그런 행위를 우리는 '범죄'라 부르며 단죄하고 징벌하고 질타한다. 공공의 신뢰를 받고 권력과 권한을 부여받은 자들이 반인권적 범죄를 저지른다면, 가중처벌해야 하며 재발 방지를 위해서라도 발본색원하고 가장 무거운 형벌을 부과해야 한다. 그런데 대한민국 정부, 검찰, 사법부, 언론은 당시에 도대체 무엇을 하고 있었을까?!

그때그때 달라지는 검찰의 수사

거의 같은 시기에 두 건의 자살 기도 사건이 발생했다. 하나는 앞에서 말한 국정원이 위조된 중국 공문서를 법정에 증거로 제출한 사건과 관련하여 참고인 신분으로 조사를 받던 조선족 김 씨의 자살기도 사건이었다. 검찰의 밤샘 조사를 마치고 영등포의 숙소로 돌아온 김 씨가 담당 검사에게 자살을 암시하는 문자를 보낸 뒤 목에 흉기로 찔린 상처를 입고 피를 많이 흘린 채 쓰러져 있었다. 다행히 종업원의 신고를 받고 출동한 경찰에 의해 발견되어 병원으로 긴급 후송된 후 수술을 받고 목숨은 건졌으나 위중한 상태로 중환자실에 입원 중이었다. 모텔 방 벽에는 피로 쓴 '국정원'이라는 글씨가 적혀 있었던 것으로 보도되었다(일부에서는 '국정원, 국조원' 6자라고 주장하기도 했다).

또 다른 하나는 제주 서귀포에서 SBS 방송국의 〈짝〉 프로그램 녹화 후에 회식을 마치고 숙소로 돌아왔던 여성 출연자 중 한 명이 화장실에서 목을 매 숨진 채로 발견되었다. 이 여성 역시 지인들에게 문자로 고민과 갈등의 심경이 담긴 문자메시지를 보낸 것으로 알려졌다. 그런데 두 사건에 대한 경찰의 조치는 판이했다. 서귀포에서는 경찰이 강도 높은 수사를 계속하는 가운데 SBS 방송국 측에 1천 시간 분량이 넘는 당시의 촬영분을 모두 제출하라고 요청했다. 또한 피해자의 SNS와 휴대전화 통신 및 메시지 전달 내역까지 철저하게 수사했다. 해당 방송의 제작진 및 출연진 전원은 물론, 방송과 관계없는 피해자 지인들에 대한 강도 높은 조사가 진행되었다. '생명'을 소중히 여기는 경찰의 당연한 조치였다. 졸지에 사랑하는 딸을 잃은 유가족의 황망함과 억울함을 달래주기 위한 최소한의 조치이기도 했다.

반면, 서울 영등포에선 경찰이 사건이 발생한 지 몇 시간 만에 간단한 현장조사만 마친 뒤 사건 현장을 말끔히 청소해버렸고, 이 때문에 '현장 훼손'을 두고 시비가 불거졌다. 특히 자살을 기도한 김 씨는 국정원의 조선족 중국인 협력자로, 국정원이 시켜서 허위로 공문서를 조작한 뒤 이를 검찰을 통해 법정에 제출해 유우성 씨를 '간첩'으로 만들려 했다는 엄청난 의혹의 중심에 있는 당사자였다. 더구나 사건 현장은 인분과 혈흔이 난무했고, 일반적으로 자살자들이 선택하는 방식이 아닌 목을 흉기로 찌르는 방식을 선택했고 벽에 '국정원'이라는 혈흔 글씨가 씌어 있었다. 현장의 특성으로 봤을 때, 자살(기도)인지, 타살(미수)인지에 대해 쉽게 결정 내려서는 안 될 특이점이 있었다.

그럼에도 김 씨를 조사한 검사는 현장에 나타나서는 현장 유류물을 요구하는 이해할 수 없는 행동을 하고, 신원을 확인하기 어려운 일단의 (수사관들로 알려진) 무리들이 다녀간 뒤 현장이 말끔히 청소되어버렸다는 기사가 보도되었다. 경찰은 서둘러 이 사건을 '명백한 자살기도'로 보고 일반적인 자살사건과 같이 내사종결했다고 발표했다.

두 사건에 대한 경찰의 조치는 왜 이리도 달랐을까? 피해자가 사망했느냐 아니냐의 문제는 아닌 듯했다. 조선족 김 씨 역시 중상을 입고 응급수술을 받은 상태였다. 남녀의 차이는 더더욱 아니었다. 그렇다면 '자살기도의 배경에 있던 사람들'의 힘의 차이라고밖에는 설명할 길이 없었다. 서귀포 사건을 수사했던 경찰의 대응방식을 그대로 영등포 사건에 대입하면, 경찰은 김 씨에 대한 검찰의 조사내용을 모두 요구해야 했다. 김 씨를 밤샘조사한 검사를 소환조사해야 했다. 무엇보다 김 씨를 이 사건에 연루시킨 국정원 담당직원들을 소환조사해야 했으며 그들의 사무실과 컴퓨터 및 전화 등을 압수수색하고 검토해야 했다. 검찰이 조사 중이었던 증거 조작 사건과는 별개로, 김 씨가 자살을 시도한 것이라면 그 뒤에 어떤 강압이 있지는 않았는지 조사를 해야 했다. 만에 하나 타살의 정황이 있다면 그에 대해서도 철저한 수사를 해야 했다.

당시에 검찰도 스스로 유우성 씨의 간첩 혐의 사건과 증거 조작 사건은 구분해 별도의 특별팀에 진상 규명을 맡기고 있었다. SBS 〈짝〉 제작진의 피해자에 대한 강요나 강압 의혹에 대한 조사가 필요했다면, 검찰의 밤샘 조사를 받은 뒤 사건이 발생한 김 씨의 경우, 해당 검사와 검찰 조사팀에 대한 강도 높은 조사가 필수적이었다. '밤샘조사'라는 것은 참고인을 대상으로 하기엔 적절치 않으며, 검찰이 인권침해 방지를 내걸고 공개적으로 '밤샘조사를 하지 않겠다'고 천명하지 않았던가? 불법행위의 가능성이 강하게 제시되었음에도 조사조차 하지 않는 경찰, 방송국엔 강하고, 검찰과 국정원 앞에선 머리를 조아린 약하고 비겁했던 경찰. '법 앞의 평등'은 도대체 어디로 보내버렸던 것일까?

이 사건만이 아니었다. '국정원' 혹은 '새누리'라는 이름만 붙으면 검찰이나 경찰은 무능력을 넘어 무기력한 모습을 보였다. 2012년 12월 14일, 부산 대중 유세장에서 국가기밀인 '남북정상회담 회의록'을 줄줄 읽어내려간 김무성 당시 새누리당 선거종합대책본부장의 혐의에 대해 검찰수사는 1년을 훌쩍 넘기도록 감감무소식이었다. 그 회의록 사건과 관련되었던 정문헌 새누리당 의원과 국정원 해당 기록물 관리 책임자의 혐의에 대한 수사 역시 감감무소식이었다.

18대 대선 불법 개입 혐의를 받았던 국정원 직원들은 모두 '상관의 지시를 받고 행했다'는 이유로 불기소되었고, 이후 트위터에서 추가로 발견된 불법행위의 양과 정도가 지나치다고 판단해 해당 국정원 직원(으로 나중에 밝혀진) 4명을 체포하고 압수 수색하려던 윤석열 검찰수사팀장은 징계를 받고 좌천되었다. 다른 검사들은 모두 꿀 먹은 벙어리 흉내만 내고 있었다.

2013년 6월 11일, 청와대 행정관과 국정원 직원이 서초구청에 당시 검찰총장 채동욱의 혼외자 의혹 관련자인 11세 어린이의 개인정보를 불법적으로 요구한 사건에 대한 수사 역시 무기력, 무능력, 감감무소식이었다. 당시에 나는 "차라리 검찰과 경찰은 '국정원과 새누리당은 우리의 상급기관으로, 결코 그들의 범법 혐의에 대한 수사를 할 수 없다'는 사실을 솔직하게 고백하고 관련 규정을 형사소송법이나 검찰청법, 범죄수사규칙 등에 삽입하라"고 공개적으로 요구하기까지 했다. 혹시라도 대한민국에 '법 앞의 평등' 원칙이 살아 있다는 기대를 가지고 있는 일반 시민들이 실망할 수밖에 없는 현실이 너무 가슴 아팠다.

현대 민주사회를 지탱하는 핵심인 '법'을 집행하는 사람으로서의 숭고한 사명감을 기대할 수 없고 최소한의 자존심까지 내던져버린 검찰과 경찰의 모습을 보며 많은 국민들이 나만큼이나 슬픔과 아픔, 분노와 좌절을 느꼈을 것이다. 그것을 느끼지 못한 것은 극히 소수의 경찰과 검찰 뿐인 듯했다. 국정원이 대관절 무엇이길래, 국가의 형사 정의를 지탱하는 중추기관인 경찰과 검찰을 송두리째 흔들며 좌지우지하고, 이들에 대한 국민의 신뢰를 회복 불가능한 수준으로 하락시키고 있었을까? 지속적으로 이 작태를 반복하면서도 도대체 아무런 책임도 지지 않는 그 힘은 어디에서 나오는 것일까? 고위 경찰, 검사, 판사들의 사생활 비위 정보를 국정원이 모두 틀어쥐고 있어서였을까? 아니면 백성의 생살여탈권마저 쥐고 있는 듯한 신왕조 체제의 권력자가 국정원을 무조건적으로 비호해서였을까? 아프고 화나고 답답하기만 했다.

국정원에 후련하게 한 방

당시 원세훈 휘하의 국정원이 감찰실장이라는 개인을 시켜 나를 명예훼손으로 고소한 것은 '국가기관은 명예훼손 피해자가 될 수 없다'는 판례를 교묘하게 악용한 치졸한 짓이었다. 일부에서 무고죄로 역고소를 하라는 제안을 하기도 했지만 나는 개인적인 감정풀이는 하고 싶지 않았다. 내 사건 때문에 국가기관이 행정비용을 더 지불하게 하고 싶지도 않았다. 그것 역시 국민세금이 아닌가. 원세훈도 사법처리를 받는 중이고, 이후 원세훈은 간첩조작 등 국정원을 잘못 운영한 대가를 하나씩 치르고 있고 그 모습을 보며 한편으로는 시원하고 후련하면서도 다른 한편으론 착잡하고 안타까웠다. 무고죄로 역고소하는 대신에 엉터리 국정원에게 SNS를 통해 후련하게 한 방 날려 보냈다.

_ 2014년 7월 20일

거짓과 허위, 겉치레와 변명, 합리화, 전략, 전술, 심리전, 다 제쳐두고 툭 터놓고 딱 한 마디만 합시다. 나와 당신들은 모두 너무 잘 알고 있습니다. "당신들, 그러면 안 돼요!" 내겐 정치색도 이념도 지역도 세대도 그 무엇도 없습니다. 그저 제대로, 바로, 가능한 원칙대로, 옳은 일, 부여된 의무와 책임을 정정당당하게, 양심에 거리끼지 않게 하자는 것입니다. 억울한 피해자를 만들지 말고, 소수의 권력자를 위해 국가기관을 사적으로 운용하지 말자는 것. 바라는 건 그것뿐입니다. 그리고 개인적으로 제가 하고픈 일, 잘하는 일을 누구의 방해도 받지 않고 하며 잘 살고 싶을 뿐입니다. 누구나 실수나 잘못을 저지를 수 있습니다. 저도 그렇습니다. 그때 그 실수나 잘못을 덮고 숨기려 하느냐, 솔직하게 인정하고 용서를 구하고 새 출발을 하겠다는 용기를 내느냐, 아주 단순한 그 차이가 나라 전체를 혼란과 다툼과 갈등으로 모느냐 화합과 협력으로 나아가게 하느냐를 결정합니다.

아직 끝나는 않은
국정원 사건

　　'살아 있는 권력'의 압박과 협박과 방해에도 불구하고, 원세훈 전 국정원장이 구속 기소되었고, 검찰이 기소유예 처분을 내렸던 전 국정원 3차장 이종명과 심리전단장 민병주도 법원이 재정신청을 인용해 기소되었다. 2014년 9월 11일 서울중앙지법 형사합의21부는 원세훈 전 원장에 대해 국정원법 위반 혐의를 인정해 징역 2년 6월에 집행유예 4년, 자격정지 3년을 선고했다. 하지만, 공직선거법 위반 혐의에 대해서는 무죄를 선고했다. 2015년 2월 9일, 항소심 선고 공판에서 서울고등법원 형사6부는 공직선거법 위반 혐의도 유죄로 인정, 징역 3년과 자격정지 3년을 선고하고 법정구속했다.

　지난 2년 2개월간 가슴 졸이며 검찰 특별수사팀의 수사와 재판을 지켜봤던 나는 검찰총장이 치욕 속에 쫓겨나는 살벌한 분위기 속에서도 법과 정의를 지키기 위해 최선을 다해준 검사들과 판사에게 깊은 고마움을 느꼈다. 그리고 공개적으로 이들에게 감사의 글을 썼다.

_ 2015년 2월 10일 화요일

윤석열, 박형철 검사 그리고 김상환 판사. 당신들 덕분에 그나마 우리 형사사법제도에도 '정의'의 불씨가 아주 희미하게나마 꺼지지 않은 채 살아 있다는 것을 알게 되었습니다. 가슴 깊이 감사드립니다. 대한민국에서 서민들이 '법과 정의'에 대한 신뢰를 잃은 지 오래입니다. '법'은 힘 있고 가진 자들의 전유물이자 무기요, '정의'는 책이나 영화, 드라마 속에만 있는 '화석'이나 '유적'으로 인식되고 있습니다. '무전유죄, 유전무죄'는 물론 '유권무죄, 무권유죄'가 마치 변하지 않는 진리인 듯 회자되고 있습니다. 저는 '법과 정의'의 한쪽 구석에서 고민하고 일하며 살아온 사람으로서, 이같은 현실과 현상이 너무 가슴 아팠습니다. 저도 어린시절 한때, '정의로운 판사'가 되어 나쁜 놈들 혼내주고 억울하고 약한 사람들의 한을 풀어주겠다는 꿈을 가진 적이 있는 사람으로서, 지금도 많은 어린 친구들과 청소년들을 만나고 그들에게서 연락을 받으며, 그들 중에서 '판사와 검사'가 되고 싶다는 친구들의 아름답고 소중한 꿈이 짓밟히고 더럽혀질까봐 두려워하는 스스로를 탓하고 원망해왔습니다. 제가 자주 인용하는 미국 연방 법무부 청사에 새겨진 글, '오직 정의만이 사회를 지탱한다(Justice Alone Sustains Society)'. 정치가 타락하고 경제가 왜곡되고, 교육이 썩어 문드러져도, 국가와 사회의 '정의 시스템' 혹은 '정의 인프라'인 형사사법제도가 제 기능을 발휘한다면, 타락과 왜곡과 부패를 도려내고 잘못을 바로잡고 모든 것이 제 자리를 찾을 것이라는 신뢰의 표현입니다. 대한민국 국민 중 얼마나 많은 이가 정치인들과 권력자들을 믿겠습니까? 그래도 국민들, 시민들, 서민들이 '법과 정의'에 대한 신뢰를 가지고 있다면, 그 썩고 이기적이고 부패한 권력자들과 정치인들이, 적어도 드러나고 밝혀지고 확실한 범죄적 행위에 대해서만이라도, 단죄 받고 처벌 받는 모습을 볼 수 있다면 사회와 국가에 대한 최소한의 신뢰를 유지할 수 있지 않겠습니까? 빈부격차와 소외의 문제가 앞으로 더 심각해질 거라고 많은 학자들이 예견합니다. 그럴수록 더욱 '법과 정의'에 대한 기대와 희망이 커지는 것 아니겠습니까? 법을 공부하고 수련하는 사람들에게 형성된다는 '리걸 마인드'. 법 앞의 평등, 인간의 존엄성, 비례의 원칙, 보충성의 원칙…. 마치 의사가 '히포크라테스 선서'를 헌신짝처럼 버리고 돈만 밝히는 의료장사꾼이 되는 순간 존경과 신뢰를 잃듯, 법조인이 '리걸 마인드'를 버리고 정의에 대한 갈망과 집념을 버리는 순간, '견', '떡' 소리를 듣게 되는 것 아니겠습니까? 그리고 이번 징역 3년, 법정구속이라는 형량이 가볍다는 지적들도 많습니다. 아울러 대법원 상고심에서 무슨 일이 벌어질지 모른다는 괴담도 흘러다니고 있습니다. 하지만 그간의 다양한 사건들과 우리 사회의 특수성과 사회적 분열을 목도한 이 시점에서, 김상환, 윤석열, 박형철 그리고 일일이 성함을 거론하지는 않지만, 이분들과 함께 흔들리는 촛불 같은 '법과 정의'를 지키려 애쓰신 모든 법조인들께 존경과 감사의 마음을 전합니다. 감사합니다. 부디 이 판결이, 그리고 이 판결이 있기까지 지속된 대한민국 검찰의 '국정원 대선개입 여론조작 사건' 특수수사팀 여러분의 노고가 대한민국에 '법과 정의'가 바로 서는 출발점이 되길 소망하고 기원합니다. 저를 포함한 많은 분들이 국가와 사회, 형사사법제도, '법과 정의'를 염려하느라 생업에

지장을 받지 않는 그날을 기다리며, 저는 제 자리에서 제가 할 일을 하겠습니다.

이 땅에 남아 있는 정의의 숨결

원세훈은 항소심 판결에 불복해 상고했다. 대법원의 심리는 이상하게 흘러갔다. 2015년 7월 16일, 대법원 전원합의체는 원심이 증거능력에 대한 법리를 오해하고 사실관계를 잘못 판단한 오류가 있다며 사건을 다시 서울고등법원으로 돌려보내는 '파기환송' 결정을 내렸다. 사건이 다시 원점으로 되돌아온 것이다. 그 사이 윤석열 검사는 지방으로 좌천되었고, 박형철 검사는 이에 항의해 사직서를 내고 검찰을 떠났다. 새로 공소유지를 맡게 된 검사들이 제대로, 적극적으로 원세훈에 대한 공직선거법 위반 유죄 판결을 이끌어내기 위해 최선을 다할까? 새로운 재판부로 구성된 서울고등법원의 심리는 공정하게 진행될 수 있을까? 나는 재판을 참관하고 내가 본 재판 상황을 SNS를 통해 시민들과 공유했다.

💬
_ 2016년 7월 18일 월요일

서울고등법원입니다. 잠시 후 10시부터 열리는 원세훈, 이종명, 민병주 등 전 국정원장과 고위간부 피고인들에 대한 공직선거법 위반 사건의 공판에 참관 차 왔습니다. 대한민국 사법정의의 현실과 현장을 똑똑히 지켜보겠습니다.

원세훈 등 공직선거법 위반 공판, 검찰은 지난 재판에서 판사가 요구한 '국정원 사용 트위터 계정의 제3자 사용 가능성 없음에 대한 추가 입증'을 위해 1시간 넘는 발표를 했고 판사는 또다시 일부 트위터 계정 사용 시점과 안보 5팀 창설 시점의 차이를 입증할 것을 요구합니다.

대한민국 민주주의와 헌법의 근간을 뒤흔든 원세훈 국정원 대선개입 사건 재판, 끝까지 지켜봐야 법원이 권력 편에 편향된 것인지, 치열하게 법치주의를 지키려 하는지 판단할 수 있을 듯합니다. 다만, 검찰의 재판부에 대한 의심과 답답함이 확연히 드러납니다.

💬
_ 2016년 7월 20일 수요일

새누리당의 저에 대한 깊은 관심과 높은 평가에 감사드립니다. 제 조용한 방청 자체가 재판에 큰 영향을 미친다 하시네요. 새누리 "표창원 의원, 원세훈 재판 방청은 재판부 압박" (출처 : KBS 뉴스)

💬
_ 2016년 8월 29일 월요일

잠시 후 10시 서초동 서울고등법원에서 열리는 원세훈 등 '국정원 대선개입 여론조작 사건' 파기환송심 공판정에 방청 참관합니다. 독립적이고 엄정한 사법절차가 제대로 준수되는지 똑똑히 지켜보겠습니다.

2017년 8월 30일, 서울고등법원 형사7부(부장 김대웅)는 피고인 원세훈에 대한 공직선거법 위반 혐의 파기환송심 선고공판에서 유죄 판결한 뒤에 징역 4년의 실형을 선고하고 법정구속했다. 2015년 공직선거법 유죄 판결이 내려졌던 항소심 형량인 징역 3년보다 높아진 형량이다. 그뿐인가. 국정원 개혁위원회의 조사를 통해 드러나는 무수한 추가 범죄의 정황과 증거들은 모두 원세훈과 그의 후임 국정원장들 및 박근혜 정권을 가리키고 있다.

결국 정치가 문제였다. 정치권력이 사법체계를 지배하고 있었음이 확인되었다. 2012년 12월, '정권 교체가 이루어지지 않으면 국정원 사건의 진실이 밝혀지지 않을 것'이라던 내 생각과 주장은 옳았다.

박근혜 정권하에서 황교안 법무부장관을 필두로 가능한 모든 힘과 압력을 동원해 피의자 원세훈에 대해 적용하지 않으려 했던 '공직선거법'. 어차피 국정원법과 경합되어 실제 형량에는 큰 차이가 없었다. 원칙대로라면 그리고 일반적 경우라면 논란의 여지도 없고, 법무부장관 등 권력이 나서서 개입할 필요조차 없는 '적용 법규'의 선택이라는 기술적 문제일 뿐이다.

하지만 원세훈에게 공직선거법이 적용되고 그에 대해 유죄 판결이 내려진 것은 또 다른 의미가 있었다. 대선기간 중에 국정원장이 국정원의 인력과 조직 및 예산을 동원해서 당시 여당이었던 새누리당 박근혜 후보에게 유리한 글과 댓글을 인터넷과 SNS 등에 올리고 여론을 조작해서 선거에 개입했다는 것이 공직선거법 위반이라는 판결이 내려질 경우, 박근혜 정권은 불법 선거를 통해 정권을 차지한 것이 된다. 자동적으로 박근혜 후보 당선 자체에 대한 적법성과 정통성 문제로 직결되는 것이다. 이것이 박근혜 정권이 모든 수단과 방법을 동원해 원세훈에게 공직선거법이 적용되는 것을 막으려 했던 이유였다.

자신들의 정권 유지를 위해 박근혜 정부는 채동욱 당시 검찰총장의 사생활과 개인정보를 불법적으로 사찰하고 유포해 '혼외자 의혹'을 불러일으켜서 쫓아내고, 윤석열 특별수사팀장과 박형철 검사를 좌천시켜 국정원 수사팀에서 배제해버렸다. 서울시 공무원 유우성 씨를 중국 국경 출입 문서를 조작까지 하면서 억지로 간첩으로 몰며 '종북몰이'를 했다. 그리고 오직 박근혜와 정권에 절대 충성하는 검사들로 친위체제를 구축하기 위해 우병우 민정수석에게 전권을 주었던 것이다. 그뿐인가. 양승태 당시 대법원장에 대한 국정원의 사찰과 양 대법원장 산하 법원행정처에서 판사들의 블랙리스트를 운영했다는 의혹이 불거지는 등 사법부 전체의 신뢰를 저하시키는 일들이 정권 내내 일어났다.

'원세훈 공직선거법 유죄'를 막기 위해 검찰과 법원을 완전히 장악하고 통제한 결과, 더 이상 경계하거나 두려워할 것이 없어진 정권은 정윤회와 최순실, 김기춘 및 문고리 3인방에게 자신들 마음대로 국정을 농단할 수 있는 마당을 만들어준 셈이다.

역사를 잊은 민족에게 미래는 없으며, 역사에서 배우지 못한 권력의 말로는 비참할 뿐이다. 새 정부와 여당은 물론, 앞으로의 모든 정치권력과 정부, 정당은 반드시 국정원 사건의 교훈을 똑바로 직시하고 가슴으로 느끼고 머리에 새겨야 한다.

02

나는 왜
정치인이 되었나

정치인으로서 첫걸음을 떼며 나는 기존 정치인들과는 다른 '신사의 품격'과 싸워야 할 때는 무섭게 모든 것을 던지는 '전사의 용맹함'을 꼭 보여드리겠다고 약속했다. 정치의 복잡하고 지저분한 현실 앞에서 어려움도 겪었지만, 제20대 총선에서 당선되어 국회의원의 길을 걷게 되었다.

신사의 품격과
전사의 용맹함으로

2012년 12월 11일 발생한 국정원 사건에 대한 경찰의 적극적인 수사를 촉구하다가 정치적 논란에 휘말리게 된 나는 부당한 공격에 굴하기 싫어서 경찰대학 교수직을 공개 사직했다. 경찰대학 교수라는 신분 때문에 내 소신 발언과 사회정의를 위한 노력이 오해를 받는다면, 그것이 두려워 침묵하기보다 경찰대학 교수직을 내려놓고 표현의 자유를 누리는 것이 더 나다운 행동이라고 생각했다. 나의 발언 때문에 내가 속한 경찰대학이나 제자들에게 부당하게 영향이 미치게 되는 것도 우려스러웠다.

그리고 나서 내가 생각했던 문제의 본질인 악의적인 '색깔론'에 정면으로 맞섰다. 내가 누구보다 강한 보수주의자임을 밝힌 후, 진정한 보수라면 비겁한 종북몰이 같은 색깔론은 집어치우고 당당하게 실력으로 맞서라고 주장했다. 그리고 편 가르기와 상황론으로 '정의'에 대한 세상의 시각과 태도를 왜곡하고 혼란케 하는 이들을 질타했다.

전국 각지는 물론이고 미국과 홍콩의 교민 사회를 방문하며 '한국사회에서 '정의란 무엇인가'를 주제로 무료 강연을 했다. 광장과 거리의 집회 현장에서 시민들과 함께하며 연단에 올라 연설도 하고, 촛불도 들었다. 대선 패배로 상처 입은 국민들과 함께 부둥켜안고 눈물과 위로를 나누었다. 생계는 방송 출연과 강연 및 저술 등으로 꾸려나갔다. 때로는 출연을 요청했던 방송사와 강의를 부탁했던 기업과 대학 등에서 이해하지 못할 이유로 일정을 취소하는 등 부당한 일을 겪기도 했지만, 넓고 따뜻한 동료 시민들의 마음을 온몸으로 느끼며 새로운 희망을 얻기도 했다.

3년간 그렇게 버티고 싸우던 도중, 분열과 내분의 위기에 빠진 야당을 도와달라는 문재인 당시 새정치민주연합 대표의 요청을 받고 정치에 입문했다. 정치인으로서 첫걸음을 떼며 나는 기존 정치인들과는 다른 '신사의 품격'과 싸워야 할 때는 무섭게 모든 것을 던지는 '전사의 용맹함'을 꼭 보여드리겠다고 약속했다. 정치의 복잡하고 지저분한 현실 앞에서 어려움도 겪었지만, 제20대 총선에서 당선되어 국회의원의 길을 걷게 되었다.

곧이어 닥친 박근혜-최순실 국정농단 사태를 촛불시민과 함께 풀어나가며 결국 현직 대통령에 대한 국회 탄핵소추 의결에 참여했다. 박근혜 게이트는 우리 헌정 사상 가장 불행한 사건 중 하나로 기록되겠지만, 그와 동시에 그동안 우리 사회에 쌓여왔던 불의와 불공정과 불합리라는 '적폐'를 드러내고 청산할 수 있는 기회이기도 하다. 분단 조국의 현실과 동족상잔의 비극이라는 트라우마를 이용하고 자극해서 국민들 사이를 갈라놓고, 진보적 정치인과 지식인, 문화예술인과 시민들을 '종북'으로 내모는 수법으로 정치적 이익과 권력을 차지하고 누려왔던 가짜 보수들. 이제 그들의 실체를 낱낱이 밝혀내서 다시는 국민들이 이들에게 속고 이용당하지 않게 하기 위해 내가 할 수 있는 최선을 다하겠다고 다짐한다.

어느 보수주의자의
고백

나는 보수주의자다

국정원 사건 이후 본의 아니게 선거와 정치의 소용돌이 속으로 끌려 들어가면서 나는 박근혜 후보와 새누리당 지지자들로부터 '종북'으로 몰려 집중적인 공격을 받았다. 그제서야 나는 그동안 야당 정치인들이나 정부에 비판적인 지식인, 유명인들이 억울하게 '종북'이라는 프레임으로 고통 받아왔음을 알 수 있었다. 그리고 정치에 관심 없던 나조차도 은연중에 그런 '종북몰이'의 영향을 받아 야권 성향의 사람들에 대해 좋지 않은 인식과 감정을 가지고 있었다는 사실을 깨닫게 되었다. 이제 그동안 정치에 무관심했던 내 차례가 된 것이다. '이건 아니다'라는 생각이 강하게 들었다. 정면으로 대응하기로 했다. SNS에 내 가족사와 성장배경을 솔직하게 공개하며 나는 보수적인 사람이고 절대 종북이 될 수 없음을 알렸다. 그런 나마저 종북으로 내

모는 거짓말쟁이 선동가들을 경계하고, 그들에게 속지 말라고 호소했다.

나의 아버지는 17세 때 북에 부모와 형제를 모두 남겨두고 공산당의 압제를 피해 목숨을 걸고 대한민국으로 탈출하셨다. 당시 함께 탈출하신 분이 국가대표 여자농구대표팀 감독을 지내신 임영보 님이다. 한국전쟁 전후의 혼란기에 혈혈단신으로 남쪽으로 내려와 의지할 곳 하나 없던 아버지는 그 어린 나이에 해병대에 자원입대하셨다. 해병대의 혹독한 훈련 와중에도 영어사전과 당시에 가장 유행하던 영어문법책인《삼위일체》를 한 장 한 장 뜯어 외운 다음 삼키는 방법으로 영어 공부를 하셨다. 그 후 미 해병대의 교관요원 양성과정에 도전해 합격하시고 미군의 정예 수중침투 등 특수전 교육을 받은 후 한국 해병 특수전 훈련 교관(부사관)으로 오랫동안 봉직하셨다. 월남전에도 두 차례나 참전하여 당시에 입은 부상 후유증으로 인해 국가유공자와 장애 3급을 받기도 하셨다.

아버지는 혹여 북에 남겨진 가족들에게 해가 될 것을 염려하여 이름도 개명하셨다. 지금도 우리 가족은 명절마다 북쪽을 향해 큰절을 올린다. 전역하신 이후 이런저런 사업에 손을 댔다가 모두 실패하신 아버지는 다시 40대에 특수임무 수행 공무원 시험에 응시하여 합격하시고, 미군 소속으로 국방부의 대북 관련 비밀 업무를 수행하셨다. 이런 이유 때문에 아버지는 평생 북한의 남침 가능성이나 간첩 활동 등에 대해 걱정이 크셨고, 혹시 본인의 임무 때문에 북에 남겨진 가족에게 위해가 있지는 않을지 불안해하고 두려워하셨다. 그 불안과 두려움은 우리 가족 전체의 어두움이기도 했다.

어머니는 경상북도 포항 분으로, 포항여고를 졸업하자마자 당시 포항의 해병 부대에서 근무하던 아버지를 만나 결혼했다. 철저한 경상도 분으로 이명박 당시 대통령과 같은 연배라서 동창들이 모두 함께 청와대에 초청을 받아 다녀오실 정도의 인연도 있었다. 2012년 대선 당시에도 박근혜 후보를 열렬히 지지하며 유세 현장에 다녀오시기도 했다.

이러한 부모에게서 나고 자란 나는 '투철한 반공소년'이었다. 초등학교 때 반공 글짓기나 포스터 대회에 나가면, 이산가족의 슬픔 등을 주제로 쓴 글이 당선되어 상도 많이 탔다. 공산당의 모습을 뿔 달리고 피 흘리는 새빨간 마귀로 표현했을 때 가장 큰 상을 받았던 것으로 기억한다. 고등학교를 졸업한 뒤에도, 학생운동을 하며 시위와 데모에 참가하던 또래 친구들과 달리 경찰대학에 진학했고, 졸업하자마자 경찰관이 되었다.

경찰대학을 졸업한 1989년, 우리 사회는 극한의 대립과 시위의 연속이었고 나는 현장 전경대 소대장으로 시위대와 맞서야 했다. 시위진압 도중 코에 돌을 맞아 실신해 병원으로 실려 갔고, 코뼈가 주저앉아 수술을 받기도 했다. 당시에 우리 대원들이 소대장의 복수를 하겠다며 씩씩거리고 있다는 얘기를 듣고 병실을 빠져나와 대원들과 대화를 나누며 그들을 설득했다. "저들도 나라를 사랑하기 때문에 저런다." "미워하지 말자. 난 괜찮다." "혼들리지 말고 그저 우리가 해야 할 법 집행과 질서유지만 열심히 하자." 나의 설득에 대원들은 안정을 찾기도 했다.

이후 연쇄살인 사건의 현장이던 화성경찰서와 부천경찰서의 형사를 거쳐 경기청 보안과 외사계로 발령을 받았고, 그곳에서 외사, 첩보, 방첩 등의 업무를 수행하며 보안경찰 동료들, 국정원(당시 안기부), 기무사 등과의 협력 업무에 많이 참여했다. 모두 '공산주의와 싸우는' 체제수호 업무였다.

그 뒤에는 어린시절부터 가슴에 품었던 셜록 홈스 같은 인물이 되어보겠다는 꿈을 안고 영국으로 유학을 떠나 5년간 공부하며 석사와 박사학위를 받은 후 돌아와 교수가 되었다. 2005년 처음 연구년을 맞았을 때는 미국 샘

휴스턴 주립대학교에서 1년간 초빙교수로 학기당 두 과목씩을 강의하고 돌아왔다. 이런 과정과 다양한 학회 활동, 프로파일러 활동을 통해 미국과 영국, 호주, 캐나다의 학계와 경찰의 범죄수사계에 친구가 많이 생겼고, 지금도 그들과 긴밀하게 교류하고 있다. 다시 말해 나는 '친미(영)주의자', '지미知美 범죄학자' 쯤으로 분류할 만한 사람이었다.

나는 나의 가족사와 성장배경 어디에도 진보, 종북 혹은 좌익으로 의심할 만한 단 하나의 여지도 없음을 공개하며 보수진영을 향해 무분별한 종북몰이를 중단하라고 호소했다.

보수주의자를 자처하던 내가 영국 유학 중에 받았던 가장 큰 문화적 충격은 무한에 가까운 정치적 자유였다. 우리나라에서는 소위 '종북좌빨'로 불릴 만한 노동당이 보수당과 정권을 주거니 받거니 하며 통치를 하고 있었다. 그래도 국가가 무너지거나 하는 일은 벌어지지 않았고 세상이 크게 달라지는 일도 없었다. 영국의 보수당이나 민주자유당 같은 보수정당들은 당당했다. 노동당에 대해 이념 공격을 하지도 않았고, '저들이 집권하면 나라가 결딴난다'고 국민을 겁박하지도 않았다.

대한민국에는 분단이라는 특수상황이 존재한다. 그래서 2012년 대선 당시에 이정희 후보의 통합진보당이나 진보정의당 같은 소수 진보정당들을 믿지 못하는 분들의 심정도 충분히 이해할 수 있었다. 나는 이정희 후보가 능력 있는 정치인이라 생각하고, 그분이 대변하는 노동자들의 아픈 현실에는 진심으로 공감하지만, 만약 진보정당이 집권한다면 세상이 뒤집히고 과거 건국 초기와 한국전쟁 때 보았던 인민재판이나 유혈혁명이 자행되지 않을까 하는 두려운 마음을 가진 분들의 심정도 충분히 이해할 수 있었다.

하지만 진정한 보수라면, 이들에 대한 지지가 늘고 이들이 목소리를 크게 내도 흔들리지 않을 수 있다는 자신감과 당당함을 가져야 했다. 이들을 반대하는 이유가 자유를 억압당할지 몰라서라고 한다면, 보수가 그들의 자유를 억압하는 것이야말로 말이 아닌 억지일 뿐이다. 영국의 당당한 보수당과 민주자유당처럼, 보수의 진정한 가치인 '양심의 자유', '표현의 자유', '결사의 자유'를 무한 보장하며, 국가 안전 보장과 개인 권리 보호, 사회질서 유지를 위해 필요한 법적 장치를 갖추는 것이 당당하고 떳떳한 '진정한 보수'라고 나는 믿었다.

그렇다면 당시 보수층에서 좌파라고 비판하던 민주당과 문재인 후보의 성향은 어떨까? 내 경험과 학식으로 판단하자면, 이들은 절대로 좌파가 아니었다. 보수 우파, 그것도 '너무 보수 우파'라고 할 만했다. 새누리당과 똑같이 시장경제와 자유민주주의 가치를 주장하는 사람들이었다. 영국식, 유럽식, 미국식 사회, 정치, 경제 시스템을 갖추자는 것이 그들의 주장이었다. 나는 문재인 후보에 대해 '종북좌빨'이라고 입에 담는 사람은 먼저 그 사람의 사상을 의심해봐야 한다고 주장했다. 그런 사람들에 대해서는 오히려 국정원과 경찰청 보안수사대에서 내사할 필요가 있다고 역설했다.

당시에 국민을 호도하고, 불안을 조장해서 '공정 경쟁'을 저해하는 때 묻은 '이념론', '색깔론'을 제기하는 사람들을 보며 나는 '보수주의자'로서 너무 화나고 부끄러운 나머지 정치적 공격을 받을 위험을 무릅쓰고 계속 SNS에 글을 올렸다.

_ 2012년 12월 15일 토요일

보수주의자로서 경고합니다!

보수주의의 핵심이고 근간이며 절대로 양보할 수 없는 원칙인 '법질서'를 훼손하고 방해하지 마십시오!

선거는 민주주의의 꽃입니다. 절대 자유가 보장되어야 하고 절대 '공정 경쟁'이 이루어져야 합니다. 이를 위해 공직선거법이 있고, 헌법기관인 선거관리위원회가 있는 것입니다. 대통령도, 장관도, 아니 그 누구도 감히 선거에 개입하거나 영향을 미치려 하지 말라는 우리 헌법의 준엄한 명령입니다. 그런데 현재 대통령 후보와 그 캠프에서는 선거관리위원회의 활동에 대해 위협과 협박이라고 느껴질 수 있는 공개적 압박을 자행하고 있습니다. 당장 중단하십시오! 그리고 경찰의 국정원 선거개입 의혹 사건의 수사에도 현장방문 등 압박으로 해석될 수 있는 일체의 언행을 하지 마십시오!

비록 아무 힘 없는 일개 국민이고 유권자이지만, 보수주의의 근본을 포기하고 훼손하는, 선거관리 방해로 의심되는 언행을 계속한다면, 제가 가진 모든 힘을 다 동원해 그 후보를 반대하고 '3.15 부정선거 이후 대한민국 최악의 부정선거'라는 저의 개인적 견해를 널리 공표할 것입니다.

공정경쟁, 투명한 선거가 이루어진다면 '엄정중립'을 계속 유지하겠습니다. 지금이라도 '종북좌빨 색깔론' 주장을 중단하고, 선관위와 경찰의 법집행에 전혀 관여하지 않는다면 제 개인적 '엄정중립' 상태를 선거 시까지 유지하겠습니다. 만약 그렇지 않는다면, 저는 제가 할 수 있는 다른 모든 방법을 동원하겠습니다.

이것이 힘 없는 한 보수주의자의 솔직한 고백이고 요청이고 경고입니다. 부디 진심을 헤아리고 곡해하지 말아주시기 바랍니다.

좌절과 희망이 교차한
2012년

2012년 우리나라보다 한 달여 앞서 치러진 미국 대통령 선거에서 민주당의 오바마 후보와 공화당의 롬니 후보가 치열한 TV 토론을 벌이는 모습을 뉴스로 보았다. 멋진 모습이었다. 각 현안별로 논점과 요지를 모두 숙지하고 원고도 없이 일어서서 멋진 제스추어까지 써가면서 주고받던 치열한 토론. 정치에서 '말'은 본질이며 필수다. 화술이나 화법 등의 '기술' 못지않게 말 속에서 그 사람의 지식과 진심과 가치관, 인격을 볼 수 있기 때문이다.

아직 우리 대통령 후보들은 탁자에 앉아서 준비해온 원고를 읽으며 토론하는 수준이지만 우리도 준비된 대통령 후보들이, 원고 없이도 모든 정책과 국정 현안에 대해 실수나 막힘 없이 자신의 주장을 펼치고, 상대방의 정책이나 주장에 대해 비판하고 반박하고, 열띤 논리 대결을 펼치는 멋진 모습을 보고 싶었다. 비록 국정원의 여론조작 대선개입 의혹에 분노하고, 보수진영의 무분별하고 악의적인 종북몰이 이념 공격에 치를 떨고 있던 상황이었지만, 정치적 선호를 떠나 모든 후보가 멋진 토론과 논쟁을 벌여주길 기대했다. 마치 올림픽이나 월드컵에서 우리 팀이 이기길 바라는 마음을 한 편에 간직한 채, 승패를 떠나 멋진 경기를 보고 싶어 하는 스포츠 팬의 마음과 흡사했다.

좋은 대통령을 선택하는 기준

내가 미국과 우리나라의 대선 TV 토론에 관심을 가진 이유는 개인적으로 말을 못하는 사람이 대통령이 되어서는 안 된다고 생각하기 때문이다. 그 이유는 다음과 같다.

첫째, 외교적 망신이다. 대통령은 나라의 얼굴이다. UN이나 EU, ASEAN 같은 국제회의에서 멋지게 연설하고, 내외신 기자들 앞에서 분명하고 실수 없이 정견을 발표하고 막힘 없이 질문에 응해줘야 한다. 그 나라를 대표해 국제 사회에서 자신의 의견조차 제대로 말하지 못하는 사람을 국민이 어떻게 신뢰하고 국정을 맡길 수 있겠는가?

둘째, 말을 못해서는 정치를 할 수 없다. 정치는 대화고 화술이다. 상대방에게서 진심을 이끌어내고 내 진심을 알려 접점을 찾고 문제를 해결하는 것이 정치다. 그런데 대화와 토론을 잘 못한다? 그것은 큰 단점이 아닐 수 없다. 그 때문에 국가·사회적 갈등이 해소되지 못하거나 오해가 쌓이거나, 때론 말에 자신이 없으니 힘과 권력으로 해결해버리려 할 수도 있다. 우리 사회에서 정치 불신이 극심한 이유 중 가장 중요한 것은, 자신의 의견조차 제대로 말하지 못하는 사람들이 연줄이나 돈으로 국회의원이 되어서는 정치는 안 하고 이상한 짓들만 할 거라고 생각하기 때문이다.

셋째, 국민과 소통을 할 수 없다. 국민과 소통하지 못하는 대통령 이명박을 우리는 이미 겪어보았고, 그 결과가 어떠했는지 역시 너무나 잘 알고 있다.

몇 차례의 대선 TV 토론을 통해 드러난, 가장 유력한 대선 후보라는 박근혜 씨의 모습은 실망을 넘어 참담함을 느끼게 했다. 이건 아니다 싶었다. 국정원 스캔들이나 종북몰이 문제를 떠나, 대통령 아니 정치인으로서의 기본 자질이 안 된 사람이라는 생각이 걱정과 불안으로 이어졌다. 박근혜 후보가 대통령이 된다면 나라가 망할 수도 있겠다는 공포가 엄습했다. 그래서 나는 마지막 유력 대선 후보 간 양자 TV 토론을 앞두고, 보다 많은 사람들이 제대로 된 판단과 평가를 한 후 선거에서 올바른 선택을 하길 바라는 마음에서, TV 토론을 보자고 권고하는 글을 지속적으로 SNS에 올렸다.

_ 2012년 12월 15일 토요일

"토론과 상관없이 투표하는 사람이 대부분인데, 큰 영향 있겠어?"라고 이야기하는 분들이 있습니다. 아주 중요합니다.

마지막으로 공표된 여론조사 결과, 양 후보 간의 격차가 좁혀진 '박빙'의 승부입니다. (죄송하지만 3위 이하 후보자들의 표 등 사표가 없다는 전제하에) 1위 후보자의 '충성도 높은 지지자'가 45%, 2위 후보자가 43%라고 가정할 때, 부동층 12%는 TV 토론에 의해 지지자를 결정할 수 있으니 대단한 거죠. 게다가 토론에서 졸고 넘어지고 딴소리, 헛소리를 해도 1위 후보자를 찍을 분이 43%, 2위 후보자는 41%라면 양 후보자 측에서 다른 쪽으로 움직일 수 있는 유권자도 4%나 됩니다. 이 16%를 놓고 마지막 치열한 승부를 벌여야 합니다. 제 글을 읽는 여러분 중에도 이 16%에 속하는 분이 계실 겁니다.

최후의 승부처, TV 토론

당시 언론과 방송, 미디어의 정치적 편향성에 대한 비판 여론이 비등했다. 여당인 새누리당과 이명박 대통령 및 정부, 그리고 박근혜 후보에게 유리한 방향으로 보도가 이루어지는 '기울어진 운동장' 상황이라는 평가가 많았다. 특히 공중파와 종편 방송과 보수 신문들이 심했다. 인터넷과 SNS에는 대통령 후보자의 TV 토론에 대한 전문가들의 평가가 공정하지 않고 한쪽으로 치우쳐 잘 납득이 가지 않는다는 이야기가 넘쳐났다.

그래서 난 시청자가 직접 평가해보길 권하는 글들을 올렸다. 직접 평가해보고 나서 자신의 평가를 TV 속 전문가의 평가와 비교해보면 재미있을 것이라고 권유했다. 시민들의 직접 평가에 도움을 주기 위해서 내가 학생들의 발표나 토론 수업에 사용했던 평가 기준을 공개했다. 총점을 100점으로 하고, '내용' 40점, '표현' 30점, '태도' 30점으로 배분하는 간단한 방식이다.

⋯

_ 2012년 12월 16일 일요일

내용 : 논리성 10점, 충실성 10점, 구체성 10점, 실현가능성 10점
표현 : 정확성(용어, 명칭, 숫자 등) 10점, 막힘 없음('에', '또', '저', '뭐' 이런 의미

없는 접두어나 상투어 사용 시 감점) 10점, 어투와 어조(높낮이, 억양, 강조, 의문, 강약 등) 10점

태도 : 성실성(질문에 대해 충분히 답했는가, 시간을 잘 지켰는가 등) 10점, 예의 (상대 존중, 비판과 지적의 품격 등) 10점, 행동(시선 처리, 몸 움직임, 자세 등) 10점

많은 사람들이 공감하면서 이를 12월 16일에 예정되어 있던 박근혜-문재인 두 유력 대선 후보 간 최종 토론에 적용하여 평가한 후 그 점수를 공개하겠다고 해주었다.

다가올 대통령 선거에 대한 관심과 다음 날 저녁에 있을 박근혜-문재인 두 유력 후보 간 TV 토론 시청을 독려하는 글을 여러 차례 SNS에 올리고 난 후 잠을 청했지만 잠이 오지 않았다. 눈을 감고 양을 수백 마리까지 세어 보았지만 잠이 오기는커녕 정신이 또렷해지고 갖은 상념이 떠올랐다. 사실 12월 11일 이후 거의 잠을 제대로 잔 날이 없었다. 잠을 청하기 위해 자리에 누웠다가 잠들기에 실패하고는 아내가 잠들면 살며시 일어나 거실로 나와 컴퓨터를 켜고 뜬눈으로 밤을 새우기를 반복했다. 새벽녘이나 오전 중에 잠깐 눈을 붙일 수 있으면 다행이었다.

12월 15일 밤도 그렇게 뜬눈으로 지새웠다. 그러다 문득 이번 선거 최대 격전지인 부산과 경남 주민들에게 여전히 영향력이 큰 김영삼 전 대통령이 떠올랐다. 김대중 전 대통령과 함께 박정희 유신 독재에 온몸으로 항거하며 대한민국 민주주의를 지킨 거목. 그러나 동시에 야권 분열, 지역감정 확산, 보수연합의 길을 걸었던 분. 결국에는 대통령의 꿈을 이루고 역사 바로 세우기와 금융실명제, 5공 비리 청산 등의 업적을 이루기도 했지만, 경제정

책의 실패로 국가를 부도 직전의 나락으로 떨어뜨리며 IMF 구제금융 사태와 함께 몰락한 거인. 병환으로 입원 중인 김영삼 전 대통령이 구국의 결단을 해주신다면, 한 치 앞을 예견하기 힘든 박빙의 대선 상황에서 지역감정과 종북몰이, '기울어진 운동장' 같은 여론조작의 어려움을 극복하고 민주주의의 승리를 거둘 수 있을 것 같았다. 하얗게 새운 밤의 끝자락에 김영삼 전 대통령께 드리는 공개 서한을 블로그에 올렸다.

_ 2012년 12월 16일 일요일 새벽

김영삼 대통령님,

처음 대통령님께 인사를 드립니다.

대한민국에 생존해 계신 유일한 전직 대통령님.

서울대학교 최고의 웅변가로, 그 연설 실력으로 외무부장관에게 발탁되신 최고의 엘리트, 한국전쟁이 발발하자 총을 들고 학도의용군으로 참전했던 참 애국자, 약관 26세의 나이로 역사상 최연소 국회의원에 당선되신 '민의'를 아는 정치인, 이승만 대통령의 3선 개헌을 막으려 내쳐진 대쪽 같은 성품의 소유자, 모친을 북괴 무장공비에 잃은 아픔을 가진 반공주의자이자 참 보수, 5.16 군사 쿠데타를 온몸을 던져 반대했던 민주투사, 초산 테러에 생명을 잃을 뻔했던 위험을 겪었고, 1976년 살려달라며 찾아온 YH무역 여공들과 눈물로 함께하며 끝까지 지켜주려 했던 따뜻한 지도자, 그토록 자신을 탄압했던 박정희 대통령의 장례식에 측근의 반대를 무릅쓰고 참가해 명복을 빌고 예를 표했던 참 선비, 그토록 갈망했던 대한민국 민주주의의 꽃을 피우려던 순간에 전두환 군사 쿠데타에 분루를 삼켜야 했던 비운의 정치인, 제13대 대통령 선거에서 김대중 후보와 단일화에 실패해 천추의 한을 남겼던 안타까움, 하지만 1992년 결국 우리의 대통령이 되신 한국 민주주의의 산 증인.

제가 알고 있는 대통령님입니다.

저는 사실 민주주의에 대해 말할 자격이 없습니다. 대통령님처럼 목숨 걸고 몸 던져 투쟁해본 적도 없습니다. 자유의 소중함을 국민들에게 알려주고 일깨워주고 선사해준 적도 없습니다. 민주주의를 갈구하다 탄압을 받아본 적도 없습니다. 오직 대통령님과 수많은 선열 선배님들이 이루어놓은 민주주의의 과실을 향유하기만 했을 뿐입니다. 어쩌면 경찰관으로 근무하며 제 나름대로는 제 자리에서 해야 할 일에 최선을 다했다고 느꼈지만, 그 과정에서 민주주의의 진전을 조금은 더디게 했을지도 모릅니다.

지금은 2012년 12월 16일 오전 5시 40분입니다. 그만 밤을 꼬박 새우고 말았습니다. '닭의 목을 비틀어도 새벽은 온다'는 말이 생각납니다. 이 새벽에 대통령님이 생각났고, 글을 올리고 싶어졌습니다. 인연도 전혀 없고 한 번 뵌 적도 없지만, 그냥 대통령님께 간청을 드리고 싶어졌습니다. 길을 가리켜달라고 부탁드리고 싶었습니다. 이제 3일 후면 대통령 선거가 실시됩니다. 저는, 우리는, 누구에게 투표해야 합니까? 누가 진정 대통령님과 작고하신 김대중 전 대통령님이 온몸 던져 쟁취하고 만들어주신 민주주의를 지키고 발전시킬 분입니까? 누가 진정 여전히 계속되고 있는 '망국적 지역감정'을 극복하고 동서화합, 국민화합을 이끌어낼 적임자라고 생각하십니까? 김대중 대통령님과 악수하고 포옹하며 시작하신 동서화합을 이희호 여사님과 완성해주셔야 하지 않겠습니까?

이 나라엔 이제 제가, 그리고 아마도 대부분의 국민이 믿고 따를 어른이 대통령님밖에 없습니다. 가만히 계시지 마시고 분명한 가르침을 주시길 간청 드립니다. 제가 요즘 잠을 통 못 자고 이런저런 글을 쓰는 이유는 '두려움' 때문입니다. 그리고 '안타까움' 때문입니다. 우리가 자꾸 잘못된 방향으로 가고 있다는 '두려움'. 우리 사회에 고통과 아픔이 너무 많고 또 많아지고 있다는 '안타까움' 말입니다. 3일 후 대통령 선거가 잘 치러져야만 저의 '두려움'이 '희망'으로, '안타까움'이 '안심'으로 바뀔 수 있을 듯합니다.

대통령님, 저에게 그리고 우리 대한민국 국민들에게 한 말씀만 해주시기 바랍니다. 누구처럼, 찾아와 머리를 조아리는 사람에게 "그래 네가 낫구나" 하실 분은 아니란 것을 잘 알고 있습니다. 직접 찾아와 문안드리지 않는다고 나 몰라라 하실 분은 아니란 것을 잘 알고 있습니다. 아끼는 분들이 중용되지 않는다고, 대한민국 민주주의의 앞날에 나 몰라라 하실 분이 아니란 것도 너무도 잘 알고 있습니다. 저는 지금이 변절과 반칙, 혼란이 횡행하고 있는 난세라고 생각합니다. 현인의 혜안과 가르침이 저희에게 꼭 필요합니다.

대통령님께서 김대중 전 대통령님과 함께 온몸 던져 손수 쟁취하고 가꿔서 우리에게 주신 민주주의가 질지, 필지가 결정될 고비에서, 나라의 어른으로, 생존해 계신 유일한 전직 대통령으로서, 저와 우리 국민들에게, 대통령님의 한마디가 꼭 필요합니다.

지금 두 후보 간 차이가 없는 박빙의 접전입니다. 대통령님의 한마디가 결과를 결정할 것이라고 저는 믿습니다.

갑자기 면식도 없는 민초가 글월을 올려 심기를 불편하게 해드렸다면 넓은 마음으로 용서해주시기 바랍니다. 늘 건강하시고 오래오래 사시길 기원합니다. 읽어주셔서 감사합니다.(주소를 몰라 인터넷에 공개로 올림을 용서해주시기 바랍니다. 곁에 계신 분이 출력해주시리라 믿습니다.)

1966년 5월 3일생, **표창원** 올림

김영삼 전 대통령께 드리는 글을 쓰는 내내 눈물이 흘러내렸다. 중간중간 감정이 복받쳐 오열하기도 했다. 슬픔 때문인지, 두려움 때문인지, 억울함 때문인지, 간절함 때문인지 알 수 없었다. 그냥 눈물이 나왔다. 어린시절 흠씬 두들겨 맞거나 억울한 오해나 누명을 쓰고 서럽게 울던 그때처럼, 숨만 쉬어도 목구멍이 아플 정도로 울었던 그때처럼, 마음껏 눈물과 울음을 쏟아내고 나니 온몸의 찌든 독과 때가 모두 몸 밖으로 배출된 듯 시원했다. 그와 함께 경찰대학 교수직을 내려놓자는 결심이 섰다. 12월 11일 이후 국정원의 대선개입 의혹 사건에 대한 경찰의 소극적인 수사를 비판하면서 적극적인 개입을 요청하기 시작한 이후 쏟아지던 비난과 공격들, 그 중심에는 '정치적 중립을 지켜야 하는 경찰대학 교수가…'라는 논리가 자리 잡고 있었다. 모든 미련과 욕심을 눈물 속에 깨끗이 흘려보낸 나는 사직서를 써내려갔다. 그리고 다시 이해와 득실을 따질 수 있게 된 '미래의' 내가 되돌이키지 못하도록 아예 SNS에 공개해버렸다. 그리고 나서 이제 '정치적 중립 시비'에서 벗어나 마음껏 내 생각과 의견을 공개적으로 밝히기 시작했다.

_ 2012년 12월 16일 일요일

대통령 후보자 TV 토론 꼭 봐주세요!

너무 홀가분하고 기분 좋습니다. 자유란 이런 것이군요. 사실, 사직 결정을 내리기 직전에 이유 없이 눈물이 주르르 흐르더군요. 뭐 크게 아쉽거나 슬프거나 그런 감정은 아니었는데, 그냥…….

저는 이제부터 아직 투표할 후보자를 결정하지 못한 분들과, 결정하긴 했지만 바꿀 가능성이 조금이라도 있는 분들을 향해 계속 글을 쓰겠습니다. 혹시 주변에 그런 분이 계시면 제 글을 전달해주시면 너무도 감사하겠습니다. 제 사직에 관심을 가져주신 모든 분들, 이제 그 관심을 투표율 제고와 모든 유권자의 올바른 후보자 선택을 위한 동력으로 승화시켜주시길 엎드려 부탁드립니다. 그리고 혹시 김영삼 전 대통령 가까이에 계신 분이 있다면, 죄송하지만 오늘 새벽에 올린 제 편지를 전달해주시길 부탁드립니다. 사직서 하나 내고 뭔 부탁이 그리 많으냐며 혼내셔도 좋습니다. 그냥 사직한 효과가 사라지기 전에 투정을 부려보고 싶네요.

그렇게 해주신다면 제 사직이 미력이나마 대한민국이 더 좋은 나라가 되는 데 아주 작은 기여가 될 수 있을 듯합니다.

대통령은 정말 잘 뽑아야 합니다. 우리를 대표할 멋진 분, 우리 사회를 갈등과 분열이 아닌 화합과 발전으로 이끌어주실 분, 대한민국의 민주주의와 자유의 수준을 끌어올려주실 분, 국제 외교무대에서 다른 어떤 나라의 정상과 비교해도 손색없을 분, 스스로의 힘과 노력으로 자기 위치에 올라선 분, 서민과 중산층의 마음을 진심으로 공감하고 헤아려줄 수 있는 분, 자신이나 정파의 이익보다 국가와 국민을 먼저 생각해줄 수 있는 분, 결코 권력형 비리를 저지르지 않을 분. 이런 분이 꼭 뽑힐 수 있도록 우리 모두 힘 모아 마음 모아 남은 3일 동안 최선을 다했으면 좋겠습니다.

그리고 19일 밤, 아니 20일 새벽인가요? 개표가 끝났을 때, 우리 모두 기쁨과 감격의 눈물을 함께 흘렸으면 좋겠습니다. 그때 우리 트위터, 페북, 카톡에 "이겼어요!"라는 말들이 흘러넘쳤으면 좋겠습니다. 그러려면 일단 첫 단계, 오늘 밤 8시 대선후보 TV 토론 시청하기 운동부터 시작했으면 합니다. 제대로 보고, 제대로 검증해야 합니다. 정정당당하고, 자랑스럽고, 사람이 사람으로 대접을 받는 대한민국, 그동안 가족 잃고 직장 잃고, 자유를 잃었던 우리 이웃 형제들이 웃으며 우리 곁으로 돌아올 수 있는 참 대한민국을 위해 우리 모두 파이팅!

투표율 77%를 위한 공약

술과 담배가 금지되고 생활이 엄격하게 통제되는 경찰대학 시절, 자유가 주어지는 주말만 되면 줄담배와 폭음을 해대던 기억이 새롭다. 정부와 경찰을 대변하고 강박적으로 정치적 중립을 지켜오던 내게 처음으로 '정치적 자유'가 주어졌다. 정치적 말하기와 글쓰기의 폭주가 시작되었다.

마침 JTBC 방송국에서 12월 17일 오후 뉴스 시간에 '국정원 대선개입 여론조작 의혹'을 주제로 나와 당시 새누리당 전략기획단장이었던 권영진 전 의원과의 생방송 맞토론을 주선했고, 나는 권 단장을 상대로 분노에 찬 말 폭탄을 마구 쏟아냈다. 즉석에서 후속 토론 약속이 이루어졌고, 다음 날인 12월 18일 제2차 토론이 진행됐다.

TV 토론의 반응은 뜨거웠다. 시청률은 JTBC 개국 이래 최고 수준에 달했고, 본 방송을 못 본 사람들이 온라인 다시보기를 찾고 이를 공유했다. 나의 SNS 계정 팔로워 수도 수십 배로 증가했고, 댓글과 메시지가 쏟아졌다. 대다수가 '속시원하다'는 반응을 보였고, 흥분해 침착성을 잃었다는 점을 지적해준 이들도 있었다. 욕설과 비난과 공격을 해대는 이들도 여전했다.

_ 2012년 12월 17일 월요일

투표는 공짜 월드컵 결승 한일전 입장권

1. 저는 교수가 아닌 백수입니다. 바로 여러분께 마음껏 투표를 독려하기 위해 철밥통 같은 교수직을 집어던졌습니다. 내년이면 65세까지 정년이 보장되는 정교수가 되는데도 말입니다. 이 정도면 여러분께 투표를 해달라고 마구마구 부탁해도 되지 않을까요?

2. 월드컵 축구의 한일전을 보시겠습니까, 아니면 벨라루스와 르완다의 경기를 보시겠습니까? 박진감 넘치고 손에 땀을 쥐게 하는 경기. 이길까 질까 두근거리고 조마조마한 심정. 3만 관중이 함께 동시에 내지르는 함성, 대~한민국! 그 월드컵 한일전을 보시겠습니까? 아니면 텅 빈 관중석에 덩그러니 앉아 선수들이 누구인지도 모르는 외국팀 간 경기를 보시겠습니까?

투표를 하신다면, 19일 밤 개표방송은 '월드컵 한일전'이 될 것입니다. 최종 결과가 드러날 때 두 눈에선 나도 모르게 뜨거운 눈물이 흐를 것입니다. 가족과 부둥켜안고 벅찬 승리를 만끽할 것입니다. 휴대폰을 들고 제게 기쁨에 찬 트윗을 날리는 환희를 맛보실 겁니다. "이겼어요!"

만약에 투표를 하지 않으시면, 개표방송은 텅 빈 경기장에서 진행되는 벨라루스와 르완다 간의 맥 빠진 경기가 될 것입니다. 가슴 벅찬 한일전의 감동을 놓치지 마시기 바랍니다. 차범근 해설위원은 한국이 연장전 무승부 끝에 승부차기로 가까스로 이길 거라고 전망합니다. 신문선 해설위원은 한국이 3:0으로 여유 있고 통쾌한 승리를 거둘 것이라고 예상합니다.

당신의 예상은 어떠신가요? 저랑 내기하실까요?

일주일 가까이 잠을 제대로 못 잔 탓에 눈은 충혈되고 얼굴은 상기되고 신경은 곤두서 있었지만, 두 차례의 TV 토론과 SNS 글쓰기를 통해 마음껏 하고 싶었던 말들을 내뱉고 나니 마음이 많이 편해졌다. 나보다 더 심하게 마음고생을 하며 병원에서 신경성 위염과 불면증 치료를 받던 아내가 건네준 수면제 두 알을 먹고 무척 오랜만에 긴 단잠을 잘 수 있었다.

12월 18일 하루는 투표 독려에 남은 힘을 다 쏟았다. 이미 문재인, 박근혜 두 후보는 인격과 능력, 도덕성과 리더십 등에서 우위가 명확하게 드러나고 확인되었기 때문에, 상식이 있는 유권자들이 투표만 많이 해준다면, 정권 교체는 기정사실이라고 믿었다. 나는 투표를 독려하기 위해 전국 투표율이 77%가 넘으면 프리허그를 하겠다는 공약을 내걸었다.

_ 2012년 12월 18일 화요일

표창원 프리허그

투표율 77% 달성 시 20일 오후 2시~4시 광화문 세종대왕 동상 앞, 오후

6시~8시 강남 교보빌딩 앞, 22일 토요일 오후 2시~4시 전국에서 투표율이 가장 높은 지역 중심가(장소 추후 공지). 투표!

눈물과 감동의 프리허그

선거 다음 날, 2% 부족한 48% 득표율로 패배한 문재인 후보의 지지자들은 충격과 허탈, 상실감에 휩싸였다. 물론 나도 큰 충격을 받았지만 나라도 위로와 긍정의 에너지를 만들고 전파해야 한다는 사명감을 느꼈다. 오랜 싸움과 희망 고문 끝에 비극적이고 충격적인 결과를 마주한 사람들에게는 절망스러웠을지 모르지만, 나는 겨우 일주일 노력하고 받아든 성적표였다. 내게 제대로 된 싸움은 이제 시작이었다.

씨름 선수들은 샅바만 잡아봐도 상대를 가늠할 수 있다. 총력을 다해 종북몰이 여론조작에 나섰던 불의한 수구세력과 붙어본 결과, 싸워볼 만하다는 자신감을 갖게 되었다. 다음번에는 2% 정도의 부족함은 충분히 극복하고 이길 수 있으리라는 확신이 생겼다. 아쉽고 충격적인 패배를 했을 때가 다음 싸움의 준비를 시작할 가장 적기이다. 비록 투표율은 내가 바랬던 77%에 못 미치는 75.8%였지만, 나는 약속했던 프리허그 행사를 진행했다. SNS에도 지속적으로 위로와 긍정의 메시지를 올렸다.

_ 2012년 12월 20일 목요일

오늘 광화문과 강남의 프리허그 행사에 와주신 모든 분, 여러 사정으로 마음으로만 동참해주신 모든 분께 감사드려요. 덕분에 저도 많이 힐링됐어요. 절망 대신 희망으로, 좌절 대신 의지로, 우리는 진 게 아니라 '이기고 있다'는 걸 잊지 말아요! 이제 전 제18대 대선에서 전국 최고 투표율을 기록한 대한민국 민주화의 성지이자 민주주의의 본산, 광주 시민들께 존경과 감사의 인사를 드리러 갑니다. 모레 22일 토요일 충장로 우체국 앞.

혼자라면 결코 할 수 없는 길고 힘든 '거대 권력'과의 싸움이지만, 함께라면 충분히 해낼 수 있다는 것을 역사가 말해주고 있었다. 광화문과 강남, 광주의 프리허그 현장에 참여해준 시민들이 내 믿음이 틀리지 않았음을 입증해주었다. 특히 광주에서는 언론 추산 3,500명이 넘는 시민들이 와주었다. 경찰에서는 안전사고 방지와 질서 유지를 위해 30여 명의 경찰 인력을 배치했다. 예정된 2시간 동안 다 안아드리지 못할 상황이 되자 청장년 남성분들이 줄에서 빠져나와 양보를 해주는 멋지고 아름다운 모습이 연출되기도 했다.

가장 감동적이었던 순간은 3천여 명의 시민들이 (1면에 나의 인터뷰가 머리기사로 실린) 〈한겨레신문〉 토요일판을 가져와달라는 나의 부탁대로 〈한겨레신문〉을 들고 와서 〈임을 위한 행진곡〉을 함께 부르며 신문을 흔들던 모습을 봤을 때였다. 어떤 분은 내 품에 안겨 오열을 했고, 어떤 분은 내 등을 토닥이며 위로해주었다. 어떤 가족은 환한 얼굴로 함께 사진을 찍기도 했다. 프리허그 행사와 몇 차례 영화 〈레미제라블〉 함께 보기 행사에 참여해준 그 모든 사람들이 나에겐 힘이고, 동력이었다. 지금까지 나를 버틸 수 있게 해주었고 앞으로도 내 싸움이 끝날 그날까지 나를 지켜줄 희망이었다. 일련의 '힐링 행사'를 마친 다음 대선 과정에서 느낀 점과 앞으로의 활동 계획과 방향을 정리해서 SNS에 올렸다. '공적인 영역'으로 스스로 뛰어든 사람으로서 당연히 해야 할 설명이라고 생각했다. 또한 나 자신이 변하고 타락하는 것을 경계하기 위한 자기 선언이기도 했다.

_ 2012년 12월 27일 목요일

감사드리고 설명 드립니다

그동안 제게 보내주신 모든 관심(지지, 격려, 응원뿐 아니라 비판, 비난, 조롱, 심지어 저주까지)에 진심으로 감사드립니다. 사람은 누구나 한계가 있고 불완전하지요. 저도 그렇습니다. 그렇다고 '혹시 내가 틀렸을지도 몰라' 하며 주저하고 망설이고 남의 눈치만 보며 살고 싶진 않습니다. 특히 저는 운 좋고 감사하게도 국민의 세금으로 공짜로 대학도 다니고 경찰관 생활도 하고 외국 유학도 다녀왔습니다(물론 박사과정 3년은 휴직 상태에서 사비로 마쳤습니다). 이후에 강의하고 연구하며 범죄사건과 생활 갈등의 현장 분석과 해결의 경험을 쌓아왔기에 일반인들보다는 여러 정보를 종합해서 무엇이 옳은지, 어떤 것이 잘못되었는지를 판단할 수 있는 감이 발달해 있다고 생각합니다.

저는 앞으로 세상이 달라져 충분한 자유와 평등, 박애(〈레미제라블〉의 배경인 프랑스 시민혁명의 이념이고, 이후 설립된 근대 공화국 프랑스의 국가 정신이죠. 우리나라에까지 전파되어 3.1 운동에 영향을 미친 현대 민주사회의 기본 가치이구요)가 실현될 때까지는 늘 '약자 편'에 서기 위해 노력하고 제 위치를 잡도록 하겠습니다. 즉, 이번 대선에서 상징화된 48%의 국민 속에 저를 위치시키겠다는 것입니다. 그렇다고 해서, 나머지 52%의 국민을 적으로 간주하거나 공격 대상으로 삼는 건 절대로 아닙니다. 오히려 저와 함께 48%의 편에 서 있는 사람들에게 52%의 국민을 이해해달라고 계속 이야기할 것이고 글을 쓸 것이고 대화하며 노력할 것입니다. 마찬가지로 52%의 국민들에게도 '이웃'으로서 나머지 48%의 국민을 미워하지 말고 이해하며 함께 손잡고 100%의 대한민국을 향해 나아가자고 계속 이야기할 것이고 글을 쓸 것이고 대화하며 노력할 것입니다.

저는 〈조선일보〉, 〈중앙일보〉, 〈동아일보〉와 같은 보수신문과 공중파 및 종편 TV, 케이블 채널에서 기고 및 출연 요청을 받는다면, 그리고 그 내용이나 방향성, 방법 등이 제 목적에 부합되어 왜곡되거나 악용될 우려가 없다면, 기고하고 출연할 것입니다(제 생계수단이기도 합니다). 마찬가지로, 〈한겨레신문〉, 〈경향신문〉, 〈오마이뉴스〉, (앞으로 탄생한다면) 국민TV 등의 진보적 언론과 나꼼수, 고발뉴스, 뉴스타파 등에서 기고 및 출연 요청을 받는다면, 그리고 그 내용이나 방향성, 방법 등이 제 목적에 부합되어 왜곡되거나 악용될 우려가 없다면, 기고하고 출연할 것입니다. 그 과정에 때로는 52%에 속한 국민이, 때로는 48%에 속한 국민이 싫어하거나 오해하고 비판이나 비난하는 일도 있으리라 생각됩니다. 하지만 제가 변한 게 아니라면, 제 초심이 바뀐 것이 아니라면, 얼마든지 감수하고 계속 나아갈 것입니다. 혹시 제가 초심을 잃거나 정체성을 잃고 흔들리고 헤맨다고 생각된다면, 정신을 차릴 수 있도록 가차 없이 채찍질을 해주십시오.

정치에 대해서는 여러 차례 반복적으로 말씀드린 내용 그대로입니다. 저는 정치에 대해 일종의 '혐오증'을 가지고 있습니다. 제가 추구해온 인생의 가치와 태도는 객관적 진실을 위해, 오직 법과 양심 그리고 논리와 합리에 따라 판단하고 주장하고 실행한다는 것입니다. 하지만 정치에서는 자신에게 유리한 것은 무조건 유리하게 주장하고, 자신에게 불리한 진실은 무조건 감추거나 부인하고 도리어 역공을 하는 것이 필요하다고 생각하기 때문입니다. 그리고 제가 지금 바로 정치를 하게 된다면, 이번 대선 과정에서 제가 보였던 태도와 주장했던 이야기들의 진정성과 순수성이 사라져버리기 때문입니다. 또한, 위에서 말씀드렸듯이 제가 하고 싶은 역할은 (제가 존경하는 도산 안창호 선생님이 그러셨듯) 강의하고 대화하고 글을 쓰고 시민들을 만나며 상처를 치유하고 갈등을 해소하며 지역과 세대, 이념과 종교로 분열된 48%와 52% 사이의 화해와 협력을 도모하는 일입니다. 그 일은 어느 한쪽 정당이나 정파에 속하는 순간 힘을 잃게 됩니다.

하지만 이미 공개적으로 말씀드렸듯이 정치를 해야만 제가 추구하는 목표와 가치를 실현할 수 있다고 판단하면, 그때는 주저 없이 과감하게 뛰어들어 누구보다 적극적으로 열심히 정치를 하겠습니다. 개인적인 바람은 그런 상황이 오지 않는 것입니다. 긴 글 읽어주신 모든 분께 깊이 감사드립니다. 앞으로 더 열심히 노력하겠습니다.

다시,
정의를 위하여

한국사회에서 정의란 무엇인가?

연말연시, 그런 건 내게 사치였다. 하루라도 빨리 전국 각지를 찾아 많은 사람들을 직접 만나 대화하고 설득해서 올바른 사회를 향한 변화를 시작해야 했다. 나는 내가 가장 잘하고 자신 있는 방법을 택하기로 했다. 나와 뜻을 같이하고 나를 돕겠다는 이들이 모여 자발적으로 만든 '표창스타일'이라는 모임의 참가자들이 재능기부와 자원봉사를 해준 덕분에 일은 일사천리로 진척되었다. 매달 국내외 대도시를 순회하며 시민 대상 무료 강연을 하는 '전국 순회강연 〈한국사회에서 정의란 무엇인가〉'의 대장정이 시작된 것이다. 그와 동시에 전국 각지에서 주말마다 열렸던 '국정원 사건 규탄 촛불집회' 현장을 찾아가 진선미 의원, 당시에는 변호사였던 박주민 의원 그리고 박근용 참여연대 사법감시센터 팀장과 함께 연설을 했다. SNS에서는 강연과 거리 연설 정보를 알리고, 진실 규명과 정의 구현을 촉구하는 글을 지속적으로 올렸다.

2013년 1월 18일 대구 경북대학교에서 '한국사회에서 정의란 무엇인가' 순회강연이 시작되었고 각 지역마다 내용을 변경해가며 매번 온라인 생중계를 했다. 2월 23일 부산대학교, 3월 16일 홍콩 과학기술대학교, 3월 29일 서울 관악 구민회관, 4월 26일 미국 LA 아로마 빌딩, 4월 27일 미국 샌프란시스코 UC 버클리대학교, 5월 8일 서울 노무현시민학교, 5월 11일 광주 조선대학교, 6월 22일 전주 전북대학교, 7월 20일 대전 카이스트, 8월 22일 수원 평생학습관, 8월 24일 청주 충북대학교, 9월 14일 제주 웰컴센터, 10월 19일 춘천 한림대학교까지, 강연은 쉼 없이 진행되었다.

그사이 미국 각지의 교민회와 유학생회 등에서 방문 강연을 요청해왔고, 일정을 조정하고 연결해서 2014년 초 열흘 동안 미국 동서남북 7개 대도시를 순회하는 강연 대장정을 떠났다. 1월 28일 샌프란시스코의 UC 버클리대학교, 1월 29일 시카고, 1월 31일 텍사스 주 댈라스, 2월 1일 워싱턴 D.C., 2월 2일 뉴욕, 2월 4일 보스턴, 2월 6일 샌프란시스코 연합신학대학원(GTU) 순이었다. 매번 강연장은 자리가 없어 서서 들어야 할 정도로 많은 분들이 와주었다. 간혹 군복을 입은 어르신들이 오셔서 불안감이 조성되기도 했지만, 강연을 들으시곤 내용에 별 문제가 없다고 생각하셨는지 큰 소동을 일으키지는 않았다. 샌프란시스코에서는 해병전우회 등 보훈단체 소속의 군복을 입은 어르신들 10여 명이 강연 시작 전에 찾아와서는 왜 박근혜 대통령을 비판하느냐며 항의하셨다. 나는 그분들과 토론을 통해 이해와 공감을 이끌어냈고, 악수와 포옹, 격려를 나누고 헤어지는 뭉클한 경험도 했다. 강연에서 지역감정, 이념갈등, 정쟁 등 편가름에 의한 편견과 선입견이 한국

사회의 정의에 대한 혼란을 부추긴다고 문제 제기를 하고 관련 사례를 제시했다. 그리고 국정원 대선개입 사건의 사실관계와 의미를 설명한 후, 이익보다는 옳음을 택하고 정의가 승리함을 믿고 포기하지 말자고 호소했다. 이런 주장에 트집을 잡고 소란을 피우긴 어려웠을 것이다.

무엇보다 정의를 구현하기 위한 노력이 반복적으로 좌절되는 것을 목격하며 실망하고 있던 사람들의 가슴에 작은 불씨가 되었다는 보람과 만족감으로 힘든 강연의 대장정을 차질 없이 완수할 수 있었다. 내 소신과 의지의 중심에 있던 '정의는 때로 짓궂을 정도로 천천히, 하지만 반드시 온다'는 믿음을 많은 시민들과 공유할 수 있는 소중한 시간들이었다.

분단의 트라우마가 가져온 또 다른 상처

2012년 대통령 선거를 통해 나는 우리 사회에 남아 있는 분단의 상처와 그로 인한 후유증이 얼마나 큰지를 실감하게 되었다. 박근혜처럼 무능력과 인격적 결함이 확연히 보이는 후보도 언론과 방송, 인터넷 등을 통한 종북몰이식 여론조작과 경찰, 검찰, 국정원 등 권력기관을 이용한 공안정국 조성으로 대통령이 될 수 있는 것이 '병든 대한민국'의 현실이었다.

어렸을 때 개에게 심하게 물린 트라우마가 있는 사람은 목줄을 하고 주인과 산책하는 아주 작은 강아지만 보아도 두려움과 공포에 휩싸여 과잉 반응을 하곤 한다. 개에게 물린 경험이 있는 사람에게 가족이나 지인, 의사가 택해야 할 태도는 이해와 공감이다. 함께하고 감싸주고 위로하고 필요할 경우 치료와 상담을 통해 트라우마를 극복하도록 도와야 한다. 반대로 그 트라우마를 알면서 그것을 이용해서 자꾸 겁을 주고 불안을 가중시키고 과잉 반응을 유도한다면, 그것은 분명 '범죄'라고 할 수 있을 것이다. 동족상잔의 비극인 한국전쟁을 겪고 그 다음 세대에게 그 공포와 충격으로 인한 트라우마를 상속하고 있는 대한민국 사회 역시 마찬가지다. 우리 민족의 트라우마인 이념 분쟁과 남북분단에서 비롯된 동족상잔의 비극, 그로 인한 상처와 공포를 수시로 자극하고 악화, 증폭시켜 자신들의 정치적 이익을 위해 악용한다면, 역사적, 국가적, 민족적 범죄로 규정하고 단죄해야 마땅하다.

더욱 화나고 분노스러운 것은, 주민들은 질병과 굶주림에 허덕이는데 핵무기와 미사일 개발에 천문학적인 돈을 쏟아붓고 한반도에 전쟁 위기를 고조시키는 북한 독재집단의 도발과 준동이다. 대한민국 극우세력의 종북몰이와 이념 공격, 공안정국 조성과 국민 분열을 질타하고 경계하는 목소리도 북한의 무력 도발 앞에선 힘을 잃을 수밖에 없기 때문이다. 개에 물린 트라우마를 힘겹게 극복해가던 사람이 주인의 고의나 실수로 사람을 문 도사건 사건이 보도되면서 너무도 허무하게 다시 원점으로 돌아가는 상황과 유사하다.

일부에서는 북한에 대해 가장 적대적인 극우 성향의 정치세력이 위기에 몰리거나 선거에서 불리한 상황에 처할 때마다 북한이 도발이나 위협을 해온 것에 대해 남북 독재세력의 '적대적 공생관계'라고 진단하기도 한다. 박근혜 당선자가 취임하기 직전인 2013년 2월, 북한은 다시 핵실험을 했다. 대선 과정에서 적발된 국정원의 여론조작 범죄에 대한 경찰수사가 지속되고 의혹이 커지면서 박근혜 당선자의 정통성에 심각한 의혹이 제기되던 때였다.

당시에 나는 북한의 도발을 강하게 규탄하면서, 이를 틈타 북한의 위협과 이에 대한 공포를 증폭하고 확산시키는 움직임에 대해 지적하고 비판했다. 그리고 국내 문제를 북한 이슈로 덮으려는 시도를 차단하기 위해 SNS에 북한의 위협 때문에 국정원 사건이 묻혀서는 안 되는 이유와 그 근거를 제시했다. '북한 문제는 우리 정부의 국방, 외교 담당자들이 잘 처리할 것이 분명하기 때문에 국내 현안문제는 북한의 영향을 받을 필요 없다. 대한민국은 국제사회와 연결된 자유시장경제의 민주국가이기 때문에 평상적인 경제, 사회 활동을 유지할 때 안보 역시 튼튼해진다. 불안을 조장하며 선동하는 사람들은 국가의 대외신인도와 주가를 떨어뜨려 북한이 원하는 목적을 달성하게 도와주려는 것으로 간주해야 한다. 한반도는 이미 60년이 넘게 휴전 상태를 유지하고 있다. 일희일비하는 호들갑이 아닌 체계적 안정화와 자주국방, 민주주의의 신장이 곧 굳건한 안보의 초석이 된다. 주변의 4대 강국과 상호 견제 및 등거리 외교를 펼쳐 국제정세를 선도하고 모범적인 민주주의를 확립함으로써 북한이 스스로 개방하도록 변화를 유도해야 한다.' 이것이 내가 주장한 '우리가 북한 문제에 매몰되어서는 안 되는 이유'였다.

_ 2013년 2월 12일 화요일

북한 핵실험을 빙자해 50~60년대식으로 '빨갱이를 때려잡자'며 선동하고 사회 혼란을 야기하는 자, 국익을 저해하고 북한을 이롭게 하는 자들입니다. 겉으로는 보수, 애국, 반공을 부르짖을지 몰라도 그 결과와 효과는 북한의 의도에 부응하는 것이며 북한을 이롭게 합니다.

북한 핵실험에 대해 호들갑을 떨면 박근혜 대통령 당선인의 부담만 커질 뿐입니다. 현 이명박 대통령과 국방부, 외교통상부, 국정원 등 관계부처 역시 정보력, 국방력, 외교력 부족과 미진에 대한 질타를 받아 마땅합니다. 보수 애국을 주장하는 분들은 생각한 뒤 말하고 행동하시길 바랍니다.

그래도 보수가 필요한 이유

보수적인 입장과 관점에서 이명박 대통령과 박근혜 당선인, 새누리당과 자칭 보수세력들을 비판하는 내 이야기는 많은 사람들의 관심을 끌었다. 특히, 대학생 등 젊은 층의 모임에서 강연을 요청하는 경우가 많았다.

강연이 끝나고 이어지는 질문이나 토론에 젊은이들은 '보수'를 '부끄럽고 수치스러운 존재'라고 이야기했다. 나는 왜 그런지 반문했다. 건전한 청년 보수가 없는 나라가 제대로 될 리 없다. 이 지경까지 이르게 된 것은 친일 세력을 청산하지 못하고 기득권 세력만을 보호하며 반민주적 행태와 독재, 부패, 종북 조작을 자행해온 기존 보수들의 책임이라고 나는 주장했다. 한국의 보수는 영국 보수당이나 미국 공화당, 독일 등 유럽의 기독민주당과 같은 제대로 된 보수 정당들이나 이들 나라의 유수 대학에 전통적으로 이어져 내려온 '보수 정치 토론 동아리'처럼 보수의 모범으로 당당하게 거듭나야 했다. 그러기 위해서는 권력, 금력, 사법권력 간의 유착이나 국정원, 일베, 십알단 등을 이용한 더러운 여론조작, 친일 옹호, 독재의 잔당 같은 모습을 버리는 것은 물론이고 기득권을 가진 낡은 정치인들과 결별해야 한다고 역설했다. 보수가 제대로 서지 못하면, 진보도 제대로 자리 잡지 못한다. 대한민국의 위기는 북한 때문도, 유럽의 경제위기 때문도 아닌 바로 우리 사회 내부의 부패 친일, 친독재, 불법반칙의 보수 세력 때문이다. 다음 선거에서도 반칙을 써서 이길 수 있을지 모르지만 그것이 진정한 승리는 아닐 것이라고 외쳤다.

_ 2013년 3월 20일 수요일

유치원에서부터 다 배웁니다. '더러운 승리보다 깨끗한 패배가 더 아름답다'는 것을. 억지로 승리하고 다수를 유지하지만 늘 공격과 비판, 반대에 부딪히게 되고, 자기편을 끌어모으다 보니 죄다 더럽고 부패한 사람들뿐인 보수, 대체 언제까지 갈까요? '반공', '안보'만으로 버티는 것은 오래가지 못합니다. '보수'의 필요성을 절감하며 '애국'의 심정으로 새누리당과 보수단체에 계신 합리적이고 정의로운 분들에게 더 이상 참고 견디지 마시길 부탁드립니다. 제 소리를 내십시오. 그래야 나라가 살고 민족이 삽니다. 북한과 공산당을 이기는 힘은 국민의 신뢰와 합심에서 나오는 것이지 용공조작으로 얻을 수 있는 것이 아닙니다.

1950년 미국 상원의원 죠셉 매카시는 "내 손안에 공산주의자 205명의 명단이 있다"고 소리쳐 주목을 받은 뒤 정부, 학계, 언론, 군에 있는 비판적 인사들을 간첩으로 모는 '매카시 광풍'을 일으킵니다. 자신도 간첩으로 몰릴까봐 모두 쉬쉬하기를 2년. 매카시즘 혁파의 1등 공신은 그에게서 공격당하던 육군 법무관과 공화당 내에서 양심선언을 한 의원들이었습니다. 학자들은 매카시즘이 미국 정치사상의 수준을 수백 년 후퇴시키며 치유할 수 없는 상처를 남겼다고 평합니다. 우리 나라에서 자행되고 있는 '종북좌빨론'의 프레임도 이 매카시즘과 다르지 않습니다.

보수＝독재, 진보＝종북, 그래서 서로 선거에 지면 '죽는다' 생각하며 못 견뎌하는 한국사회는 분명 '병'에 걸려 있습니다. '중병'에 걸려 있습니다. 책임은 저를 포함하여 독재를 경험하고 민주화를 구경한(?) 40대 후반 세대까지의 모든 기성세대에게 있습니다.

정치인이든, 공무원이든, 군인이든, 그냥 부모이든, 40대 이상 모든 분들께 호소합니다. 우리 아이들을 위해 지역감정과 이념색깔론, 부정과 부패, 정경유착, 친일과 독재 유산, 비뚤어진 법과 제도를 버리고 반성하고 고쳐서 우리 아이들에게 속죄합시다.

인사 참사가 불러온 코리아 디스카운트

박근혜 정부는 출범하자마자 '인사 참사'를 겪으며 휘청거렸다. 가장 큰 문제가 된 인사는 정부의 가장 중요한 역할을 담당할 국무총리와 법무부장관의 자리에 대형로펌에서 '전관예우'로 짧은 기간에 수억 원씩을 받던 고위 검사 출신 정홍원과 황교안을 임명한 것이었다. 로펌에서 고액 보수를 받는 전관은 '로비스트'와 다름없다. 이들을 교체하지 않는 한 정부의 공정성은 신뢰받을 수 없었다. 박근혜 당시 대통령은 국회 인사청문회와 언론의 문제 제기에 대해 "개인 인격에 과도하게 상처내고…"라며 역으로 공격하고 비판했다. 병역 회피, 세금 탈루, 부동산 투기 등 심각한 도덕적, 윤리적, 법적 문제가 드러나서 인사청문회도 통과하지 못한 후보자들의 임명을 강행했다.

...

_ 2013년 6월 4일 화요일

공직은 이해보다는 옳고 그름, 공정성에 대한 소신과 신념이 생명입니다. 소신과 신념은 늘 마음속에서 중심을 잡게 해줍니다. 로펌에서 두 건 수임하고 16억 원을 받은 황교안은 이미 '공직의 균형추'를 잃은 사람입니다. 국가의 정의를 책임질 법무부장관으로 임명해서는 안 됩니다.

'누구도 자신의 문제에 심판관이 될 수 없다.' 법치주의의 가장 중요한 원칙입니다. 클린턴 전 대통령의 성추문 수사에 특별검사를 도입한 이유입니다. 대통령과 관련된 국정원 사건을 그 사람이 임명한 법무부장관이 지휘한다? 현행법 규정을 떠나 법치주의를 위반하는 것입니다. 황교안 법무부장관을 문책해야 합니다. 한 병의 콜라를 서로 많이 먹고 싶어 하는 두 아이가 공정하게 나누어 마시려면 어떻게 해야 할까요? 이해관계 없는 제 3자가 나눠주거나, 한 명은 나누고 다른 한 명은 선택하면 됩니다. 국정원 사건도 이해 당사자인 김용판이 끝까지 수사지휘를 하며 이 땅의 정의를 망쳐버렸습니다. 그런데 황교안이 또 한 번 망치려 하고 있습니다.

2013년 5월 당시 박근혜 대통령의 첫 미국 국빈 방문 일정에 동참했다가 성추행 추문을 일으킨 '윤창중 사건'은 이런 일방통행식 인사 참사로 예견된 결과였다. 국민의 비난이 빗발치자 박근혜 정권은 국방부장관이 북한에 대한 '선제 공격'을 언급하는 등 또다시 북한 이슈로 남북 긴장을 고조시켜서 이 사건을 무마하려 했다. 그 결과는 주가와 대외신인도 하락으로 이어지는 코리아 디스카운트Korea discount였고, 결국 증시는 폭락하고 개미 투자자들은 큰 손해를 입었다. 또한 개성공단 폐쇄 조치에 이은 대화, 회담 제의 등 엇박자 대북 행보가 이어지며, 한반도의 불확실성이 높아졌다.

　박근혜 정권이 경제 상황 악화를 무릅쓰면서 북한 이슈를 국내정치에 끊임없이 이용했던 이유는 국정원 불법 선거개입 의혹으로 야기된 정권의 정통성 문제를 극복하기 위해서였다. 이를 위해 정권 탄생의 일등공신이자 적극적 우호 세력인 극우 성향 유권자의 기대에 부응하고 그들의 욕구를 만족시켜서 소위 '콘크리트 지지층'을 확고하게 유지하기 위한 것이었다. 이대로는 안 된다고 생각한 나는 다시 절박한 심정이 되었다. 나는 안보와 경제를 위해서라도 내각 총사퇴, (노무현 대통령 탄핵 시 고건 총리 같은)책임 총리제, 거국 내각, 대통령 탈당으로 국민통합을 이루고 국가적 난제를 풀어나가야 한다고 주장했다.

나만의 전쟁을 선포하다

　2012년 대선의 국정원 여론조작 사건과 이를 은폐하려는 박근혜 정권을 정조준해 비판을 쏟아내는 나에 대한 비난과 공격은 여전히 집요하고 가열찼다. 유사한 논조를 공유한 무수한 익명의 네티즌들이 집단적, 조직적, 반복적으로 공격을 퍼부었다. 불의가 득세하고 지배하는 한국사회에 환멸을 느낀 나머지 한때 진지하게 외국 이민을 고려하던 나와 가족은 친박 성향의 온라인 공격자들이 '한국을 떠나라'는 공격을 해대자 이민 계획을 접었다. 극우 친박 악플러들이 나를 붙잡아 대한민국에 주저앉힌 것이다. 수개월 동안 강연장과 거리에서 목이 터져라 외치고, 온라인에서는 팔목이 시리고 아플 정도로 글을 썼지만 바뀌는 것은 하나도 없어 지치고 힘들어 그만 포기하고 싶어질 때도 있었다. 하지만 그럴 때마다 조직적이고 집단적인 무뢰배들의 악플 공격 따위에 지는 모습을 보여주고 싶지 않다는 오기가 발동했다. 2013년 6월, 몸과 마음을 추스르고 다시 나쁜 권력을 상대로 '나만의 전쟁'을 선포했다.

_ 2013년 6월 13일 목요일

보수의 분노, 그 싸움을 시작합니다
유구한 대한민국 역사의 물줄기가 박근혜 정권과 새누리당, 전두환 패거리과 극우세력에 의해 왜곡되지 않도록, 싸우고 노력하는 모든 정당과 단체와 개인들을 지지합니다. 그리고 후원합니다.
쉽게 끝나지 않을 이 싸움을 즐겁게 신나게 임하겠습니다. 노래를 듣고 부르고, 놀며…. 시간은 늘 정의로운 자의 편입니다. 불법과 불의를 자행하는 자들은 시간의 흐름과 함께 더욱더 초조해집니다. 자, 시작합니다!

그리고 그 '전쟁'이 정치적 당파성을 띠지 않는 한 시민의 순수한 싸움임을 강조하기 위해 정치에 참여하지 않겠다고 선언했다. 국회의원 재보궐선거와 지방선거를 앞 둔 당시, 여러 유력 정치인들로부터 정치참여 제안이 있었고, 내가 출마 등 정치를 할 것이라는 추측기사들이 보도되면서 나에 대한 보수층의 공격이 거세지고 있었기 때문이다.

_ 2013년 6월 18일 화요일

저는 정치를 하지 않겠습니다.

국민 한 사람의 상식적 분노임을 확인하기 위해 선언하고 약속드립니다. 10월 재보선과 다음 총선을 포함하여 다음 대통령 선거까지 어떤 선거에도 출마하지 않고 어떤 정당에도 참여하지 않겠습니다. 오직 정의 구현에만 매진합니다.

지난 대선은 불법과 조작 범죄 탓도 있지만 문재인 후보와 안철수 후보의 분열, 친노, 비노, 반노, 친안 세력 간 반목 탓도 컸습니다. 그 분열과 반목은 여전합니다. 국정원 사건 앞에서조차 한목소리를 내지 못하고 있습니다.

대선 패배로 아파하는 지지자들도 저버린 정치인들, 이제 더 이상 그대로 내버려둘 수 없습니다. 우리 시민들이 나서야 합니다. 시민과 함께 감시하고 비판하고 달래고 지지하고 격려하며 서로 뭉치고 힘을 합쳐서 최선을 다하게 하겠습니다. 제가 바라는 건 오직 한 가지. 그저 '정상적인 나라'에서 살고 싶다는 것입니다. 이 한 마디를 드리기 위해 할 수 있는 것을 다 하겠습니다. 제가 가진 것은 거의 다 버렸습니다. 여기서 더 버린다면 생계가 곤란해질 수밖에 없습니다. 저는 글 쓰고 강의하고 방송해서 충분히 행복하고 재밌게 잘 살 수 있습니다. 불법과 불의가 판치지만 않는다면요. 제 소원은 우리나라가 '정상적인' 나라가 되어서 부담 없이 글 쓰고 방송하며 누구에게도 미안해할 필요 없이 잘 사는 것입니다.

민주당 지지자들이 많이 아파하고 있습니다. 민주당 의원들 중 훌륭한 분들이 많습니다. 국정원 사건이 여기까지 올 수 있었던 것도 그분들 덕이죠. 하지만 당 내부에 다른 생각을 가지고 발언하고 행동하는 분도 많습니다. 당 전체가 바뀌어야 합니다.

국정원 사건과 그와 관련된 정치 현안에 대한 나의 주장과 발언들에 대해 정치적 성향에 따라 찬반의 극단적인 평가가 엇갈렸다. 하지만 나는 늘 해오던 대로 나의 전문 분야인 '범죄사건의 진실 규명'에 참여하고 있을 뿐이라고 생각했다. 정치적 의미가 담긴 범죄사건의 진실을 파헤쳐나가는 과정에서 자연스럽게 정치적 의미가 담긴 역할을 하게 되었을 뿐이었다.

나는 그저 국정원 사건의 진실이 밝혀지고 정의가 구현될 때까지 최선을 다해 시민의 한 사람으로서 할 일을 하고 싶었다. 그래서 다음 대통령 선거는 정부기관 등에 의해 조직적으로 불법이 자행되는 일 없이 공정하게 치러져, 누가 당선되어도 정의로운 민주주의의 축제가 될 수 있도록 미력이나마 기여하고 싶었다. 그 과정에서 당연히 이 사건의 피해자이며 진실 규명에 앞장서는 민주당과 여러 가지 면에서 협력하고 공조할 수밖에 없었다. 하지만 국정원 사건의 진실 규명과 정의 실현 이외의 사안에서 민주당의 편을 들거나 민주당과 함께 하는 일은 없을 거라고 분명히 밝혔다. 아울러 당시 무소속의 안철수 의원이나 새누리당 소속의 정의롭고 합리적인 분들께서 동참하신다면 그분들과도 적극적으로 협력할 것이라고 여러 차례 공개적으로 밝혔다. 물론 시민사회단체나 대학생연합회, 총학생회, 개인 시민들도 마찬가지였다.

나는 계속 공개적인 자리에 나서며 신뢰와 지지도 많이 받고 싶었다. 그렇게 형성된 힘과 영향력을 가지고 나와 뜻을 함께하는 시민들과 힘을 모아 선한 영향력과 압력을 행사함으로써 정치인들과 그 지지자들이 서로 작은 일로 반목하고 갈등하는 것만은 막고 싶었다. 그런 노력을 통해서 '부정하게 결탁한 권력의 연합'을 깨고, 제대로 된 민주주의, 우리 헌법에 나와 있는 의미 그대로의 민주주의가 구현되는 모습을 꼭 보고 싶었다. 3.1 운동과 독립투쟁에 참여했던 선조들과 6.25 전쟁에 참전했던 선열들과 민주화 운동에 함께한 선배들 덕에 우리가 지금의 번영과 민주주의를 누리고 있듯이, 우리 아이들이 좀 더 나은 민주주의 국가에서 살아가는 데 일조하고 싶었다. 나와 같은 꿈과 희망을 가진 시민들 모두 패배주의나 냉소주의에 빠지지 말고, '바꿀 수 있다', '좋은 세상 만들 수 있다'는 희망을 버리지 않길 바랐다. 그래서 전국 각지의 촛불집회 현장을 찾아 거리 강연을 하며 "정의의 불씨를 지키는 시민이 되자"라고 호소했다. 전기도 가스도 연탄도 없던 시절, 아궁이 불씨를 꺼뜨리지 않고 지켜야 했던 상황에 빗대어 아무리 권력의 위세와 압박이 강하고 심해도, 불법과 불의를 고발하고 비판하는 '정의의 불씨'를 꺼뜨리지 말고 지켜나가는 우리가 되자는 호소였다. 나의 발언과 공개활동이 활발해질수록 나에 대한 비판과 공격은 거세졌다. 무척 힘이 들었지만, 결코 이들에게 져서는 안 된다는 의지와 각오가 오히려 더 강해졌다.

💬

_ 2013년 8월 24일 토요일

지난 대선 이후 삶이 참 많이 달라졌습니다. '정치'에는 개입하지 말라는 말을 많이 들었는데 결국 개입하게 되어 생긴 결과인 듯합니다. 감당해야죠. 피할 생각은 없습니다. 제가 항상 옳은 것은 아니겠지만 옳다고 판단하는 길을 가겠습니다.

지지와 비판, 응원과 충고 모두 감사합니다. 직업도 없고 지위도 다 버린 제가 하고픈 말을 할 때마다 왜 이렇게 시달려야 하는지 불만일 때도 많지만 그만큼 많은 분들이 들어주시기 때문이라는 것을 알기에 감사하게

받아들입니다. 계속 정진하고 노력하겠습니다.

2013년 9월에는 고려대학교 학생들의 요청으로 예정되었던 강연이 대학 측에 의해 불허되는 사건이 발생했다. 이유는 '정치적 편향성' 때문이라고 했다. 이미 강연에 대한 공지와 홍보가 이뤄졌고, 포스터 인쇄도 다 마친 상태였다. 도저히 납득이 가지 않았다.

_ 2013년 9월 4일 수요일

제가 정치적으로 편향되었다…. 좋습니다. 그럼 고대생들은 '완전한 중립'이 아닌 강연을 들으면 선동되고 오염되는 '정치적, 사상적 어린이들'인가요? 오히려 학생들의 날카로운 비판 앞에서 제 편향성이 확인되는 게 바람직하지 않나요? 정치적으로 가장 편향된 분은 아마도… 대통령이시겠죠? 고려대는 대통령의 강연을 불허할까요, 과연? 아니면 대통령을 비판하는 사람만 편향되었다고 판단하는 '편향된 기준'을 가지고 있을까요? 그것이 알고 싶다.

지난 1월 경북대 강연도 '기관원'이 압력을 넣어 대학 측에서 불허하기도 했습니다. 하지만 교수님과 학생들이 항의해 다시 승인되었죠. 대전 KAIST, 춘천 한림대 강연에서도 유사한 일이 있었구요. 지금까지는 입다물고 있었지만 더 이상은 참을 수가 없습니다. 대학은 지성의 전당, 학문의 열린 공간입니다. 현실사회에서 허락되지 않는 극단적 이상과 비판조차 허용되고 논의되어야 하는 곳입니다. 실수가 허용되는 마지막 단계이지요. 대학을 '통조림 공장'으로 만드는 자들이 창의성과 창조경제를 논한다? 개뿔.

많은 대학에서 강연 요청이 와도 전부 정중하게 거절하고 있습니다. 학생회뿐 아니라 단과대와 대학원의 최고경영자 과정의 요청도 모두 거절하고 있습니다. 지역 시민단체들이나 종교단체들도 마찬가지구요. 고려대 강연 불허 소식을 듣고 기분 나빠하실 듯해 사과드립니다. 경찰대학생이던 80년대, 정복을 입고 고려대 앞에 가면 "짭새다" 하며 경계하고 주변에 긴장이 조성되었죠. 지금은 고려대 학생들이 강연을 부탁해서 가려 하니 대학 측에서 정부를 비판하는 정치적 편향성을 문제 삼아서 못 오게 하네요. 슬픈 코미디입니다.

내가
정치를 하는 이유

새내기 정치인의 다짐

경찰대학 교수직을 사직하고 3년 동안 '나만의 전쟁'을 해오던 나는 그동안 정치를 하지 않겠다던 기존의 입장을 뒤집고, 2015년 12월 27일 당시 야당이던 새정치민주연합에 입당하면서 정치에 입문했다. 연이은 탈당 사태로 야당이 분열하고 와해될 조짐까지 보이는 위기상황에서 도와달라는 문재인 당시 당대표의 요청을 거절할 수 없었다. 내 모든 것을 바쳐 규명하고 싶었던 국정원 대선개입 사건의 진실이 정치인들의 이해관계와 감정 싸움 때문에 미궁 속으로 빠져드는 상황을 좌시할 수 없었다. 관직은 싫다며 의병으로 항쟁하다가 내분으로 와해되는 정규군의 모습을 보다 못해 관군에 합류하는 심정이었다. 입당식을 하면서, 나는 앞으로 '신사의 품격'과 '전사의 용맹함'을 함께 갖춘 새로운 정치인의 모습을 보여드리겠다고 국민들

앞에서 약속했다.

_ 2015년 12월 27일 일요일

안녕하세요? 표창원입니다. 새정치처민주연합에 입당하며 '정치인'으로서의 첫발을 내딛게 되었기에 인사드립니다. 우선, 그동안 제게 보내주신 관심과 염려, 격려와 당부에 깊이 감사드립니다. 그동안 저에게 해주신 말씀을 모두 마음에 담아 깊이 생각한 뒤, 다음과 같은 마음으로 정치인의 길을 걷기로 결정했습니다. 많은 관심과 지도, 조언을 부탁드리겠습니다.

1. 정치를 통해 '정의'를 실현하고 싶습니다.

그동안 저는 경찰관, 교수 그리고 방송인과 작가로 '정의'를 말하고 실현하기 위해 노력했습니다. 이제, 그 주장과 방안들을 법과 제도로 만들어내는 일에 매진하겠습니다. 저는 그동안 범죄와 수사기관의 불법행위, 그리고 권력적 부패와 비리를 '정의의 적들'로 규정하고 비판해 왔습니다. 이제, '정치'를 통해 현실을 바로잡아 보겠습니다. 불완전한 인간들이 사는 세상이기에 '완전한 정의'란 있을 수 없습니다. 하지만 우리가 '수긍하고 받아들일 만큼의 정의'는 제대로 된 국가의 필수조건입니다. 지금 대한민국에는 정의가 무너져 있습니다. 이대로는 안 된다는 절박함이 저를 정치에 직접 나서게 했습니다. 제 모든 것을 바쳐 한번 도전해보겠습니다.

2. 정치를 통해 '안전'을 확보해드리고 싶습니다.

그동안 저는 '범죄와 안전문제 전문가'로 연구와 강의, 정책자문 등의 활동을 해왔습니다. 그 사이 숱한 강력사건과 학교폭력, 안전사고로 고통 받는 피해자와 그 가족들을 보며 너무 마음이 아팠습니다. 인간이 사는 세상이라 완전할 수는 없습니다. 하지만 자기 방어 능력이 상대적으로 약한 여성과 노인, 어린이, 장애인 등의 사회적 약자를 대상으로 한 강력범죄나 공공연하게 자행되는 학교폭력, 그리고 세월호 참사 같은 말도 안 되는 인재는 막아야 합니다. 사람의 가치를 가볍게 여기는 나쁜 정치와 권력이 방치해온 '안전', 말로만 떠들어온 '안전'이 실제로 보장되는 사회를 위해 전력을 다하겠습니다.

3. 정치를 통해 '어린이, 청소년에게 꿈과 행복'을 찾아주고 싶습니다.

그동안 저는 일탈 청소년들과 아동학대 피해 어린이들을 만나면서 문제의 근원에 도사린 우리 사회의 부조리와 불합리에 답답하고 가슴 아팠습니다. 부모의 가난과 실패 등 불우한 환경에 처하면 아예 꿈 꿀 희망조차 박탈당하고 마는 차갑고 잔인한 사회, 돈이 없으면 공부, 운동, 예술 그 어떤 분야에서도 소질을 발견하고 능력을 발휘할 기회조차 주지 않는 사회, 그것이 지금 우리 사회의 모습입니다. 냉정한 사회의 벽 앞에서 좌절하고 분노와 불만에 가득 차 일탈과 범죄의 길로 들어서는 많은 어린이와 청소년들에게 꿈과 행복을 찾아주고 싶습니다. 법과 제도, 정책 그리고 사회적 역량의 결집과 조율이 답이라고 생각합니다. 정치만이 해낼 수 있는 일입니다. 열심히 해보겠습니다.

4. 정치를 통해 '진실'을 밝히고 싶습니다.

그동안 저는 지난 2012년 대선에서 국정원 등 국가기관이 자행한 불법적 여론조작의 진실을 밝히기 위해 제 직업도 포기했습니다. 그리고 국정원으로부터 고소를 당할 정도로 글을 쓰고, 10만 명, 20만 명의 서명을 받아 국정조사 청원을 하고, 국정조사 증인으로 출석해 진술하고 거리 강연과 집회 시위 등에 참가해왔습니다. 하지만 여전히 그 사건의 전체적 진실과 구체적인 사실들의 상당 부분은 드러나지 않은 상태입니다. 현재의 권력이 막강한 영향력을 발휘해 수사기관과 기소기관은 물론, 사법부까지 제 기능을 발휘하지 못하게 했기 때문입니다. 남은 '진실'의 발견은 오직 정치만이 할 수 있습니다. 시간이 얼마나 오래 걸리더라도, 얼마나 많은 장애와 어려움과 고통을 마주치게 되더라도 끝까지 진실을 밝혀내겠습니다. 그리고 최근에 저는 세월호특별조사위원회의 자문위원으로 위촉되었습니다. 대한민국의 총체적 문제, 소위 '적폐'가 집약된 세월호 참사의 진실 규명 역시 결코 쉽지 않은 작업입니다. 희생자와 생존자, 그리고 가족 여러분의 마음을 제 가슴에 늘 간직하며, 정치를 통해 진실 규명 작업을 끝까지 함께 해나가겠습니다. 그래서 다시는 이런 말도 안 되는 일이 재발하지 않도록 확실한 대책을 강구할 수 있는 토대를 마련하겠습니다.

5. 정치를 통해 '아름답고 멋진 대한민국'을 찾아드리고 싶습니다.

그동안 저는 유구한 역사와 전통을 자랑하는 대한민국, 숱한 외세의 침략에도 굳건히 자주성과 독립성을 지켜온 나라, 기나긴 일제의 폭압과 침탈에도 굴하지 않고 저항해온 의지와 근성의 나라, 비인간적인 공산 전체주의 북한의 남침과 적화 야욕 앞에서 온몸 던져 자유를 지켜낸 국민, 전쟁의 참화를 딛고 산업화의 기적을 일궈낸 국민, 군사독재의 폭정을 끝장낸 자랑스러운 시민혁명, 그 엄혹한 환경에서도 민주주의를 일궈낸 멋진 대한민국을 사랑하고 자랑해왔습니다. 그 대한민국이, 국민이, 분열하고 고통 받고 아파합니다. 헌법이 유린되고, 자유가 짓밟히고, 독재와 폭압의 망령이 되살아났다며 국제사회의 걱정과 조롱거리가 되고 있습니다. 백범 김구 선생님은 해방된 조국 대한민국이 '아름다운 나라'가 되길 소망하셨습니다. 문화와 예술이 융성하고, 빈부와 신분에 상관없이 모든 사람이 귀하게 여겨지는 사회, 우리가 잘살게 됨으로써 세계 평화에 기여하고, 이웃 나라들이 우리를 따라 아름다워지는, 그런 '아름다운 나라' 말입니다. 어글리 코리아 Ugly Korea가 아닌, 우리 아이들이 세계 여러 나라의 친구들을 만나 자랑스럽게 이야기할 수 있는 '아름다운 나라'를 아름다운 우리 국민 여러분께 찾아드리고 싶습니다.

6. 새내기 정치인으로서 참신하고 깨끗한 모습을 보여드리겠습니다.

정치에 대한 불신이 심각한 수준입니다. 국민들이 모를 거라고 생각하지만 사실은 다 알고 있습니다. 겉으로는 국가와 민족, 국민, 자유, 안보, 민주, 복지를 내세우지만, 실제로는 자신과 집단의 이익을 계산하고, 음모와 술수를 꾀하고, 어떤 수단과 방법을 써서라도 권력과 기득권을 유지하려는 노회한 정치인들의 민낯을 알고 있습니다. 하지만 그들이 쌓아 놓은 진입장벽과 기득권 카르텔의 힘이 너무 강해 어쩌지 못하고 분노하고 있을 뿐입니다. 정치는 그런 사람들, 특별한 소수만 할 수 있는 게 아니라는 것을 입증하고 싶습니다. 시민의 한 사람이라는 자세와 마음으로, 동료 시민들과 함께 그 목소리를 대표하고 대변하는 정치를 하겠습니다. 가능한 모든 것을 투명하게 공개하고, 활발하게 소통하겠습니다. 제가 기성 정치인처럼 변해간다면 언제든 깨우쳐주십시오. 깨우치지 못하면, 더 추한 모습을 보이기 전에 퇴출시켜주시기 바랍니다. 아마 저는 그 전에 스스로 물러날 것입니다.

7. '신사의 품격'과 '전사의 용맹함'을 갖춘 정치인의 모습을 보여드리겠습니다.

뉴스를 보며 부러워하는 미국의 오바마 대통령, 캐나다의 트뤼도 총리, 독일의 메르켈 총리, 영국의 카메론 수상. 그리고 그들과 격론을 벌이면서도 품격을 잃지 않는 야당 정치인들을 보며 '남의 나라' 정치를 부러워만 하고 있어서야 되겠습니까? 피겨스케이팅의 김연아 선수, 수영의 박태환 선수, 축구의 박지성 선수와 손흥민 선수, 야구의 박찬호, 류현진, 추신수 선수와 발레의 강수진…, 다양한 분야의 한국 대표들은 세계의 존중과 선망, 부러움의 대상입니다. 정치도 그렇게 될 수 있다는 가능성을 보여드리겠습니다. 억지와 비논리, 무식과 몰양심이 아닌 상식과 합리, 논리와 분석, 치밀한 준비와 노력의 결과물인 '신사의 품격'을 보여드리겠습니다. 단호하고 결연하며, 불의 앞에서는 결코 타협이나 물러섬이 없는 '전사의 용맹함'을 보여드리겠습니다.

8. 강하고 유능한 야당, 집권이 준비된 수권 정당의 모습을 갖추는 데 기여하겠습니다.

민주주의를 파괴하고, 경제와 민생을 파탄시키는 새누리당이 여전히 흔들리지 않는 지지율을 확보하고 있는 데 대해 국민을 탓하면 안 됩니다. 국민은 언제나 옳습니다. 국민의 선택과 지지를 받지 못하는 야당의 잘못이 큽니다. 그래도 새누리당이 더 믿음직스럽다는 국민이 다수인 것이 현실입니다. 저는 지금 극단적인 분열과 내분에 휩싸인 '사상 최악의 야당'에 들어갑니다. 야당의 역할은 너무도 막중합니다. 강해져야 합니다. 유능한 모습을 갖춰야 합니다. 사회 갈등을 해소하고 정권이 야기한 문제를 해결하고, 국민들에게 지금 정부와 정권보다 훨씬 더 잘할 수 있다는 믿음을 줘야 합니다. 결코 저 혼자 할 수 있는 일이 아닌 줄 압니다. 국민과 당원, 지지자들의 뜻과 마음을 따라, 여러분과 함께 반드시 이뤄내겠습니다. 함께라면, 분명히 할 수 있습니다.

9. 그동안 저는 여러 차례 정치를 하지 않겠다고 말해왔습니다. 이제 그 말을 거두겠습니다. 제가 약속을 어겼다고 생각하시고 불쾌하시거나 불편하신 분이 있다면 정중히 사과드리겠습니다. 그동안 정치를 함께 하자며 저에게 연락주시고 제안해주셨던 여러 선배 정치인들에게 무례하게 거절하고 무응대했던 점을 사과드립니다. 당시에는 정말 정치를 할 뜻이 없었고, 제 본연의 자리를 지키기로 결심을 했었기 때문에 단호한 거절 의사를 밝혀야 했습니다. 당시에는 문재인 의원의 요청 또한 단호하게 거절했습니다. 이번에 함께하자는 문재인 대표의 요청에 응하게 된 것은 와해되고 분열하는 제1야당의 모습이 너무 안쓰러웠기 때문입니다. 그리고 전과 달리 이번에는 부족한 제 힘이라도 보태야 한다는 의무감이 강하게 느껴졌기 때문입니다. 며칠 사이에 온라인 입당을 하신 수만 명의 시민 분들과 같은 마음이라고 이해해주시면 감사하겠습니다.

10. 저의 정치 참여를 반대하시는 분들께 사과드립니다.

조만간 〈그것이 알고 싶다〉 등의 방송에서는 더 이상 여러분을 만나뵐 수 없게 될 듯합니다. 저도 무척 아쉽고, 아쉬워하실 시청자와 제작진께 사과드립니다. 정치에 발 담그지 않길, 때 묻지 않길, 치우치지 않고 바른 말과 정의의 목소리를 내주길 기대하셨던 분들께도 사과드립니다. 여러분께 미안한 만큼, 더 열심히, 더 좋은 모습 보여드릴 수 있도록 노력하겠습니다. 고맙습니다.

정치 신인 앞에 놓인 숙제들

정치에 입문한 다음 날인 12월 28일, 박근혜 정부는 일본과 '종군 위안부 문제에 대한 최종적이고 불가역적인 합의'를 했다고 발표했다. 정작 당사자인 위안부 피해 할머니들은 알지도 못하고, 동의하지도 않는 '그들만의 합의'였다. 일부 보도에 따르면, 그 합의에는 소녀상을 철거한다는 내용도 포함되어 있다고 했다. 나는 분노했고 비판의 글들을 SNS에 계속 올렸다. 정치인으로서의 내 첫 공식 일정은 12월 30일 수요집회 참석이었고, 뒤이어 한 종편 방송국의 생방송 뉴스 출연이 예정되어 있었다. 하지만 한겨울의 차가운 바닥에서 수요집회를 하고 있는 어린 학생들의 모습에 쉽게 발걸음을 옮길 수 없었다. 나는 다시 SNS에 글을 올렸다.

💬
_ 2015년 12월 30일 수요일

지금 학생들이 소녀상을 지키기 위해 이 추운 겨울에 바닥에 앉아 있습니다. 정부가 철거하지 않는다는 약속을 해야 떠난다고 합니다.
학생들이 밤새 소녀상을 지킨답니다. 저는 방송과 회의가 있어 떠나야 하지만, 학생들 부탁으로 6시 25분까지 있기로 했구요. 모두 다 감기에 걸릴 것 같은데 책임 있는 정부 당국자가 철거하지 않는다고 약속해주세요.

피해자 할머니들과 시민들을 분노하게 만든 12.28 한일 위안부 협상에 뒤이은 수요집회, 그리고 소녀상을 지키겠다며 길바닥에 앉은 어린 학생들…. 그저 정당에 입당했을 뿐 아무런 지위도 자격도 없는 내게 벅찬 숙제들이 쏟아졌다.

어렵게 발걸음을 옮겨 방송국에 도착했다. 생방송 뉴스에 출연할 예정이었는데, 방송 15분 전에 방송국 주차장에 도착할 때까지 어떤 내용으로 어떤 질문이 이루어질지에 대해 아무런 연락도 받지 못했다. 그동안 수많은 방송에 출연했지만 이런 경우는 없었다. 주차한 후 출연자 대기실로 걸어가며 출연 요청을 했던 담당 작가에게 전화를 걸어 어찌된 영문인지 물었다. 작가는 당황해하며 앵커가 직접 질문 내용을 준비한다고 해서 아직까지 자신도 질문 내용을 전달받지 못했다고 했다.

대기실에 도착하자 방금 인쇄한 질문지를 내밀었다. 질문 내용은 당시 야권 분열의 핵심인 안철수-문재인 불화설에 대한 내용들과 문재인 대표의 부산 지역사무소에 괴한이 난입한 사건 등으로 이루어져 있었다. 정치신인인 나의 입을 통해 야권 분열을 부추기고 문재인 대표에게 흠집을 내려는 의도로밖에 읽히지 않았다. 나는 작가에게 담담하게 말했다.

"이런 식으로 야당 정치인들을 우스운 꼴로 만들어왔군요. 가서 분명히 전하세요. 이렇게 장난을 치면 어떤 결과가 발생하는지 보여드리겠다고. 그 책임은 전적으로 제작진에게 있습니다."

그러고 나서 분장실로 들어갔다. 담당 작가는 얼굴이 흙빛이 된 채 대기실을 뛰어 나갔다가 몇 분 만에 돌아와서는 내가 원하는 대로 질문을 수정해주겠다고 했다. 나는 오히려 그 제안을 거절했다.

"아닙니다. 앵커가 직접 질문 준비했다고 했죠? 앵커 하시고 싶은 대로

다 질문하라고 하세요. 절대로 단 하나도 수정하지 말고."

불과 생방송 시작 2~3분 전이었다.

곧이어 분장을 마치고 스튜디오로 들어갔다. 걸어 들어가면서 질문들의 흐름과 그 이면에 도사리고 있을 의도, 그리고 욕구와 충동을 읽어내기 위해 노력했다. 그리고 내 답변의 논리적 줄기를 간략히 세우고 앵커와 단둘이 서서 진행하는 생방송 뉴스 스튜디오에 들어섰다. 안철수 의원과 관련된 질문에는 야권 통합적인 방향성을 명확히 하며 짧고 중립적이고 객관적인 설명으로 답변을 대신했다. 곧이어 정신적인 문제가 있는 것으로 알려진 괴한이 문재인 대표의 부산 지역사무소에 흉기를 들고 난입해 인질극을 벌이며 '숨겨둔 금괴'를 내놓으라고 요구한 사건에 대한 질문이 이어졌다.

앵커_ 야당을 비판하는 분들을 대표해 질문하겠습니다. 문재인 더불어민주당 대표의 사무실 인질극에 대해 문 대표는 제1야당의 대표로서 이 사실을 뼈 아프게 받아들여야 한다는 지적이 있습니다. 문 대표의 잘못은 무엇이라고 생각하십니까?

표창원_ 제가 역으로 여쭤보겠습니다. 앵커 본인은 어떻게 생각하십니까?

앵커_ 제가 답하기는 곤란합니다. 하지만 저 분의 이상한 행동이 문제의 전부는 아니며 문 대표에게도 책임이 있다고 생각합니다.

표창원_ 그렇다면 박근혜 대통령이 지난 2006년 대통령 선거 유세 당시 정신이상자에게 테러를 당한 것도 박 대통령의 잘못입니까?

앵커_ 네? 그건….

표창원_ 왜 답을 못하십니까? 앵커의 답은 사람에 따라 달라진다는 것입니까? 상황에 따라 다르다는 것입니까?

앵커_ …

표창원_ 앵커에게 이같은 질문을 한 것은 전날 문 대표 사무실 사건 이후 일부 보수 언론과 종편 방송에서 유사한 형태의 공격을 하고 있기 때문입니다. 범죄사건의 가해자를 비난해야지, 왜 피해자를 비난하십니까? 북한의 김양건 비서가 교통사고로 사망한 것에 대해 우리 정부는 통신문으로 애도의 뜻을 표했습니다. 그런데 같은 나라의 야당 대표가 피습당한 것에 대해 어떤 위로의 의사를 표시했습니까? 우리 정부나 언론의 태도는 비정상적입니다. 범죄적 공격, 정신이상자의 테러 행위에 대해서 어떻게 그럴 수 있느냐고 같이 규탄해야 하지 않습니까?

방송을 마치고 스튜디오를 나온 후 방송국의 국장급 간부가 내려와 내게 사과를 했다. 자초지종을 보고받았고, 방송국 측의 잘못이며 결코 고의적인 것은 아니었고 실무자의 과욕 때문이었다고 했다. 나는 사과를 받아들였고 나도 흥분해서 혹시라도 과잉반응한 부분이 있다면 사과드린다며 양해를 구했다. 해당 뉴스의 동영상은 '사이다'라는 별칭과 함께 수백만 회 이상의 조회수를 기록하며 화젯거리가 되었다. 그와 동시에 부산 지역사무소를 피습당한 문재인 대표에 대한 억지 비난 보도와 댓글들도 눈에 잘 띄지 않게 되었다.

관심은 다시 '12.28 한일 위안부 합의'와 '소녀상 철거' 문제로 옮겨왔다. 해가 바뀐 2016년 1월 1일, 반기문 UN 사무총장이 박근혜 대통령과 통화하면서 한일 위안부 협상을 지지하고 칭송했다는 청천벽력 같은 기사가 보도되었다. 나는 이에 반대하는 발언들을 쏟아냈다.

_ 2016년 1월 1일 금요일

반기문 총장님,
국민이 분노하고 아파하는 '한일협상 지지 발언' 취소하시기 바랍니다

1. 반 총장님은 한일 간의 어려운 관계가 없었다면, UN사무총장이 되지 못하셨을 것입니다. UN 사무총장직을 개인의 능력으로 쟁취하셨나요? 대륙별로 돌아가며 맡는 자리에 아시아 차례가 돌아왔을 때 아시아에서 UN에 기여가 가장 많은 일본이 과거사 문제에 발목이 잡히면서 약소국인 한국에 그 자리가 돌아올 수 있었죠. 지금의 윤병세 외교부장관처럼, 그저 참여정부의 외교부장관에 불과했던 당신에게 UN 사무총장 자리를 안겨준 것은 고故 노무현 대통령이셨습니다. 어떻게 보면, 특별한 한일관계, 동북아 내 전범국인 일본의 특수성이라는 혜택을 입은 분이 반 총장님이십니다. 아파하는 일본군 위안부 강제동원 피해자 할머니들과 대한민국을 비롯한 피해국 국민들의 아픔과 상처를 헤집고 분노를 유발하는, 어처구니 없는 한일협상에 대한 지지 발언은 온당치 않습니다.

2. '존경받는 한국인'으로 남아주시길 부탁드립니다. 반 총장님은 우리 어린이들이 꿈는 '자랑스러운 한국인'의 최상위권에 계십니다. 한국인 최초의 국제연합 수장, '세계 대통령'이십니다. 어떤 이유에서인지는 모르겠으나 민족의 자존심과 피해자 분들의 명예에 큰 손상이 가는 '국내 정치권력 편들기'를 위해, 그런 명예와 이미지를 소비하신다면 정말 실망스러울 수밖에 없습니다.

잘 아시다시피 유럽의 여러 국가와 다른 문화권에서는 반 총장님에 대한 비판의 날을 날카롭게 세우고 있습니다. 중동문제는 날로 악화되어 ISIS(이슬람국가) 테러 및 소수민족 학살, 인권유린의 참상이 목불인견의 상황에 도래했고, 이로 인한 난민사태가 유럽을 위기에 빠뜨리는데 총장님은 뭘 하셨느냐? 아프리카의 빈곤과 독재, 내전과 분열의 양상 역시 전혀 해결의 기미를 보이지 않을 뿐 아니라 악화일로로 치닫고 있는데, 뭘 하셨느냐? 남북 긴장과 냉전사태, 북한의 핵무기 보유와 핵실험, 미사일 발사의 위협 등이 지속되는데, 뭘 하셨느냐? UN 내부는 인사 실패, 내부 비리, 비효율 등의 문제가 지속적으로 제기되고 있는데, 뭘 하셨느냐?

우리나라 언론에서는 잘 보이지 않지만, 유럽 언론에서는 반 총장께서 미국의 하수인에 불과하다며 독립적이고 중립적이어야 할 UN의 수장으로서의 역할을 제대로 하지 못한다는 비판의 목소리가 자주 들려왔습니다. 하지만 저나 대부분의 한국인 학자나 지식인들은 우리나라가 배출한 UN 사무총장, 우리 어린이들이 우러르고 따르고, 닮고 싶어하는 롤 모델인 당신의 이미지에 행여 조금의 흠이라도 갈까봐 이들의 비판에 대해 반론을 제기하며 이해하고 도와달라는 설득을 해왔습니다. 부디 '존경받는 한국인'으로 남아주시길 부탁드립니다. 존경하는 반기문 총장님께서 이 글을 읽으실지 모르겠지만, 부디 같은 마음을 가진 수많은 한국인들의 아픔과 실망, 안타까움을 알게 되시길 바라고 기원합니다.

당시 대한민국 정치상황은 날카로운 갈등과 암울한 혼돈이 지속되는 상태였다. 3년이 넘게 지속되고 있는 국정원 사건의 진상을 둘러싼 여야 간 공방, 북한의 핵실험 등 도발에 이은 과도한 종북몰이와 공안정국, 세월호 참사의 진실 규명과 희생자 추모를 방해하는 정부, 역사왜곡과 역사 교과서 국정화 강행 및 굴욕적인 한일 위안부 합의에 대한 국민적 저항, 박근혜 정권이 대선 공약으로 내걸었던 각종 복지 정책의 백지화 내지 후퇴에 항의하는 집회와 시위, 쌀 수매가 인상 약속 이행을 요구하며 집회에 참석했다가 경찰이 쏜 물대포에 맞아 사경을 헤매는 백남기 농민 사건, 그리고 노동시장 유연성을 내세우며 비정규직 및 파견직 확대, 쉬운 해고, 공공부문 성과연봉제의 강행과 이에 반발하는 파업 등 노사분규….

문제는 산적해 있고, 앞장서 해결해나가야 할 야당 정치인들은 분열과 갈등, 지난 대선 과정에서부터 지속된 감정 싸움에 휘말려 좀처럼 집중력을 발휘하지 못하고 있었다. 언론과 방송, 인터넷에서는 야권을 분열시키고, 국민들 사이를 갈라놓는 기사와 글, 영상물들이 넘쳐흘렀다. 나는 한편으로는 박근혜 정권의 국익을 해치는 실정과 시민의 자유와 권리에 대한 야만적 탄압을 강도 높게 비판하면서, 다른 한편으로는 야권 정치세력과 시민사회의 통합과 단결을 호소했다. 특히, 몇 개월 앞으로 다가온 국회의원 총선거의 중요성을 강조했다.

'더벤져스' 그리고 총선

2016년 초 안철수 전 공동대표의 탈당을 마지막으로 당의 분열 상황이 마무리되고 나와 김병관, 박주민, 이재정, 김병기 등 정치권 외부의 전문가들이 잇따라 영입되면서 당의 지지율이 올라가고 안정을 되찾아가던 때였다. 당의 명칭도 더불어민주당으로 변경됐고, 문재인 대표도 당 대표직을 내려놓은 뒤 대표적인 보수 인사인 김종인 전 의원을 비상대책위원장으로 위촉해 중도 및 합리적 보수층까지 지지세를 넓혀가는 중이었다. 나와 함께 영입된 인사들은 전국을 순회하면서 당시 유행하던 테드^{Ted} 방식의 강연과 질의 응답, 토론 등의 형식으로 진행되는 '더불어 콘서트'를 통해 뜨거운 호응을 얻고 있었다. 지지자들은 우리를 더불어민주당의 어벤져스, '더벤져스'라고 불렀다. 한편으로는 '더불어 콘서트' 전국 순회강연을 하고, 다른 한편으로는 비상대책위원으로 당 운영에 참가했던 나는 그야말로 눈코 뜰 새 없이 바쁜 시간들을 보냈다.

서너 달 앞으로 다가온 총선을 앞두고 당내 경선과 공천 절차가 시작되었고 이제 막 정치를 시작한 내게 그 과정은 너무도 버겁고 힘든 일이었다. 지명도, 인지도, 당선 가능성 등이 높았던 이해찬 전 총리와 정청래 의원 등이 공천에서 원천 배제되는 결정이 내려질 때, 그리고 비례대표 순번 결정을 둘러싼 내홍을 겪을 때는 정치를 그만두고 싶다는 생각이 강하게 들었다. 그래도 이왕 시작한 것, 그렇게 쉽게 물러설 수는 없었다. 모두 다 '배우는 과정'이라고 생각하고 견디기로 했다. 나는 내 자신의 선거 출마와 관련해서는 당에 모든 결정을 맡기고 당이 정해주는 대로 따르겠다고 선언했다.

당 공천관리위원회와 전략공천위원회, 그리고 비상대책위원회의 제안과 추천 및 결정 과정을 거쳐 내가 살고 있던 곳이자 마침 신설된 지역구인 '용인(정)' 지역에 공천 신청을 했다. 용인은 1985년 2월, 경찰대학에 입학한 이후 내 청춘을 바친 곳이자 꿈과 뜻이 영근 곳이다. 경찰관 생활 및 해외 유학과 경찰청 근무 등을 마치고 1998년 다시 용인 경찰대학으로 발령받은 이후 18년간 계속 살고 있는, 그리고 앞으로도 계속 살아갈 '실질적인 고향'이기도 했다. 그동안 고향인 경상북도 포항, 유년기를 보낸 경기도 계수리와 동두천, 청소년기를 보낸 서울 강북구 미아동과 도봉구 창동, 반포 그리고 충남 천안 등 연고가 있는 지역에서 출마 요청을 하거나 언론 예상 보도가 나가기도 하고, 어떤 곳에서는 예비후보가 그 지역에는 공천 신청을 하지 말아달라고 연락을 해오기도 했다. 정치를 처음 시작하는 신인이지만, 언론과 방송 등을 통해 널리 알려진 덕인 듯했다.

나는 출마선언을 하면서, 국회의원이 되고자 하는 이유를 '안전한 대한민국', '행복한 용인', '살기 좋은 우리 동네'를 만드는 것, 3가지로 정리해서 밝혔다. 지난 18년 동안 이 지역에서 살면서 느낀 문제와 개선 희망 사안들을 반영하고, 이웃 주민의 의견도 적극적으로 청취해서 지속적으로 '더 살기 좋은' 우리 동네, 나아가 대한민국을 만드는 데 헌신하겠다고 약속했다.

내가 용인(정) 지역에 출마를 선언한 것은 2월 22일, 4월 16일 총선을 불과 두 달도 채 남겨두지 않은 때였다. 예비후보 등록을 한 뒤 선거운동을 시작한 것은 3월 7일, 총선 한 달 전이었다. 전국을 순회하는 '더불어 콘서트'에 참가했던 신규 영입 인사들 모두 마찬가지 상황이었다.

소위 '친박 공천' 문제로 집권 새누리당에 대한 비난 여론이 거세지면서 야당의 당선 가능성이 높아진 수도권 지역구에는 예비후보들이 넘쳐나 내부 경쟁이 치열했고, 당 내부 인맥이나 지역 정치 기반이 없었던 나와 박주민, 김병기 등은 마지막 순간까지 적절한 출마 지역을 찾지 못해 애를 먹었다. 그나마 나는 다행스럽게도 살고 있는 곳이 새로 분구된 신규 선거구라서 당헌당규에 따라 전략공천 대상 지역이었다. 당시 영입 인사들은 분열의 위기에 처한 야당에 영입되어 전국을 돌며 '더불어 콘서트'에 재능기부를 하고 당 분위기 쇄신과 당원 가입, 지지율 확산 효과를 거두며 헌신한 '공신'들이었지만, 선거를 앞두고 각 지역 선거구에서는 '박힌 돌을 빼내려는 굴러온 돌' 취급을 받았다. 공천권을 둘러싼 내홍과 잡음에 흔들렸던 당 지도부도 영입인사들을 돕고 챙길 여력이 전혀 없었다. 각자가 알아서 살아남아야 했다.

내가 출마선언을 했을 당시, 이미 '용인(정)' 지역에서 오랜 기간 선거운동을 하던 분들이 있었다. 현역 비례대표 의원 두 분과 예비후보 한 분. 그런데 너무 감사하고 송구하게도 내가 이 지역에서 18년간 살아왔고, 출마 의사가 있다는 사실을 전해 들으시고는 다른 지역으로 옮겨주셨다. 물론 이분들과는 반대로 내게 다른 곳으로 옮겨가거나 비례대표를 받으라고 줄기차게 요구하고 그 요구가 받아들여지지 않자 경선을 하자고 요구한 후보도 있었다. 나는 이미 출마선언을 하면서 "어떤 특혜도 받지 않고 지역 경선 방식으로 임하겠다"고 밝혔다.

하지만 이와는 별개로, 당의 전략공천 대상 지역 선정 작업이 이루어졌다. 그 기준은 첫째 수도권 신설 분구 지역인 경우, 둘째 여론조사 결과 경쟁 예비후보자와의 격차가 큰 경우였다. 당 전략공천위원회는 이 두 가지 조건에 부합한다면서 나를 용인(정)의 전략공천 대상자로 결정했다. 하지만 이 예비후보자는 내게 당에 경선을 요구하라고 여러 차례 강력하게 요청했다. 그와 친분이 있는 몇몇 현역의원에게도 같은 요청을 하여 그 의원들이 내게 당의 전략공천 결정을 뒤집고 경선 요청을 받아들이라고 부탁을 하기도 했다.

김종인 위원장과 비상대책위원회에 경선을 원한다는 의사를 몇 차례 밝혔지만, 공식적인 전략공천 결정과정을 사사로운 이유로 번복할 수 없으며, 특정 지역에 예외를 인정할 경우, 다른 지역에서도 유사한 요구가 발생해 원칙이 무너진다는 것이 당 전략공천기구의 입장이었다.

나는 당의 결정을 따르기로 했다. 따라야 하고, 따를 수밖에 없다고 생각했다. 하지만 도의적인 책임을 지기 위해 위에 언급한 예비후보자에게 연락을 하고 찾아가 양해와 협조를 구했다. 하지만 그분은 내가 비대위원이므로 그 권한을 활용해 전략공천 취소를 받아내는 것 외엔 타협의 여지가 없다는 완강한 태도를 보였다. 그분의 마음을 충분히 이해하지만, 공과 사는 철저히 구분해야 한다는 게 내 생각이었다. 인간적인 예의와 도리는 다 하지만, 공적인 절차와 결정을 사적인 이유로 뒤집거나 변경할 수는 없었다. 열심히 최선을 다해 당선되는 것만이 나를 위해 양보와 희생을 해주신 분들과 나 때문에 피해를 입었다고 생각하시는 분께 보답하는 길이라고 믿었다. 그 예비후보자는 결국 탈당한 뒤 다른 당 후보로 출마했고, 선거기간 내내 나를 향한 비방과 흑색선전을 계속했다. TV 토론이나 공개 선거유세에서 자신은 '표창원을 떨어뜨리기 위해서 출마했다'고 지속적으로 밝혔다.

나는 용인 시청 브리핑룸에서 지역 언론인들 대상으로 출마선언 및 기자간담회를 하면서 '클린 선거 4대 원칙'을 발표했다. △무작위 개인정보 수집 △본인 동의 없는 문자메시지 발송 △오전 11시 이전, 오후 8시 이후 유세차량 확성기 사용 △상대후보 인신공격 및 비방. 이 4가지를 결코 하지 않겠다는 선언이었다. 나는 이 4가지 원칙을 선거기간 내내 철저히 지켰다.

다른 후보들은 문자도 많이 보내는데 나는 문자도 안 보내는 등 성의가 없다며 선거에 관심이 많은 지역 주민들로부터 항의성 지적을 여러 차례 받았고, 불법적인 '전화번호 DB'를 건네주겠다는 은밀한 제안도 수없이 받았지만, 끝까지 온라인 SNS 등을 통해 자발적으로 연락처를 알려주거나 지인의 연락처를 제공해주고 동의를 받아준 번호로만 선거 홍보 문자를 보냈다. 아파트 단지가 많은 지역임을 감안해 아침과 늦은 저녁 시간대에는 확성기를 사용하지 않았고, 유세차량 운전기사에게는 철저하게 교통법규를 준수하고 다른 차량이나 보행자들에게 지장을 주지 않는 장소에만 주차해 달라고 거듭 부탁드렸다. 무엇보다 선거기간 내내 상대 후보들로부터 나에 대한 비방과 인신공격이 계속되었지만, 나는 단 한 차례도 그들에 대해 부정적인 말을 하지 않았다. '예의'와 '품격'을 중시하는 합리적 보수층을 겨냥한 내 나름대로의 '심리전'이었다.

나에 대한 새누리당의 집중 공격은 오히려 역효과를 불러왔다. '동성애 지지 표창원 후보직 사퇴'를 주장하며 새누리당 지도부와 여성의원들 및 한기총 등 보수 기독교 단체와 대형교회들, ○○○어머니회와 같은 단체들이 총동원돼서 언론 보도와 시위, 기자회견을 하는 모습을 본 전국의 시민들이 용인(정) 지역에 거주하는 부모님과 친척, 지인들에게 전화해서 나를 지지하고 내게 투표해달라고 호소하는 상황이 발생한 것이다.

길거리와 노인정 방문 인사 중에 어르신들이 "아들(딸)이 일부러 전화해서 표창원을 찍으라 해서 귀찮아 죽겠어. 열심히 해"라고 계속 말씀하시는 것이 아닌가. SNS에서도 부모님과 지인들에게 연락을 해두었으니 걱정 말고 힘내라는 응원 메시지가 쏟아졌다. 너무 고마워서 눈물이 났다. 시민 한 분 한 분의 관심과 행동이 엄청난 힘을 발휘해서 기적을 만들 수 있다는 사실을 직접 몸으로 체험할 수 있었다.

물론, 거리 인사를 하는 내게 침을 뱉거나 '동성애를 지지하는 놈'이라며 큰 소리로 비난하고 가시는 분들도 계셨고, 내 이름이 적혀 있는 선거운동 복장을 하고 거리 인사를 하던 아내가 한 대형교회 앞 거리에서 여성 신도들에게 내쫓기는 수모를 당하기도 했지만, 시민 다수의 반응은 새누리당과 보수 기독교계의 흑색선전에 그리 큰 영향을 받지 않는 듯했다. 나는 선거 기간 내내 SNS에 하루 전에 선거유세 시간 및 장소를 공지했고, 시민들은 일부러 찾아와 함께 사진이나 동영상을 찍은 뒤 그 사진을 자신의 SNS와 블로그, 단체 채팅방이나 밴드에 올렸다. 시민들이 자발적인 선거운동원이 되어준 것이다.

한번은 나 혼자 사진과 글을 조합한 온라인 선거포스터를 만들어 올렸더니 너무 형편없다는 비판글과 함께 그래픽 전문가들이 전국 각지에서 포스터를 제작해 온라인에 올리고 보내주는 일도 있었다. 확성기를 크게 틀고, 일방적인 문자를 보내는 전통적인 방식이 아닌, 유권자들과 함께하는 새롭고 유쾌한 시도들은 언론의 관심을 끌어 많은 보도가 이루어지면서 홍보효과를 극대화했다.

나는 초중등학교를 찾아가 등교인사를 하며 유권자가 아닌 어린이와 청소년들과도 많이 만났다. 그들이 '미래의 유권자'이기 때문이 아니라 선거 과정을 지켜보는 것 자체가 교육적 의미가 크기 때문이다. 아이들은 TV에서 보고, 부모님의 대화를 넘겨들으며 '선거'와 더불어민주당, 새누리당, 정의당 등에 대해 알고 있었다. 나를 알아보는 아이들도 많고, 방송에서 봤다는 아이들도 많았다. 나와 사진을 찍는 아이들도 있고 질문을 하는 아이들도 있었다. 그런 아이들은 나를 만난 뒤에는 선생님이나 부모님께 추가 질문을 할 테고 정치에 대해 더 많이 알게 될 것이다.

한번은 한 초등학교 앞에서 5학년 여자 어린이가 내게 "표창원 후보님, 국회의원 되시면 자전거 도로 좀 만들어주세요"라는 돌발 민원을 넣어서 나를 당황하게 만드는 일도 있었다. 나는 최선을 다해 어린이들에게 더 안전한 사회를 만들어주겠다고 약속했다. 무엇보다, 무심히 지나치거나 명함을 매몰차게 뿌리치는 일부 어른들과 달리, 어린이와 청소년들은 내 등교 인사를 공손히 받아주기 때문에 치유받는 느낌이었다.

2016년 4월 13일, 득표율 51.4%로 제20대 국회의원으로 당선되었다. 내가 당선된 것도 물론 기뻤지만, 야권 분열과 집권 여당 새누리당의 위세 앞에서 고전하리라는 예상을 깨고 우리 더불어민주당이 총 123석을 확보하여 원내 제1당이 되는 대승을 거둔 것이 무엇보다 큰 성과였다. 너무 기쁘고 감사하고, 감격스러웠다. 물론 전통적인 민주당 지지 지역으로 소위 '텃밭'으로 불렸던 광주 전 지역과 전남북 대부분의 지역구에서 국민의당에 패하는 뼈아픈 회초리를 맞은 것에 대해서는 깊은 자성의 마음을 가졌다.

웃을 수 없는 일들의 연속

선거가 끝나고 지역에서 당선 감사인사를 마친 후 내 첫 공식일정은 서울대학교병원 중환자실에 계시던 백남기 농민의 병문안과 주한 일본대사관 앞 소녀상 방문이었다. 국가와 국회가 힘이 되어주어야 할 권력의 피해자들이기 때문이었고, 선거 전에 당선되면 제일 먼저 찾아뵙겠다고 약속을 했기 때문이었다. 특히, 경찰관이었고, 경찰대학 교수였던 나는 경찰이 쏜 물대포를 맞고 쓰러진 백남기 농민과 가족분들에게 큰 미안함과 죄책감을 느끼고 있었다. 그리고, 국민의 지지와 신뢰를 받는 경찰로의 개혁의 출발점도 백남기 농민 사건의 철저한 진상 규명과 책임자 처벌, 재발 방지 대책 마련이라고 생각했다.

_ 2016년 4월 16일 토요일

백남기 농민께 병문안을 다녀왔습니다. 의식이 없고 자가 호흡을 못 하시는 상태로 인공호흡기에 의존해 생명을 유지하고 계시지만 발바닥까지 피부빛과 혈색이 정상적이어서 언제든 의식을 찾고 일어나실 것만 같은 모습이었습니다. 따님과도 많은 얘기를 나누고 앞으로 더 큰 힘이 되어드리겠다고 약속했습니다. 관심을 가져주신 여러분에 대한 감사 인사도 잊지 않으셨습니다. 고맙습니다. 이제 일본대사관 앞 평화의 소녀상으로 이동합니다.

이후로 백남기 농민 사건은 안전행정위원회 소속 국회의원이 된 내 의정활동에 가장 중요한 현안 중 하나가 되었다. 진상 규명을 요구하는 시위 현장에도 매번 나가 경찰과 시위대 간에 충돌이 발생하지 않도록 '국민 지킴이' 역할을 담당했고, 국회 청문회 및 대정부 질문과 국정감사 등을 통해 계속 문제 제기를 했다.

그리고 선거 다음 날인 2016년 4월 14일, 또 하나의 너무도 안타까운 사건이 발생했다. 우리 지역구 내에 있는 한 어린이집에서 집으로 돌아가기 위해 하원 차량에 타려던 어린이가 주차브레이크가 풀린 채 경사로에 주차

되어 있다가 미끄러져 내려온 SUV 차량에 치어 사망하는 참담한 일이 일어난 것이다. 사건의 경위를 파악한 후 피해 어린이 부모님 곁에서 보호와 지원 역할을 담당하기로 했다. 피해 어린이 부모가 가장 원하고 바라는 '진상 규명'이 시작되었다. 경찰수사와는 별개로 목격자들과 관련 전문가들의 도움을 받아서 이번 사고가 발생한 원인으로 추정되는 제도적, 구조적 문제와 과실 및 불가항력적 사고의 요소들을 찾아서 피해자 부모에게 설명해드리고 국회에서 공개 토론회를 열었다.

한편 사고 발생 이후 어린이집 원장과 피해자 부모, 피해자 부모를 지원하는 시민단체 간의 갈등이 격화되면서 어린이집 앞에서 시위가 이어지고 그로 인해 몇 개월간 해당 어린이집 원생들과 학부모들이 큰 피해를 입게 되었다. 그 해결책을 모색하는 간담회도 개최하는 등 많은 노력을 한 끝에 문제 해결에 상당한 진척이 있었다. 지역의 정신과 의사와 심리치료 기관들의 협조를 받아 피해 어린이의 부모님과 동생 그리고 사고를 목격한 어린이들을 위한 심리상담과 치료도 이루어졌다. 이런 과정들은 호주와 뉴질랜드, 캐나다 등에서 이루어지고 있는 '갈등 조정 및 공동체 회복' 절차다. 이번 사건처럼 같은 지역 공동체에서 살아왔고 살아갈 다양한 사람들 사이에 복잡한 갈등 양상이 빚어지는 경우, 진상 규명 및 정의구현 절차와는 별개로 상처와 후유증을 극복하고 서로 다른 입장과 이해를 인정하고 존중하며 전체적인 화해와 화합을 이루어가고, 모든 사람들이 피해자를 추모하고 유족을 위로하며 재발 방지책과 적절한 추모 방안에 동의하고 함께 할 수 있도록 노력하는 방식이다.

처음에는 그동안 우리 사회의 '이해, 보상, 돈, 법적 소송' 중심의 갈등 대응 방식에 익숙한 분들이 '사과하면 책임져야 해', '양보하면 손해보는 거야', '밀리면 안 돼'와 같은 심리와 태도로 상대를 의심하며 문제를 키웠다. 하지만 차츰 국회의원실과 시의원 및 행정 당국의 갈등 조정을 위한 중재 노력에 신뢰를 갖게 되며 '공동체 회복'이 가능해졌다. 물론 민형사상 소송 절차는 별도로 진행되고 있다.

나는 추가 피해가 발행하지 않고 피해 어린이의 희생이 헛되지 않도록, '어린이안전기본법(안)'을 제정해서 발의했다. 피해 어린이 부모님의 동의를 얻어 이 법안에 피해 어린이의 이름을 딴 '해인이법'이라는 이름을 붙였다. 이 법안에는 13세 미만 어린이를 '보호받아야 할 어린이'로 정하고, 국가와 지방자치단체가 어린이 안전 확보를 위한 조사 및 정책 마련을 책임지도록 하는 규정과, 어린이집이나 키즈카페, 유치원 등 어린이들이 자주 이용하는 시설에 어린이 안전 조치 의무 및 위급상황 발생 시 응급조치 방법 숙지 의무를 부과하는 등의 내용을 담고 있다. 해인이 부모님과는 계속 연락을 유지하며 해인이 사건의 처리는 물론, 어린이 안전 확보를 위한 노력을 함께 해나가고 있다.

국회의원이 된 후 지역이나 국회, 혹은 온라인상에서 마주친 많은 사람들에게서 자주 웃으라는 이야기를 많이 들었다. 웃으면 인상도 좋고 푸근하고 편안해 보여서 좋은데 왜 안 웃고 화난 표정으로 다니냐는 것이다. 심지어 국회에 출입하는 일부 기자들과 동료 의원들까지 내가 지나가면 무서워서 말도 못 걸겠다는 농담을 할 정도였다. 나도 웃는 것을 좋아하고 자주 웃고 싶었다. 그런데 연이어 터지는 안타까운 사고와 돈과 권력을 가진 자들의 못된 짓들을 알게 되고, 억울한 사람들의 사연과 민원들을 연이어 접하면서 웃음이 사라져버렸다. 구의역에서 스크린도어를 수리하던 중 사망한 김 군의 사건도 그중 하나였다.

_ 2016년 6월 2일 목요일

오늘은 구의역 피해자 김 군의 빈소를 조문한 후에 영화 〈자백〉의 시사회에 다녀왔습니다. 고문과 간첩조작 피해자들과 가해자들의 생생한 이야기를 보며 감정의 요동을 경험했습니다. 국정원과 검찰 관련 가해자들, 그리고 권력자, 독재자…. 나치, 일제, 북한, 유영철, 강호순, 강남역 살인범, 수락산 살인범보다 더하면 더했지 덜하지 않은 악한 자들의 민낯. 국회의원이라는 직책의 무게와 부담이 너무 무거움을 느낍니다. 미안함과 부끄러움이 몸을 땅으로, 그 아래로 잡아끕니다. 그래도 힘내서 열심히 싸우고 일하겠습니다. 그것만이 피해자분들께 위로와 치유, 보답을 할 수 있는 유일한 길이니까요. 편안한 밤 보내시기 바랍니다. 저도 내일 아침부터 다시 힘내겠습니다. 참, 영화 〈자백〉이 여러 차례 시사회를 거친 후 9월경 일반 개봉을 한다고 합니다.

국회 대정부 질문과 국회의원 신고식

2016년 7월 5일, 국회의원으로서 처음 본회의장에서 '대정부 질문'을 하게 되었다. 15분 동안 내 마음대로 발언하고, 국무총리와 국무위원들에게 질문할 수 있는 시간이었다. 무수한 강의와 방송, 대중 연설을 해봤지만, 첫 국회 단상 데뷔는 설레고 긴장되고 떨리는 자리였다. 나름대로 치밀한 논리적 구성과 사례 및 증거자료를 통해 황교안 총리를 몰아붙여 박근혜 정권의 실패와 무능을 드러내고, 우리 사회 문제의 본질을 파헤친 후 제대로 된 국가와 정부의 모습을 되찾자는 결론에 도달하는 질문 구조를 짰다. 그리고 평소처럼 기본적인 논리적 줄기와 핵심 주제, 중요 사실과 통계들을 머리에 넣고 단상 위로 올라갔다.

나는 황교안 당시 국무총리에게 '국가란 무엇인가', '국민은 국가로부터 무엇을 바라고 기대하는가'라는 근본적인 질문을 던졌다. 누구도 부인할 수 없는 국가의 본질적 기능은 바로 국민을 보호하고 국민의 안전을 보장하는 것이다. 그런데 당연히 국가가 안전을 위한 조치를 취했으리라 믿고 세월호에 승선했던 국민 300여 명이 목숨을 잃었고 그중 일부는 아직 시신도 수습되지 못한 채 차가운 바다 바닥에 머물러 있다. 어린이에게도 안전하다는 광고를 믿고 가습기살균제를 사용한 가정에서는 가족들이 소중한 목숨을 허망하게 잃거나 심각한 장기 손상과 같은 중상해를 입었다. 지하철 스크린도어의 센서를 수리하던 19세 김 군은 참혹한 희생자가 되었고, 남양주 지하철 공사 현장에서 폭발사고로 5명이 소중한 목숨을 잃었다. 그런가 하면 서울에서도 가장 번화한 강남역 인근 공중 화장실에서 한 여성이 아무 잘못도 없이 일면식도 없는 남성이 휘두른 칼날에 희생당했다. 서해 도서지역에서는 국가에서 발령을 받아 근무를 하던 여교사가 세 명의 잔인무도한 성폭행범들에게 유린당했다. 심지어 부산에서는 두 명의 여고생이 국가를 대표해 자신들을 보호해주리라 믿고 의지했던 경찰관들에게 성적인 피해를 입는 일까지 발생했다. 헌법에 보장된 자신의 당연한 권리를 행사하던 백남기 농민은 경찰 물대포의 표적이 되어 차가운 아스팔트 바닥에 쓰러졌다. 하지만 경찰과 정부 고위당국자 그 누구도 공식적인 사과나 병문안조차 하지 않았다.

또한 우리 국민의 헌법적 권리인 알 권리, 언론과 표현의 자유는 박근혜 정권 청와대 홍보수석 이정현의 '간섭과 개입'으로 왜곡되고 변질되고 침탈당하고 있다는 증거가 공개되었다. 만약 이 행위가 단발적이고 개인적인 '일탈' 행위였다면 그는 방송법과 형법에 따라 엄중한 처벌을 받아야 할 것이다. 혹여 이 행위가 김기춘 청와대 비서실장이 주장하는 것처럼 '통상적인 업무'에 해당한다면, 그동안 의혹만 제기되었던 청와대와 국정원 등의 국가권력이 언론과 방송을 통제하고 왜곡하는 일이 실제로 벌어졌고, 당시에도 발생하고 있으며, 앞으로도 그럴 것임을 정부가 공식적으로 인정하는 것과 다름없다고 황교안 총리를 질타했다. 그리고 이 모든 사건의 이면에는 국가의 실패와 부패, 비리가 도사리고 있다는 점을 지적했다.

나는 정관계, 재계, 법조계가 얽히고설켜 자신들의 이익만을 추구하면서 곳곳에 썩은 내가 진동하는 소위 '적폐'가 도사리고 있다는 지적에 동의하는지 물었다. 그리고 고위 검사 출신으로 로펌에서 전관예우로 거액을 받고 다시 법무부장관을 거쳐 총리가 되어 국정농단의 방패막이를 하고 있는 황교안 총리 역시 그러한 비판으로부터 자유롭지 못함을 지적했다. 무엇보다 적폐의 실체를 드러내고 엄단하라고 무소불위의 권한을 부여받은 검찰이 제 식구 감싸기와 권력에 줄서기, 재벌의 금력에 대한 보호막을 자처하기에 바빠 국가와 사회가 심장부터 썩어 문드러지고 있는 상황을 방치하고 있다고 주장했다. 더 나아가 검찰 스스로가 성폭력과 가혹행위, 부정부패의 범죄를 저지르고 집단의 이기적 보호막에 기대어 유유히 법망을 빠져나가고 있다는 점을 지적했다.

내가 국회 대정부 질문을 통해 말하고 싶었던 것은 '공정한 번영'이 보장되는 대한민국을 함께 만들어나가고 싶은 꿈이었다. 용감하고 정직한 노력으로 생명을 존중하고, 서로의 다름을 인정하며, 양보와 타협을 실천하면서 가능한 많은 사람들과 함께 이런 꿈을 실현해내고 싶다는 호소였다.

비록 본질을 비껴가는 황교안 총리의 답변으로 인해 설전이 오가면서 시간이 많이 소요되는 바람에 준비한 내용을 다 소화하지는 못했지만, 의도하고 계획한 큰 줄기의 이야기는 충분히 전달이 된 만족스러운 대정부 질문이었다. 하지만 언론은 그 모든 내용을 외면한 채 부산 학교 전담 경찰관의 여학생 성적 침해 사건에 대해 황 총리와 공방을 벌이던 중에 내가 사용했던 '잘생긴 젊은 남자 경찰관을 선발해서 여학교에 보내고 각종 이벤트 등 홍보 실적에만 치중한 경찰청의 책임'이라는 발언만을 콕 집어 '표창원 외모지상주의 발언'이라는 제목을 뽑아 경쟁적으로 대서특필했다.

곧이어 새누리당 여성의원들이 기자회견을 열고 나를 비난하며 사과와 사퇴를 촉구했다. 이어서 일부 여성단체들마저 비난 성명을 발표했다. SNS도 들끓었다. 꾸준히 그 발언의 맥락과 이유를 설명하는 인터뷰를 하고 SNS에 글을 올렸지만, 이해나 양해를 하려는 목소리는 거의 들리지 않았다. 이 상황을 안타깝게 느낀 몇몇 기자들이 내게 전화를 해서 설명을 들은 뒤 '국회의원 신고식'을 치른다고 생각하라며 위로하기도 했다. 한동안 홍역을 치르며 큰 교훈을 얻은 사건이었다.

갈등의 불씨가 된 사드 배치

2016년 7월 8일, 박근혜 정부는 2014년 이래로 줄곧 '사드 배치 문제는 논의도, 준비도, 결정도 없다'고 밝혀왔던 '3NO의 입장'을 뒤집고 갑자기 사드 배치 결정을 발표했다. 그리고 5일 후인 13일 사드 배치 장소로 경북 성주가 최종적으로 선정되었다고 발표했다. 그동안 한미 양국의 국회와 학계, 언론을 통하여 미국 록히드 마틴 사의 고고도미사일방어체계인 '사드THAAD'는 아직 한 번도 실전 배치된 적이 없어 그 효용성이 검증된 바 없고, 실험 결과에도 심각한 문제가 있음이 알려져 있었다. 게다가 사드 체계의 일부인 X밴드 레이더AN/TPY-2가 전진배치 모드일 때, 최장 2천 킬로미터, 사격통제 종말 모드일 때 1천 킬로미터까지 탐지할 수 있기 때문에 감시 사정권 내에 포함되는 중국과 러시아의 거센 반발이 예상되는 상태였다. 무엇보다 사드의 최대 요격 사거리가 200킬로미터에 불과해 이를 경북 성주에 설치할 경우 가장 인구가 밀집된 서울 등 수도권은 방어할 수 없었다. 그렇다면 '누구를 위한 사드인가?', '왜 성주인가?'라는 의문이 제기되는 시점이었다. 아울러 사드는 지상 40~150킬로미터 상공에서 마하9 이하의 속도로 날아오는 미사일만을 요격할 수 있는데, 북한의 중장거리 미사일은 이 범위 밖에서 대한민국 영토를 타격할 수 있다는 주장도 제기되었다.

1천 킬로미터 이상을 탐지하는 과정에서 강한 전자파가 발생하는 X밴드 레이더의 특성상 100미터 이내에는 사람이 접근할 수 없고, 미군의 사드 매뉴얼에도 '심각한 화상이나 내상serious burn or internal injury'을 입을 수 있다는 경고문구가 적혀 있다. 그래서 사드가 배치된 미국 텍사스와 오클라호마, 괌 등 5개 지역과 X밴드 레이더만 설치된 일본, 이스라엘, 터키, 카타르에서는 모두 해안이나 사막 등 사람이 살지 않는 지역에 이를 설치하여 운용하고 있었다.

무엇보다 사드는 우리 군이 아닌 미군이 운용하며, 사드 레이더로 수집된 정보가 미군 태평양사령부를 통해 전파되는 미국의 '전 지구적 미사일

방어체계^{Global MD}'의 핵심 자산이기 때문에 우리 영토에 사드가 배치된다는 것은 대한민국이 미군의 전진기지가 된다는 것을 의미했다.

이는 곧 '한·미·일 3각 동맹' 대 '북·중·러 3각 동맹' 간의 전선이 형성되어 한반도를 중심으로 군비 경쟁과 전쟁 위험이 고조되는 것을 의미했다. 이를 빌미로 일본이 군국주의 개헌을 통해 전쟁과 침략이 가능한 군대를 다시 갖게 되는 위기 상황으로 치닫는 신호탄이 될 수도 있었다. 이렇게 되면 북한은 핵실험과 미사일 개발의 명분을 찾게 되고, 북한을 압박해야 할 중국과 러시아가 오히려 북한을 감싸는 방향으로 태도를 전환할 우려도 제기되었다.

사드 배치를 찬성하는 정반대의 주장과 논리도 있었다. 사드는 현존하는 최고 성능의 최첨단 미사일 요격 방어 체계로, 미군이 자체 비용으로 우리나라에 배치한다는데 반대할 이유가 없다는 것이다. 이런 주장을 하는 이들은 우선 성주에 배치한 다음 수도권 방어를 위해 추가 배치를 해야 하고, 중국과 러시아의 반대는 명분 없는 내정 간섭, 주권 침해라고 목소리를 높였다. 아울러 사드의 전자파 문제는 과장된 괴담에 불과하고, 한·미·일 동맹은 국가안보의 핵심이기 때문에 중국이나 러시아와의 경제와 외교 문제에도 불구하고 사드를 배치해야 한다는 것이 사드 배치 찬성 측의 핵심 주장이었다.

이런 첨예한 찬반 양론 앞에서 더불어민주당이 택한 가장 바람직한 방안은 헌법 원칙에 따라 국회의 비준 동의 절차를 밟는 것이었다. 나도 같은 생각이었다.

단 5년간 '한시적'으로 국가 운영을 위임받은 정부가 향후 오랫동안 국가와 국민, 민족에게 큰 영향 끼칠 사드 배치 문제를 일방적, 독단적으로 결정하는 것은 옳지 못합니다. 지금이라도 국회에서의 치열한 토론을 거쳐 비준 동의 절차를 밟아야 합니다.

성주 군민들에게 갑작스러운 사드 배치 결정은 아닌 밤중에 홍두깨였다. 단 한 차례의 주민 대상 설명회나 공청회 혹은 어떤 형태의 의견 수렴 절차도 없었다. 어떤 사전 고지나 예고도 없이 밀실에서 이루어진 기습 결정이었다. 사드 배치 예정 장소인 성주 성산 포대 주변에는 주민 다수의 생계가 걸린 참외밭과 역사 유물인 성주 가야 고분들이 있었다. 특히, 1.4킬로미터 앞에는 인구 1만 4천 명이 거주하는 성주 읍내가 위치하고 있었다. 선거 때마다 공화당, 민정당, 민자당, 한나라당, 새누리당 등 보수 정당에 몰표를 줬던 성주 군민들은 물론 새누리 정권과 한편인 성주군, 성주군의회와 경상북도의회까지 '성주 사드 배치 결사 반대'를 공개 결의하고 시위와 농성에 돌입했다. 김항곤 성주군수는 삭발까지 했다.

성주군과 군민들의 집단 농성 시위가 22일째 되던 날, 더불어민주당 소속의 경북 출신 농민 비례대표 김현권 의원으로부터 성주군과 군민들이 더불어민주당 의원들의 방문을 간곡하게 요청하고 있으니 함께 가자는 제안을 받았다. 시간이 되고 뜻이 맞는 의원들끼리 모여서 성주 방문의 필요성과 우려되는 점 등을 허심탄회하게 토론한 끝에, 억울하게 피해를 입은 국민의 요구를 외면할 수 없다는 일치된 의견에 도달했다. 김현권, 손혜원,

박주민, 소병훈, 김한정 의원과 김홍걸 국민통합위원장이 함께했다.

별의 고장, 성주에 갑니다. 안보만큼 중요한 게 있겠습니까? 문제는 안보
에 지장을 초래하고 북핵을 부추기는 역효과가 우려되고 경제와 외교에
심각한 타격을 입을 가능성이 크다는 것이죠. 성주로 정한 이유와 과정
도 납득하기 어렵구요. 군민들을 뵙고 오겠습니다.

갑작스러운 결정이었고, 별다른 준비도 없이 마음 하나만 가지고 우리는
성주로 향했다. 성주에 도착해 현지 더불어민주당 지역위원회와 성주군 등
에서 공군의 협조를 받아 사드 배치 예정지인 성주 포대를 방문해서 국방
부 및 공군 관계자들과 현장 실사를 했다. 사드 자체보다는 성주의 성산 포
대라는 장소의 적합성 문제만을 살펴봤다.

적 항공기의 침투에 대비한 방공포들이 위치해 있는 성산 포대는 현재
운영 중인 공군 포대로, 국유지라서 토지 매입이나 수용 등의 추가 절차 부
담이나 보안 유지 및 방어 등 작전상 문제가 없다는 장점이 있었다. 하지만
기존에 설치되어 있는 재래식 방공포와 달리 사드는 강한 전자파와 많은
전력 소모가 필요한 최첨단 전자 무기 체계로, 보다 넓은 공간과 기반 시설
등의 여건이 필요했다. 최소 33만 제곱미터(1만 평)의 평지 공간이 필요한
데, 성산 포대는 그 1/3인 11만 제곱미터(2,700평)에 불과했다. 이 차이에 대
한 설명을 부탁하자 국방부와 군 관계자는 대답을 하지 못했다. 그래서 내
가 산의 상당 부분을 깎는 평지화 작업이 필요한 것 아니냐고 묻자 '아마 그

럴 것'이라는 자신 없는 대답이 돌아왔다. 박근혜 정부의 석연치 않은 갑작스러운 사드 배치 결정과 이후 5일 만에 발표된 성주 성산 포대, 그 모든 과정과 절차의 적절성에 의문이 제기될 수밖에 없는 상황이었다.

이후 성주 군청을 방문해서 삭발한 김항곤 군수와 관계자들로부터 현황 보고를 받고 간담회를 가졌다. 그러고 나서 군청 대회의실에서 객석을 가득 채운 군민 등 청중들과 함께 '사드 토론회'를 열고 허심탄회하게 다양한 문제들에 대해 토론과 질의 응답을 했다.

간단하게 도시락으로 저녁식사를 한 후에는 군민 농성장인 군청 광장에 가득 들어찬 군민들에게 간단한 인사를 드리기로 되어 있었다. 농성 22일차, 그 기간 동안 매일 저녁에 개최된 행사라고 했다. 무대에 올라갔더니 단상에 마이크와 음악을 연주하는 밴드, 그리고 이벤트 진행자와 이런저런 소품들이 있었다. 군청 앞마당을 가득 메우고 앉아 있는 성주 군민들, 대부분 나이 많은 어르신들이고, 간혹 중년과 젊은 부부 그리고 아이들이 포함된 가족단위가 눈에 띄었다. 평생 여당과 1번만을 찍고 박정희, 육영수 부부를 국부와 국모로 여기며, 그 딸인 박근혜 대통령을 철석같이 믿었을 분들, 야당 정치인들이나 비판적 지식인들을 '종북좌빨'로 알고, 집회나 시위하는 학생들과 노동자들 및 시민단체들을 경멸하고 미워했을 그분들이 야당인 우리에게 도움을 청하고 있었다. 간절한 눈빛으로 군청 마당에 앉아 22일째 농성 시위를 하고 있는 그분들의 상황이 무척 슬펐다. 다른 의원들은 간략히 인사만 하고 마이크를 넘겼는데, 난 그만 감정이 복받쳐서 5분이 넘는 즉석 연설을 하고 말았다.

표창원입니다. 짧은 이야기 하나 해드릴게요. 혹시 여러분 프랜시스 스페이트라는 배 이름을 아십니까? 모르시죠. 1835년 11월 캐나다 앞바다에서 좌초한 배입니다. 이 배의 이름이 중요한 이유는요, 이 배가 좌초해서 18명의 선원이 살아남습니다. 그리고 음식도 없이 13일을 버텨요. 굶어 죽을 지경이죠. 구조선은 오지 않습니다. 그때 선장이 이야기합니다. "우리 이대로 죽을 순 없어. 우리가 살 수 있는 방법이 있다."

"그게 뭡니까?" 선원들이 묻죠.

그때 선장이 이야기합니다. "우리 중에 누군가 한 명만 희생하면 그 사람의 고기를 먹고 17명이 살아남을 수 있어." 여러분 선장의 말에 동의하시겠습니까?

다들 동의하지 않았습니다. 그런데 그때 갑판장이 앞으로 나섭니다. "가만히 생각해보니 선장 말이 맞는 것 같아. 우리가 이대로 다 죽을 수는 없잖아. 대를 위해 소는 희생을 해야지. 한 명만 희생하자. 우리 모두에게 공평한 기회만 주어진다면 나라도 희생하겠어." 옆에 있던 기관장이 나섭니다. "내 생각도 그래." 또 옆에 있던 요리장이 나섭니다. "내 생각도 그래." 선원들이 웅성거립니다. 선장이 다시 이야기하죠. "나도 이 이야기하기 싫었어. 너무 괴로워. 하지만 어쩔 수 없잖아. 우리 다 죽을까? 모두에게 기회만 공평하다면 우리 모두 동참하는 게 맞겠지." 고개를 끄덕입니다. 결국 선장이 준비한 제비뽑기가 이루어집니다. 18개의 막대기, 그중에 하나만 아래에 빗금이 쳐져 있습니다. 그것을 뽑으면 그 사람이 희생하는 것입니다. 누가 그 막대기를 뽑았을까요?

제안한 선장이 아닙니다. 동의한 기관장, 갑판장이 아닙니다. 그 배에서 가장 나이가 어린 15살의 수습선원이 그 막대기를 뽑았습니다. 그리고는 순간 충격을 받은 얼굴이었다가 곧 미소를 짓습니다. "잘됐습니다. 가장 어리고 약하고 경험 없는 제가 여러 선배 선원님들을 위해 희생할 수 있는 기회를 주셔서 감사합니다. 어차피 저는 죽을 사람이었는데요. 가장 약하고…." 결국 17명이 그 소년의 피와 살을 먹고 버팁니다. 3일 후 지나가던 다른 어선이 이들을 구조해줍니다. 그리고 재판이 열리죠. 이들의 행위는 과연 살인행위일까요, 정당방위일까요? 그 당시 법정은 유죄, 무죄를 반복하다가 결국 최종심에서 정당방위로 무죄를 판결합니다.

여기서 끝이 아닙니다. 판결이 이루어진 다음에 그중에 한 명이 술에 취해 이야기하고 말죠. 사실 그 제비뽑기는 공정한 게 아니었다고. 저는 이 이야기에서 사드와 성주를 떠올립니다. 성주가 15살 선원 같은 느낌이 듭니다.

첫째 과연 당시 프랜시스 스페이트 호에서 꼭 한 명이 희생되어야 했을까요? 3일만 더 버텼으면 모두 살 수 있는 것 아니었습니까?

대한민국에 사드가 반드시 필요합니까? 저도 아니라고 생각합니다. 그런데 누군가는 필요하다고 이야기하고 있습니다. 그리고 성주가 그 지역이 되어야만 합니까? 그 절차가 공정했습니까?

한 말씀만 더 드리겠습니다. 하지만 성주와 사드는 이번이 처음이 아닙니다. 이미 강정에서, 밀양에서, 세월호에서, 여러분은 사드가 들어오기 전에 과연 그분들 편에 서주셨습니까? 지금 다른 국민들이 여러분 편에 서 계십니까? 대한민국이 슬픈 프랜시스 스페이트 호 같다는 생각이 드는 건 저뿐입니까?

여러분들이 존경스럽습니다. '성주가 아니면 된다'가 아니라, 대한민국에 사드는 아니다. 공부하시고 따져보시고 사드가 우리 안보에 도움이 되지 않는다, 북핵을 막지 못한다, 우리나라에 오히려 전쟁의 위협을 고조시킨다, 중국과 러시아가 북한 편에 서게 만든다, 북한이 핵을 개발할 명분을 준다, 대한민국은 경제와 외교의 위기에 내몰린다, 제 말이 맞습니까? 최선을 다해 노력하겠습니다. 고맙습니다.

말을 마치고 나자 앞줄에서 흐르는 눈물을 닦는 할머니들의 모습이 보였다. 내 눈에서도 눈물이 흘렀다. 곧이어 이벤트 진행자가 의원들에게 여러 가지 색깔의 가발을 씌우고 탬버린을 쥐여준 뒤 가사가 적힌 악보를 건네줬다. 즉석 위문 공연이 시작된 것이다. 나는 온몸을 던져 춤추고 노래하고, 탬버린을 쳤다. 이 힘든 상황에서 조금이라도 위로가 되고 싶은 마음이었다. 어둠을 뒤로하고 군청을 떠나는 우리들을 성주 군민들은 잡아주고 안아주고 토닥여주었다. 위로를 해드려야 할 우리들이 오히려 위로를 받고 돌아왔다.

_ 2016년 8월 3일 수요일

성주 군민 여러분, 힘내세요. 저희도 최선을 다하겠습니다. 미처 못 드린 말씀이 있습니다. 사드 문제가 해결되면 다시 새누리당의 텃밭으로 돌아가셔도 괜찮습니다. 다만 늘 어딘가엔 지금의 성주 같은 억울한 소수의 피해자들이 있다는 것만 기억해주세요.

저희는 신나게 가발을 쓰고 춤추며 노래했는데, 흥겹게 박수치던 성주 군민들 눈에서 눈물이 자꾸 흘러내리는 모습이 보여서 저희 눈에도 땀이 많이 났습니다. 평범하고 착한 엄마아빠들이 투사로 변하는 일이 더 이상 없었으면 좋겠습니다. 함께 할게요, 힘내세요.

결국, 박근혜 정부는 성산 포대가 사드 배치 최적지라고 발표한 지 79일 만에 배치 장소 변경을 결정했다. 롯데가 중국의 보복으로 엄청난 손실을 입을 것을 무릅쓰고 '성주 CC' 골프장을 사드 배치 부지로 제공하면서 사드 문제는 완전히 새로운 국면으로 들어서게 되었다.

1년여가 지난 뒤, 박근혜 대통령 탄핵 이후 치러진 대선에서 국민들은 더불어민주당의 손을 들어주었다. 하지만 북한의 6차 핵실험과 이에 따른 한미 동맹 문제가 불거지며 문재인 대통령과 정부는 사드 임시 배치 결정을 내리게 되었다. 그러자 새누리당에서 이름만 바꾼 자유한국당은 지난 1년여간 계속 온라인에 공개되고 수많은 사람들이 조회했던 우리의 성주방문 위문 공연 동영상을 국회 본회의장에서 틀며 '사드 괴담 노래자랑 댄스 파티'를 벌였다며 공개 사과와 징계를 요구하는 정치공세를 벌였다. 그들다운 행동이었다. 그들에게 우호적인 언론과 방송 역시 마치 새로운 사건인 것처럼 수도 없이 그 화면을 언급하고 보여주는 협력 플레이를 펼쳤다.

이런 식으로 끊임없이 상대의 이미지를 훼손하기 위해 언론 및 정치 공세를 펴는 저들의 방식은 일부 적극 보수 지지층에게 만족을 주고, 이들의 공격 대상이 될 수 있는 사람들을 위축시키며, 공격당한 사람들에게 일정한 타격을 입히는 효과가 있다. 하지만 유사한 패턴이 반복되면서 '학습효과'가 발생하고 있다. 이제 사람들은 스스로 진실을 찾아나가는 방법을 알게 되었다. 사실 여부와 맥락을 찾는 '팩트 체크'가 이루어지게 되었고, 이미지 훼손을 우려해 움츠러들던 과거와 달리 피해자들이 당하고 있지만은 않게 되었다. 과거 이런 방식의 여론조작으로 공고한 지지기반을 구축하던 자칭 보수 세력은 인터넷, 온라인, SNS의 개방성을 기반으로 '집단지성'의 힘을 발휘하는 깨어 있는 시민들과 용기 있는 소수의 적극적인 노력 앞에서 이제 무너지고 있다. 유럽의 극우세력처럼, 보편성을 상실한 채 집권 가능성을 잃은 극소수 이념 정당으로 전락하고 있다. 아마도 당사자들만 모르고 있는 사실일 것이다.

사드 문제는 '현재진행형'이다. 강대국 사이에 낀 분단 조국의 현실, 굶주리고 병든 어린이와 주민들을 외면한 채 핵과 미사일 개발에만 열을 올리는 3대 세습 북한 독재 체제를 상대해야 하는 우리에게 과연 단순한 흑백논리의 '정답'이 있을까? 전쟁이 벌어지면 최소 수백만 명이 단시간에 사망할 것이 자명한데, 무기력하고 무책임하게 '평화 호소'만 하고 있을 수는 없다. 미국이라는 초강대국 우방과의 관계에 의존할 수밖에 없는 현실에서 사드 배치에 대한 찬반 양론은 차분하고 내실 있게 사회적 담론으로 소화되어야 하며, 공개할 수 없는 비밀 사항을 포함한 모든 변수를 치밀하게 고려하여 국가 최고 수준의 전문적 결정이 내려져야 한다. 그리고 그 결정에 따른 피해 당사자나 반대 의견 보유자에 대한 소통과 설득의 노력이 성실하게 이루어져야 한다. 박근혜 정권과 자유한국당의 일부 극단론자들이 반복해온 것처럼 다른 의견 가진 사람들을 비난하고 공격함으로써 생산적 토론 자체를 봉쇄하는 행태는 반드시 극복되어야 한다.

오직 정의만이 사회를 지탱한다

사드 문제만이 아니다. 정권 교체 이후에야 드러나고 확인되는 여론조작, 방송 장악, 블랙리스트, 화이트리스트와 같은 일련의 사건들은 이명박, 박근혜 정권 9년 동안 민주주의가 완전히 파괴되고, 총과 칼 대신 정치, 행정, 사법 권력을 이용한 '독재'가 자행되었음을 보여주는 명확한 증거였다. 그 중심에는 사법 정의 시스템의 붕괴가 자리 잡고 있었다. 수사권과 수사지휘권, 기소독점권과 기소재량권 및 공소유지권을 모두 틀어쥐고, 법무부까지 장악해버린 무소불위의 검찰 권력이 불법과 불의를 마음대로 저지르는 '신흥 독재'와 야합했기 때문에 가능한 일이었다. 유전무죄 무전유죄, 유권무죄 무권유죄 현상이 눈앞에서 벌어지는 사회, '정의에 대한 신뢰'가 무너진 사회는 결코 오랜 기간 지속될 수 없다. 그러면 그 피해는 우리 아이들에게 고스란히 돌아갈 것이다.

나는 2001년 부패방지위원회가 출범할 당시 자문위원으로 참가하면서 수사권과 기소권을 갖춘 홍콩의 염정공서ICAC, 싱가포르의 탐오조사국CPIB 식의 강력한 제3의 수사기구를 제안했었다. 관련 연구 용역을 수행해 자세한 방안과 청사진도 제시했다. 당시 김대중 대통령 정부도 같은 인식과 의지를 가지고 있었다. 그러나 전현직 검사연합체의 방해로 이런 시도는 좌절되었다. 결국 수사권이나 기소권은커녕 조사권도 부여받지 못한 부패방지위원회는 공익제보자의 신고를 확인한 후 전직 최고위급 검사에 대해 검찰수사를 의뢰했지만 수사는 제대로 진행되지 않았다. 오히려 그 후폭풍으로 부패방지위원회는 결국 유명무실한 기관으로 전락해버렸다. 이후 부패 방지라는 용어가 부정적이라며 '국가청렴위원회'로 명칭이 변경되었다가 결국은 해체되어 국민고충처리위원회가 이름을 바꾼 국민권익위원회의 일부로 편입되어 버린 것이다. 그 결과 '검찰공화국' 대한민국의 국제적인 부정부패 순위는 계속 악화되어 갔다. 민주주의도 함께 파괴되어 갔다.

검찰 독점 수사구조 개혁의 핵심은 헌법에 명시된 검사의 독점적 영장신청권의 폐지이다. 전 세계에서 유례를 찾아볼 수 없는 이 헌법조항은 1962년 군사 쿠데타에 동조한 검사와 법무관의 합작으로 만들어졌다. 수사의 핵심인 강제수사, 판사의 사법적 명령이어야 할 '영장'이 검사의 '권한'으로 변질된 것이 문제이다.

검사의 독점적 영장신청권을 규정한 헌법조항을 개정하기 전에 우선 특별검사 혹은 고위공직자비리수사처 등 특별 반부패수사기구를 설치할 필요가 있다. 구성과 조직 등 세부 내용은 법안 성안 과정에서 공개적인 논의를 거쳐 사회적 합의를 이루는 것이 바람직하다. 그리고 경찰이 검찰의 지배와 통제하에 놓여 있는 현재의 형사소송법 체계를 변화시켜서 검찰과 경찰이 상호 견제하고 균형을 이루는 수사구조 개혁이 필요하다.

경찰, 검찰, 고위공직자비리수사처 등이 서로 견제하고 민주적 감시와 통제를 받는 바람직한 시스템을 갖출 때, 비로소 정치권력의 독재를 막고, 제 식구 감싸기와 전관예우, 유전무죄 유권무죄 현상을 타파할 수 있다. 그때야 비로소 사회를 지탱하는 사법 정의 시스템이 국민의 신뢰를 회복할 수 있을 것이다.

국회의원은 법안으로 말한다

축구 공격수는 '골goal'로 말하고, 판사는 판결문으로 말하고, 국회의원은 법안으로 말한다. 법에 의해 모든 것이 진행되는 법치주의 국가에서 법을 만들 수 있는 힘이란 얼마나 대단한가! 하지만 국회의원이라고 해도 내 마음대로 법을 만들 수는 없다. 발의까지는 할 수 있겠지만 소관 상임위원회의 법안심사 소위원회와 상임위 전체회의를 거쳐 법제사법위원회를 통과

한 뒤 본회의에서 과반 득표를 얻어야 비로소 '입법'이 이루어진다. 그 과정에서 관련 부처와 국회 전문위원실 등의 동의 내지 수긍을 얻어야 하고, 새로운 법안으로 불이익이나 불편을 입게 될 직종이나 단체 등의 반발과 로비도 극복해야 한다.

나는 국회의원이 되자마자 우리 지역에서 발생했던 어린이 사망사건의 원인을 조사하고 분석한 뒤 그 대안과 재발방지책을 담은 법안을 만들기 위해 노력했다. 3개월 동안 준비, 검토, 전문가 자문, 관계 기관 및 부처 의견 조율을 거쳐 국회에서 두 차례 공개토론회를 연 뒤 '어린이안전기본법(제정)안'을 발의했다. 그리고 동물 학대 행위를 구체화하고 형량을 2배로 상향한 '동물보호법 개정안'과 '야생 생물 보호 및 관리에 관한 법률 개정안', '수의사법 개정안', 전현직 검사의 수사에 검찰이 관여하지 못하게 한 '형사소송법 개정안(가칭 검사 셀프수사금지법)', 그리고 경찰과 검찰 간 역할을 분리하고 상호 독립적인 관계에서 견제하는 수사구조 개혁 방안을 담은 또 다른 '형사소송법 개정안' 및 '검찰청법 개정안', 전관예우를 방지하는 '변호사법 개정안', 소방관의 공사상 인정 범위 확대를 위한 '공무원연금법 개정안(일명 김범석 법)과 경찰관, 소방관 등 고위험 안전직군 종사자의 처우 개선을 위한 법안 및 소방 화재조사관에게 수사권을 부여하는 '화재조사법(제정)안', 경찰위원회의 기능과 권한 및 역할을 실질화하는 '경찰위원회법 개정안' 및 '경찰법 개정안', 데이트 폭력과 스토킹 범죄에 대한 경찰의 개입과 피해자 보호 및 가해자 격리를 의무화하는 '데이트폭력 등 관계집착 폭력행위의 방지 및 피해자 보호에 관한 법률(제정)안' 및 데이트폭력 범죄를 가중 처벌하는 '폭력행위 등 처벌에 관한 법률(개정)안' 그리고 국회의 법안 처리 소위원회를 한 달에 두 번 이상 개최하도록 규정해서 '일하는 국회'를 만들기 위한 '국회법(개정)안' 등을 발의했다.

　법안을 발의하는 과정은 참으로 어렵고 조심스럽다. 현실의 문제를 해결하는 실효성, 부작용을 최소화해야 하는 민감성, 상임위와 법사위 그리고 본회의를 통과해야 하는 실현 가능성 모두를 충족시켜야 하기 때문이다. 비록 경험해보지는 못했지만, 아마도 아이를 갖고 낳는 느낌이 이렇지 않을까 싶을 정도다.

　나는 법안을 발의하면서 반드시 공개토론회나 온라인 등을 통해 미리 그 내용을 공개하여 국민 일반과 이해 당사자들이 먼저 알 수 있도록 한다. 그런 다음 관련 전문가들 및 관계 기관과 부처 및 단체 등의 최종 검토와 의견수렴 과정을 거치고 있고, 앞으로도 그럴 것이다. 어떤 법안을 왜 발의하며 그 의미와 구체적 내용은 무엇인지를 주권자인 국민들에게 보고하고 검토받는 것이 공복인 국회의원의 당연한 의무라고 생각한다. 이런 공개적인 의정활동이, 밀실에서 특정 세력이나 집단 등의 이익을 위해 청부나 청탁을 받아 입법을 하거나 국회에서의 질의 혹은 발언 등을 하는 '매국적 정치 비리' 행위를 원천적으로 봉쇄하는 길이기 때문이다.

여당이 보이콧한 전대미문의 국정감사

　2016년 9월 26일 국회와 행정부가 합의한 제20대 국회 첫 국정감사가 시작되었다. 당시 야당이었던 더불어민주당 의원들과 보좌진들은 문제해결을 중심으로 국익과 민생 향상을 위한 효율적인 국정감사를 하기로 뜻을 모으고 오랜 기간 땀 흘려 국정감사를 준비해왔다. 피감기관들 역시 민감한 증인이나 참고인, 자료들을 제외하기 위해 애쓰는 한편, 국회의 불필요하거나 지나친 자료 요구에 대해서는 맞서고 항의도 하면서 국민의 대표자인 국회의원들의 요구에 최대한 부응하기 위해 밤낮없이 열심히 준비해왔다. 특히, 2016년 국감은 그동안 제기된 국회와 정치권에 대한 여론의 비판과 김영란법의 발효 등으로 인해 '갑질 없는 첫 국감'으로서의 의미가 엄중했다. 서로 지나친 의전이나 비용 부담 없이, 깨끗한 진검승부로 국정 전반에 대한 국회의 점검이 이루어지리라는 기대에 차 있었다.

그런데 여당인 새누리당이 국정감사 보이콧을 선언했다. 겉으로 내건 명분은 김재수 농림축산식품부장관 해임건의안 표결 과정에서 국회의장이 자신들의 요구를 받아주지 않은 채 표결을 진행한 데 대한 항의였다. 하지만 실제로는 당시에 국정감사의 주요 대상이 될 것으로 예상되었던 우병우 민정수석을 둘러싼 비리 의혹과 정윤회 문건 축소 및 편파 수사 의혹, 박근혜 당시 대통령의 비선 실세로 의심받던 최순실 씨의 딸 정유라의 이화여대 입학 비리 의혹 그리고 경찰의 물대포에 맞아 쓰러진 뒤 사경을 헤매고 있던 백남기 농민 사건의 진상 규명 등을 막기 위한 것이라는 의혹을 살 만한 정황이었다. 물론 과거에 입장이 뒤바뀌었던 사례도 있었다. 하지만 여야가 바뀌었던 과거 국민의 정부나 참여정부 당시 여당은 이를 악물고 국회 일정을 모두 준수했다.

새누리당의 전신 한나라당 의원들이 '환생경제'라는 제목으로 노무현 당시 대통령을 모욕하고 비방하는 저질 연극을 하고, 박근혜 당시 대표가 미소와 파안대소로 동조했을 때에도 당시 여당은 국회의 정상적 운영에 참여하고 협조했다. 과거 장외투쟁, 국회파행은 모두 (주로 법안이나 조약 등의 '날치기 통과'를 이유로 한) 야당의 반발과 저항이었지, 여당의 몽니가 아니었다.

하지만 2016년 국정감사에서 새누리당은 사상 최초로 집권 여당이 국회 일정에 대하여 보이콧을 선언하고 장외투쟁을 할 것을 시사했다. '민주주의의 회복'과 '(국회의장을 향한) 독재 타도'를 명분으로 외쳤다. 모든 준비가 끝난 상황에서 국회와 행정부를 비롯하여 많은 사람들의 노고가 담긴 국정 감사를 보이콧한다는 것이다. 도저히 이해하거나 받아들일 수 없는 주장이었다. 제20대 국회에서 야당인 더불어민주당은 이를 악물고 법과 질서를 철저히 지키며 국민의 명령을 수행하기 위해 노력하고 있었다. "여소야대를 만들어줬는데 뭘 하고 있는 거냐?", "야성을 보여라.", "너무 얌전하다", "소리 지르고 몸으로 싸워라" 등 지지층의 갖은 지적과 재촉과 불만의 목소리에도 불구하고 법과 절차와 질서를 철저히 지키고 있었다. 나는 SNS 등을 통해 새누리당의 국회파업에 명분이 없음을 주장하며, 조속히 국정감사에 참여하고 국회에 복귀할 것을 촉구했다.

_ 2016년 9월 25일 일요일

새누리당, 부디 집권 여당으로서의 체통과 명예와 본분을, 국민의 녹을 받는 공복으로서의 의무와 역할을 지키고 이행해주시길 간곡히 부탁드립니다. 참고로, 국회법은 새누리당의 불참이나 보이콧에도 불구하고 예정된 국회일정(국정감사)이 정상적으로 진행되어야 한다고 정하고 있습니다. 새누리당 소속 의원이 위원장인 상임위의 경우에도 야당 간사가 위원장직을 대리 수행할 수 있다고 적혀 있습니다. 국정감사는 예정대로 진행됩니다. 이견은 토론과 주장을 통해 표출하고, 이의나 문제 제기는 절차에 따라 해주시기 바랍니다. 민주적 공화제, 우리 헌법 정신에 부합하는 국가 운영의 정상화를 향해 함께 한 발 한 발 전진해나갑시다.

여당이 불참한 가운데 야당 상임위원장이 주재한 교육문화체육관광위원회와 환경노동위원회 등에서 정유라 입시 비리와 문체부 블랙리스트 등의 문제가 터져 나오자 새누리당은 뒤늦게 국정감사에 복귀했다. 이후 거의 모든 상임위원회에서 국정농단의 정황과 증거들이 드러나 언론에 보도되면서 시민들의 촛불시위는 더욱 뜨거워졌고 결국 국정조사와 특검 수사 등으로 이어지게 되었다.

촛불 혁명이 시작되다

2016년 9월 25일, 백남기 농민이 결국 사망했다. 끝내 정부와 경찰은 단 한 번의 공식 사과나 병문안을 하지 않았고, 조문도 하지 않았다. 오히려 서울대학교병원 백선하 신경외과장을 내세워 사망원인을 '병사'라고 우기고, 시신을 부검하겠다며 검증영장을 신청했다. 법원의 기각에도 불구하고 재신청을 거듭한 끝에 유족의 동의를 전제로 하는 조건부 영장을 발부받았다. 그 후 시신을 강제로 이송하려는 시도를 했고, 유족과 농민단체, 대학생과 시민들은 강하게 반발했다. 거리에서는 시위가 거듭되었고, 격앙된 시위대와 경찰 간의 충돌이 우려되는 상황이었다.

더불어민주당의 안전행정위원들은 매번 시위 현장의 최일선으로 나가 경찰과 시위대 간의 중재 역할을 맡았다. '국민 안전 지킴이'를 자처하고 다시는 백남기 농민, 이한열 열사, 강경대 열사 사건 같은 불행한 일이 발생하

면 안 된다고 호소했다. 박남춘 간사, 진선미, 박주민, 이재정, 소병훈, 김영호, 김영진, 백재현 의원과 나는 계속 경찰청장과 서울경찰청장, 경비국장, 종로경찰서장에게 직접 물대포를 쏘지 말고 시위대의 주장과 심경을 이해해달라고 요구했고, 시위 주최 측에는 집회 신고 내용과 범위를 지켜달라는 요청을 했다. 때로는 시위 현장에서 몸을 던져 경찰과 시위대 사이로 뛰어들어가 충돌을 막거나, 사전 신고된 행진 경로를 벗어나는 지점까지 행진을 허용해달라고 하여 경찰 측의 양보를 얻어내기도 했고, 반대로 집회 주최 측의 양보도 얻어내며 그야말로 눈물겨운 노력을 했다. 정치적인 고려와 이해득실 같은 것은 아예 개입할 여지가 없었다. 그냥 단 한 명의 시민도 다치면 안 된다는 절박함뿐이었다. 그러는 사이, 백남기 농민 추모와 진상 규명 및 책임자 처벌을 요구하는 집회는 세월호 참사 진상 규명 요구 시위와 만나고, 공공부문 성과연봉제 강행 반대 집회와 합쳐졌다. 그리고 정유라의 입시 비리에 분노한 청년 및 청소년들이 합류했다.

결국 그동안 박근혜 정권이 여론조작과 언론 방송 통제, 검찰 장악으로 막고 감추고 덮고 축소하고 물타기 하던 문제들이 드러나면서 그 피해자와 희생자들은 더 이상 견디지 못하고 광화문 광장으로 모여들었다. 그리고 이를 보고 알게 된 시민들이 그동안 몰랐고 무관심했고 외면했던 미안한 마음으로 합류했다. 그렇게 거대한 시민 촛불의 바다가 생겨났다.

촛불집회 초기에는 경찰과의 대치와 몸싸움, 긴장된 상황이 계속 연출되었다. 청와대 방향을 향해 행진하려는 시민들과 세종대왕상 뒤로는 절대 밀리지 않으려는 경찰과의 충돌을 막기 위해 우리는 또 출동했다. 때로는 기습 시위대가 경찰 저지선의 뒤를 돌파해 청와대 인근의 청운동에서 격렬한 몸싸움이 전개되기도 했다. 이젠 우리 안행위원들만이 아니라, 더불어민주당 의원들이 모두 나서야 하는 상황이었다. 우리는 촛불을 들고 집회에 함께 참가했다가 행진 차례가 되면 최전선에서 충돌이나 불상사를 막기 위한 지킴이 활동을 했다.

그러다 법원에서 청와대 인근까지 행진을 허용하는 결정을 내리면서 더 이상 의원들이 지킴이 활동을 할 필요가 없어졌다. 수십만, 수백만 명이 참여하는 초대형 집회와 행진에서 단 한 명의 부상자나 연행자도 발생하지 않는, 세계 역사상 그 유례를 찾아보기 힘든 평화적인 '촛불 혁명'이 시작된 것이다. 촛불의 평화적인 힘은 결국 박근혜 정권을 그 뿌리부터 흔들었다. 광장에서 시민들과 함께 하며 그 요구와 분노를 온몸으로 함께 느낀 나는, 박근혜 정권의 오판으로 제2의 4.19, 5.18, 6월 항쟁 같은 비극적 희생이 발생하지 않도록 해야 한다는 절박한 심정으로 국회 본회의 5분 자유발언을 신청했다.

_ 2016년 11월 3일 목요일

국회 본회의 5분 자유발언

존경하는 국민 여러분, 국회의장과 동료 의원 여러분, 그리고 공무원 여러분, 대한민국 국민은 위대합니다. 우리 역사에서 국가적 위기는 늘 권력자와 정권의 잘못으로 초래되었고, 그때마다 백성과 국민이 나서거나 인내하며 극복해왔습니다. 위대한 우리 국민은, 국제 정치외교 무대에서 당당히 국익을 실현해내고, 핵과 미사일에 의존하는 위험한 북한 정권을 능란하게 다루어 한반도 비핵화와 평화를 일궈내며, 사회통합과 격차 해소 그리고 사회 정의를 실천해줄 능력 있고 신뢰할 만한 대통령을 가질 자격이 충분합니다. 하지만 지금 국정농단의 중심에 박근혜 대통령이 자리하고 있고, 청와대와 정부 각 부처는 최순실 바이러스에 감염되어 있으며, 국회의 일각에서는 여전히 박근혜, 최순실을 비호하고 방어하고 있습니다. 그래서 다시 국민들이 나서고 있습니다. 대통령 사퇴 및 진상 규명을 촉구하는 각계각층의 시국선언과 촛불시위가 매일 저녁 전국 각지에서 벌어지고 있습니다. 11월 12일은 촛불시위가 정점에 달할 것으로 예상됩니다. 대통령 지지율은 9%대로 떨어졌습니다. 이에 본 의원은, 제2의 4.19 제2의 5.18, 제2의 6월 항쟁이 발생할 경우에 수반될 국민의 희생과 고통을 막기 위해 충심 어린 제안을 드리고자 합니다.

첫째, 박근혜 대통령 스스로 국민 앞에서 소상히 진상을 밝히고 대책을 내놓으십시오. 국회가 추천하는 패널과 함께 생방송 공개토론으로 국민이 묻는 질문에 진솔하고 구체적인 답변을 해서 밝힐 것은 밝히고, 인정할 것은 인정하고, 오해가 있다면 풀고, 책임질 부분은 책임지십시오. 직접 검찰수사와 특검 수사를 받겠다고 밝혀주십시오. 진솔한 토론과 소통이 이루어진다면 대통령 지지율은 다시 오르고 국정운영 동력이 마련되어 남은 임기를 마칠 수 있게 될 것입니다.

둘째, 만약에 직접 소상히 진상을 밝히고 국민을 대표하는 전문가 패널의 제한 없는 질문에 답할 능력이나 의사가 없다면, 스스로 퇴진하십시오. 미국 워터게이트 사건 당시 리처드 닉슨 대통령이 택한 방법입니다.

셋째, 이마저도 받아들이지 않는다면, 국회는 헌법에 따라 대통령 탄핵소추를 발의하고 의결 절차를 밟아야 합니다. 이는 더 이상 선택사항이 아닙니다. 주권자인 국민의 명령이며 국회의 헌법상 의무입니다.

넷째, 탄핵소추안이 통과되든 부결되든, 국회에서 추천하는 총리에게 작금의 국가 위기 상황을 관리할 권한을 위임하는 거국중립내각을 구성하십시오.

다섯째, 거국중립내각과 국회가 협의해 한편으로는 검찰수사와 특검 및 국정조사 등 한 점의 의혹이 남지 않는 진상 규명 작업을 진행하고, 다른 한편으로는 국정과 민심안정을 이룬 후 조기 대선 등 헌정 정상화를 이루게 해주십시오. 권력구조 개선을 통해 근본적인 해결책을 찾기 위한 개헌 논의는 그다음에 추진해야 합니다. 만약 이와 같은 혹은 이에 준하는 특단의 대책을 통해 국정과 민심을 안정시키고 회복하기 위한 노력을 하지 않는다면, 박근혜 정권 퇴진을 원하는 국민들의 행동을 막을 명분은 그 어디에도 없다는 것을 분명히 밝힙니다. 대통령이나 정권이 어떤 사고를 치고 어떤 위기상황을 만들어도 위대한 대한민국 국민들은 반드시 그 사고를 수습하고 위기를 극복해내리라는 것을 확신합니다. 하지만 그 과정에서 많은 국민의 아픔과 고통을 겪어야 함은 물론, 80년 5월의 광주 시민들, 그리고 김주열, 이한열, 강경대, 백남기 농민 같은 안타까운 희생이 수반됩니다. 이러한 희생과 고통 없이, 헌정체제와 절차를 통해 국정과 민심의 안정이 이루어져야 한다는 것을 피를 토하는 심정으로 말씀드렸습니다. 부디 외면하지 마시고 무겁게 받아들여주시기 바랍니다. 고맙습니다.

박근혜-최순실 게이트

　　시민들이 광장에서 추위와 불편함을 무릅쓰며 촛불을 들 때, 우리는 국회에서 새누리당의 온갖 방해와 저항과 물타기를 막고 뚫고 와해시키며 박근혜, 정윤회, 최순실, 우병우, 김기춘 등의 불법행위와 국정 농단 의혹의 진실을 규명하기 위해 노력했다. 특히 정유라의 이화여대 부정입학 의혹, 미르 재단과 K스포츠 재단 의혹, 우병우의 검찰과 국정원 장악 및 인사 개입 관련 비리, 어버이연합에 대한 전경련의 자금 지원과 이에 대한 청와대의 개입 의혹 등에 대한 검찰수사가 지지부진하고 수사결과를 축소하고 왜곡하려는 정황이 포착될 때마다 성명서를 발표하고 검찰청을 방문하는 등 할 수 있는 모든 수단을 동원해 압박했다. 그리고 특검 도입 합의를 이끌어냈다.

　　결국 2016년 11월 검찰이 최순실을 기소했고, 공소장에 박근혜를 '공범'으로 명시하는 진전이 있었다. 엄동설한 속에서 광장에 나와 계속 촛불을 들어왔던 시민들은 검찰을 불신하고 있었고, 최순실 기소 역시 '꼬리 자르기'를 시도하는 것이라는 비판하는 목소리가 컸다. 하지만 국민과 언론의 압박, 곧 특검의 수사가 진행될 거라는 사실이 권력으로부터 자유롭지 못한 검찰에게 그나마 부담으로 작용한 덕분에 이끌어낼 수 있었던 성과였다. 그것만으로도 국민과 정의의 '작은 승리'였으며 '궁극적 정의를 향한 첫걸음'으로서의 의미는 충분했다. 어쨌든 최순실 등의 공소장에 박근혜가 공범으로 명시된다는 것에서 나름의 의미가 있었고, 뇌물죄에 대해서는 계속된 수사 및 특검의 본격적인 수사가 기다리고 있었다. 무엇보다 일단 탄핵소추 요건이 확실히 마련되었고, 다수 새누리당 의원들이나 헌재도 탄핵에 동의하지 않을 수 없는 상황으로 나아가고 있다는 것이 큰 의미였다.

_ 2016년 11월 20일 일요일

닉슨 등 외국 사례에서도 탄핵 가능성이 높은 상황에서는 대부분 자진 사퇴를 해왔습니다. 물론 박근혜는 우주의 기운을 믿고 끝까지 버틸 수도 있겠지만. 앞으로 검찰수사와 특검 수사, 국회 국정조사, 탄핵소추 발의 등 박근혜의 목은 점점 조여들 수밖에 없습니다. 이제 정치권이 당리당략을 버리고 하나가 돼서 권한대행을 맡을 총리를 추천하고 사퇴 혹은 탄핵 이후 국정 정상화를 위한 일정을 차질 없이 이행해나가야 합니다. 박근혜 및 최태민 일족이 불법으로 형성한 재산을 환수하기 위한 입법 등의 과제도 남아 있습니다. 김기춘과 우병우 등 검찰 출신의 '악의 축'에 대한 단죄 역시 과제로 남아 있죠. 여기까지 올 수 있게 해주신 국민 여러분, 존경하고 감사드립니다. 최선 다해 나머지 단계 제대로 밟아 재벌과 권력의 정경유착, 검찰과 국정원 등 권력기관의 사병화, 권력의 나팔수로 전락한 언론방송 개혁 등 한국병을 고쳐내고 깨끗하고 공정한 새로운 대한민국을 만들 때까지 일하겠습니다.

#그러니까_탄핵합시다

박근혜 당시 대통령이 정권 유지의 도구로 사용해왔던 검찰마저도 더 이상 박근혜와 최순실의 죄를 숨기거나 감추지 못하고 그들을 '피의자'로 규정하여 청와대에 대한 수사를 시도했다. 그러자 최고 권력자인 대통령이 피의자로서의 권리인 방어권을 주장하며 변호사를 선임하고 검찰수사를 비난하는 작태를 범하고 있었다. 국민들은 분노했고, 친박 성향의 콘크리트 지지층 중의 상당수도 대통령에게서 등을 돌렸다. 대통령의 지지율은 사상 최저치인 5%까지 추락했다. 그러자 박근혜와 새누리당은 위기를 모면하기 위해서 '개헌'을 들고 나왔다.

_ 2016년 11월 28일 월요일

국회무용론, 야당 종북론, 정부의 발목을 잡는 국회 때문에 나라 망한다고 주장하던 자들이 이젠 '제왕적 대통령제'를 고쳐 국회 중심의 분권형 개헌을 하자고 합니다. 못 믿을 국회, 정부 발목이나 잡는 야당에게 늘 국가권력의 반을 쥐어주자구요? 정체성 혼란과 자기모순의 극치입니다. 개헌을 해도 정권 교체 후 진실 규명, 정의 구현을 이룬 후에 국민의 합의를 통해 추진해야 합니다.

개헌 카드가 먹히지 않자 박근혜와 새누리당은 '동정심 유발' 전략으로 나왔다. 박근혜 대통령은 TV 카메라 앞에서 눈물을 보이며 '대국민 담화'를 발표했고, 새누리당은 잘못은 했지만 이게 다 최순실에게 속아서 그런 것이니 박근혜는 용서하고, 국민 화합을 이뤄서 새로운 출발을 하자는 말도 안 되는 주장을 내놨다. 그러면서 국론 분열 야기하는 탄핵소추 대신에 적정한 시기에 대통령직을 사퇴하고 조기 대선을 치르는 '질서 있는 퇴진', '명예로운 퇴진'을 제안했다. 보수적인 언론과 방송도 이에 동조했다. 대통령에게 등을 돌렸던 보수적인 국민들이 다시 돌아서는 움직임도 포착됐다. 그러자 광장 촛불 시민들의 요구를 이어받아 한목소리로 '탄핵'을 외치던 야권 정당과 정치인들 사이에서도 이상 기류가 감지되었다. 극히 일부이긴 했지만, 국민의당과 더불어민주당 내에서도 여론의 역풍을 걱정하며 '질서 있는 퇴진', '개헌' 등을 주장하는 목소리가 있다는 이야기가 나왔다. 나를 포함하여 불안감을 느낀 여러 의원들이 좌고우면하지 말고 국민의 뜻에 따라 '즉각 탄핵소추'를 당론으로 정하자고 강하게 주장했다. 곧이어 더불어민주당의 의원총회가 열렸고 망설임 없이 탄핵 추진에 매진해야 한다는 압도적인 분위기 속에 조기 탄핵 추진을 당론으로 의결했다.

•••

_ 2016년 11월 29일 화요일

더불어민주당 의원총회가 끝났습니다. 만장일치로 야권 3당과 새누리당의 탄핵 찬성 의원들과 함께 조속한 탄핵 추진에 매진하기로 결의했습니다. 야권 공조로 흔들림 없이 끝까지 국민의 뜻을 따르겠습니다. 새누리당 의원들도 국민의 뜻을 가장 무서워합니다. 포기하지 말아주십시오.

　제1야당인 더불어민주당이 의원총회를 통해 당론으로 '조기 탄핵 추진'을 결정하자 국민의당도 같은 결정을 내렸다. 처음부터 줄곧 탄핵을 주장했던 정의당과 함께 야권 3당이 뜻을 모았다. 하지만 대통령 탄핵소추 의결을 위해서는 국회의원 총수의 2/3의 동의가 필요했다. 야3당을 모두 합쳐도 2/3의 동의를 얻기는 힘들었다. 새누리당에서 동조자가 나와야 했다. 새누리당 내에서도 소위 '비박계', 다시 말해 박근혜 대통령의 측근이 아니라서 지난 총선 과정에서 공천을 받지 못할 뻔하고 당직에서 배제되는 등 불이익을 받아온 이들이 있었다. 또한 박근혜, 최순실, 우병우와 소위 '문고리 3인방'으로 불린 청와대의 이재만, 안봉근, 정호성 등의 국정농단 자체에 대해 전혀 알지 못했거나 알면서 불만과 반대의 뜻을 가져왔던 의원들도 있었다. 이명박 전 대통령의 세력도 있고, 원래 친박이었다가 박근혜와 사이가 틀어진 유승민 의원이나 김무성 의원의 측근 세력 혹은 계파 색이 옅은 수도권 지역 의원 등 여러 계층의 의원들이 있었다.

　새누리당의 비박계 의원들도 처음에는 검찰의 수사 결과와 국회 최순실 국정농단 국정조사 및 언론 보도 등을 통해 드러난 박근혜 정권의 국기문란 범죄에 분노하며 강하게 탄핵을 주장했다. 하지만 박근혜 당시 대통령의 제3차 대국민 담화 이후 이들의 태도가 바뀌는 모습이 역력했다. '질서 있는 퇴진', '명예로운 퇴진'을 거론하기 시작했고, 언제까지 퇴진할 것인지 청와대가 답을 내놓을 때까지 기다리자는 이야기를 하기 시작했다. 이러다 청와대와 새누리당 친박계의 농간에 넘어가고 끌려갈지도 모른다는 위기

감이 엄습해왔다. 나는 국민을 믿고 국민과 함께 이들을 압박해서 조기 탄핵소추를 이끌어내야겠다고 결심했다. 그리고 국회의원 300명의 탄핵 관련 입장을 공개하겠다고 선언했다.

_ 2016년 11월 30일 수요일

일부 비박계 의원의 주저로 12월 2일 탄핵 추진에 걸림돌이 생겼다고 하시는데요, 야3당은 2일 추진합니다. 주저하거나 반대, 불참하는 새누리당 의원들의 명단을 제가 공개하겠습니다. 자신 있으면 9일로 미루자, 협상하자, 대안을 모색하자 해보십시오. 단, 명단 공개는 각오하십시오. 국회의원은 한 명 한 명이 헌법기관이자 입법자입니다. 계파, 집단, 수장, 보스의 눈치를 보고 따라가겠다는 태도는 바람직한 모습이 아닙니다. 국민이 너무 힘들고 아파합니다. 모두 내려놓고 하나의 독립된 입법기관으로서 탄핵에 대한 명확한 입장 표명을 부탁드립니다.

곧이어 페이스북에 국회의원 300명 전원을 '탄핵 찬성', '주저 혹은 눈치', '탄핵 반대'로 구분해 공개했다. 혹시 본인 입장과 다르게 분류되었다면 연락을 달라는 주의사항도 덧붙였다. 곧이어 어떤 네티즌이 새누리당 의원들의 휴대전화 번호를 공개했다. 나와는 전혀 관계없고, 지금도 누가 이런 행동을 했는지 나는 알지 못한다. 하지만 내가 공개한 명단과 네티즌이 공개한 전화번호가 만들어낸 시너지 효과는 엄청났다. 탄핵 반대나 주저로 분류된 새누리당 의원들에게 국민들의 전화와 문자가 쏟아졌다.

언론과 방송에서도 계속해서 크게 다뤘는데, 주로 나를 비난하고 공격하는 논조였다. 의원들의 명예와 사생활, 인격권, 정치적 자유와 양심의 자유 등을 침해하는 반인권적이고 반헌법적인 폭거이며, 비밀 투표가 원칙인 국회의 인사 관련 표결에 대한 방해라는 주장이었다. KBS에서는 메인 뉴스를 통해 내가 의원들의 휴대전화 번호를 공개했다고 허위 보도를 했고, 이후 거의 모든 매체가 이 허위 보도를 받아서 보도했다. 내 휴대전화 번호는 이미 일베와 어버이연합, 친박 사이트 등에 공개되어 있었기 때문에 늘 비난과 욕설 문자와 전화가 쇄도했었지만, 이 '명단공개' 사건으로 전화기를 아예 사용하지 못할 정도가 되었다. 하지만 난 아랑곳하지 않았다. 난 아예 SNS를 통해 전 국민에게 내 휴대전화 번호를 공개했다. 이런 상황에서 국회 안전행정위원회 회의가 열렸고, 나는 탄핵 입장에 따른 명단 공개를 비난하는 새누리당 장제원 의원과 몸싸움 직전까지 가는 충돌을 했다. 그리고 바로 그 직후에 열린 본회의 때 5분 자유발언을 신청했다. 아무 원고도 준비되지 않은 상태에서 나의 솔직한 심경을 밝혔다. 왜 탄핵 찬반 의원 명단을 공개했는지, 그것이 왜 중요한지, 왜 탄핵해야 하는지에 대해 이야기했다.

💬
_ 2016년 12월 1일 목요일

존경하고 사랑하는 국민 여러분, 존경하는 정세균 국회의장님과 동료 의원 여러분.

대한민국 제18대 현직 대통령 박근혜는 범죄 피의자입니다. 그것도 국가권력을 사유화해서 사인들의 호주머니에 국가 세금을 털어 넣은 가장 질 나쁜 범죄자입니다. 그런데 그런 범죄 피의자가 지금까지 국가권력을 틀어쥔 채, 국가권력을 자기 개인의 방어와 보호를 위해 사용하고 있습니다. 대한민국 국민들께서는 이 상황을 도저히 받아들일 수가 없다고 하십니다. 매주 백만 명이 넘는 국민들이 차가운 광장에 모여 촛불을 들고 있습니다. 지금 여론조사 결과는 80% 이상의 국민이 즉시 박근혜 대통령을 탄핵하라고 요구하고 있습니다. 국회에 요구하고 있습니다. 그런데 지금 국회는 무엇하고 있습니까?

국민들은 국회를 직무유기로 고발하고 있습니다. 질서 있는 퇴진, 명예로운 퇴진. 다 좋습니다. 이미 오래전에 국민과 야당이 제안했던 것 아닙니까? 그 제안을 할 때마다 헌신짝처럼 내버린 것은 바로 박근혜 본인이었습니다. 그리고 이미 세 차례 담화를 통해 자기가 한 말을 뒤집고 거짓말을 반복하고 있습니다.

검찰수사, 특검 수사를 받겠다고 공언해놓고 검찰의 대면 조사 요청조차 거부하고, 자신의 지휘하에 있는 대한민국의 국가기관인 검찰을 능멸하고 명예를 훼손하고 모욕하고 있습니다.

이러한 박근혜 대통령의 오만과 불법적인 헌법 유린과 범죄 행위에 대해서 야당은 물론 여당인 새누리당의 다수 의원들이 탄핵에 동의하고 동조했었습니다. 하지만 지난 3차 담화 이후 균열이 생겼습니다. 그렇게 소리 높여 박근혜 대통령을 1분 1초도 그 자리에 두어서는 안 된다고 주장하던, 국가와 국민을 위해서 박근혜 대통령은 바로 내려와야 한다고 요구하고 주장하던 새누리당 의원들의 입장이 바뀌었습니다. 야당 일부에서도 의견의 변화가 감지되고 보도되기 시작했습니다. 저는 가만히 있을 수 없었습니다. 대한민국 국회의원의 한 사람으로서, 국민이 뽑아주신 국민의 대표로서, 저도 그 직무유기의 행렬에 공범으로 동참할 수 없었습니다.

그래서 제가 확인하고 확보한 공적인 자료들을 통해 국회의원 한 분 한 분의 탄핵에 대한 찬반 입장을 국민 여러분과 공유하고 있습니다. 그 결과 많은 의원들께서 여러 국민들의 전화 연락을 받고는 불편해한다는 이야기를 들었습니다. 그 부분에 대해서는 진심으로 사과의 말씀을 드리겠습니다. 아울러 오늘 안전행정위원회 회의 도중 제가 평소 좋아하고 존경하는 장제원 의원과 감정적인 싸움까지 하는 상황에 처했습니다. 그 부분 역시 개인적으로 장제원 의원께 공개적으로 사과드리겠습니다.

하지만 국회가 제 기능을 할 때까지 박근혜 대통령에 대한 탄핵소추 발의안에 누가 서명하고 누가 서명하지 않는지 누구의 서명 불참 때문에 탄핵안 발의가 이루어지지 못하는지, 그리고 그 탄핵소추안에 대해서 누구의 불참으로 인해서 의결이 이루어지지 못하는지는 끝까지 국민과 공유해야겠습니다. 그에 대한 책임은 분명하고 명확하게 지겠습니다. 존경하고 사랑하는 동료 의원 여러분, 부디 국민의 이 아픈 소리를 외면하지 마시고 박근혜 대통령을 헌법 절차에 따라 탄핵 의결할 수 있도록 참여하고 도와주시기 바랍니다.

여전히 새누리당에서는 나를 '검찰에 고발하겠다', '국회 윤리위원회에 제소하겠다', '국회의원직에서 사퇴하라'라고 외쳤댔지만, 긍정적인 변화도 있었다. 실시간으로 업데이트되는 명단 공개에 부담을 느끼고 개별적으로 '입장 보류' 혹은 '탄핵 찬성'으로 자신의 입장을 변경해서 표시해달라고 요구하는 의원들이 나타났다.

국회의원들께서 입장을 명확히 밝혀주셔야 할 때입니다. 지금 국민들은 탄핵에 대한 찬성과 반대 의견을 분명히 하고 자신을 대표해줄 의원들을 절실하게 요구하고 있습니다. 전화와 문자 폭탄에 대해서는 사과드렸고 유감스럽게 생각합니다. 하지만 그게 본질은 아니지 않습니까? 제게도 엄청난 연락이 쏟아지고 있습니다. 국가 위기 상황에서 국회의원이라면 그 정도는 감수해야 합니다. 국민은 더 힘들고 더 아픕니다. 탄핵에 참가해주시고, 판단은 헌재로 넘긴 뒤 정치 정상화를 부탁드립니다.

실시간으로 업데이트되는 '탄핵 찬반 명단공개'에 대한 언론과 국민의 관심이 고조되고, 국민들의 압박을 견디지 못한 수도권 비박계 새누리당 의원들이 '탄핵 찬성' 의사 표시를 하는 숫자가 늘어나자 새누리당은 나의 '명단공개' 분류가 자의적이며 오류가 많고 근거가 없다는 '정통성 문제'를 제기하며 물타기에 나섰다. 나는 자세하고 구체적으로 분류 근거와 과정을 공개적으로 설명하고, 혹시라도 본인 입장과 다르게 분류되었다면 알려달라고 다시 한 번 공개 요청했다.

국회의원 300명의 박근혜 대통령 탄핵 찬반 입장
분류는 철저하게 본인의 의사를 우선시하고 존중합니다. 지난 3차 대국민담화 이후 새누리당 의원들의 입장이 바뀌었고 결국 오늘 '탄핵이 아닌

4월 자진사퇴 건의'로 당론을 정했습니다. 그리고 야3당의 탄핵안 발의에 단 한 분도 서명하지 않았습니다. 잠시 후 속개될 본회의에서 탄핵소추안이 상정되면 과연 몇 분이 찬성하실지 역시 확인하여 반영하겠습니다.

제가 명단을 분류하고 공개하는 이유는, 첫째 이 역사적 순간에 누가 어떤 입장을 표했고 그 결정이 탄핵안의 상정 혹은 의결에 어떤 영향을 미쳤는지를 국민께 알리고 기록하기 위함입니다.

둘째, 이러한 공유와 기록이 이루어짐을 알려드림으로써 부디 탄핵소추안 의결에 한 분이라도 더 많은 분이 참가해 국회가 제 역할을 할 수 있도록 돕기 위함입니다. 그래서 '한때 탄핵을 주장했음'이 아니라 현재 시점에서 어떤 입장인지를 계속 확인해 업데이트하고 있습니다.

국민 대다수는 현직 대통령이 형사범죄 피의자로 입건되는 국정농단 게이트로 극심하게 분노하고 고통 받고 있습니다. 특히 박근혜 대통령은 검찰수사를 받겠다는 약속도 뒤집고 조사를 거부하고 있습니다. 여러 차례 정치권과 국민이 자진 하야, 질서 있는 퇴진을 요구했지만 거부했습니다. 그리고는 "잘못이 있다면 탄핵을 하라. 자진 하야는 없다"라고 주장했습니다. 그런데 탄핵을 주장하던 새누리당 비박계 의원들이 3차 담화 이후 입장을 바꿨고 이에 따라 야3당도 2일 탄핵 추진, 비박계 설득 후 9일 추진 등으로 분열하는 상황이 초래되었습니다.

저는 이러한 상황을 국민께 정확히 알리고 공유해 국회가 밀실에서 야합하거나 국민의 뜻과 다른 결정이 이루어지지 않도록 해야 한다고 느껴 명단공개를 하게 되었습니다. 법조인들의 검토를 받았지만 법적인 문제는 없습니다. 문제가 있다고 생각하시는 분은 법적 조치를 취하셔도 좋습니다. 도의적 문제에 대해서는 사과를 드렸고, 명단공개와 관련해 져야 할 책임이 있다면 지겠습니다. 하지만 저와는 관련 없는 휴대전화 번호 공개에 대한 허위 사실이나 보도, 의도적으로 특정 정당이나 의원의 입장을 사실과 다르게 분류했다는 등의 허위 주장은 용납하지 않겠습니다. 혹시라도 오류가 있을 수 있어 요청을 하면 수정해드린다는 공지를 해왔고 당사자들도 모두 알고 계십니다. 본질에 집중해주시고 불필요한 주장을 제기하고 시비를 걸어 논지를 흐리고 본질에서 벗어나게 하거나 물타기를 하려고 시도를 하는 사람에 대해서는 차단이나 제소 등 제재를 가할 수 있다는 점을 밝힙니다.

나는 '박근혜 탄핵'으로 관심을 집중시키기 위해 모든 SNS 멘션 뒤에 '#그러니까_탄핵합시다'라는 해시태그 달기 운동을 전개했다. 정치와 관련 없는 일상이나 영화, 음악, 음식 같은 이야기 끝에도 '#그러니까_탄핵합시다'를 붙이면 재밌기도 하고, 색다른 의미가 형성되는 효과가 있어서 많은 사람들이 동참해주었다.

_ 2016년 12월 3일 토요일

새누리당 의원님들과는 달리 제게는 "니가 뭔데 우리가 뽑은 대통령 탄핵하노?"라고 하시는 경상도 어르신들의 문자와 전화 폭탄이 쏟아집니다. 점잖은 분들도 계시지만 술을 드시거나 격정적으로 욕을 하시는 분들도 많구요. 서로가 겪는 고통입니다. **#그러니까_탄핵합시다.**

방금 전 국회 본회의가 종료되었습니다. 2017년 예산안이 통과되고 박근혜 대통령에 대한 탄핵소추안이 발의되었습니다. 9일 정기국회 마지막 날에 탄핵소추안 의결이 이루어집니다. 부디 새누리당 비박계 의원들의 동참으로 국회가 국민의 뜻을 제대로 받들 수 있게 되길 기원합니다. #그러니까_탄핵합시다.

모두 힘내는 '탄핵의 아침!' '일베와 박사모의 문자, 전화 폭탄'과 관련하여 걱정해주시는 분이 많으신데요, 이미 지난 대선 국정원 사건 때 겪은 일이고 이분들의 전화번호를 수집하는 부수효과도 있어 괜찮습니다. 다만 표현들이 너무 저급하고 동일해서 좀~ #그러니까_탄핵합시다.

어떤 의원님들은 국민의 탄핵 요구 문자나 전화가 '정치적 테러'라고 하시더군요. 전화번호를 유출한 사람을 처벌하겠다고 하시구요. 저는 생각이 다릅니다. 공인인 국회의원의 전화번호는 '별도의 사적 전화'가 아닌 한 명함 등으로 적극 공개합니다. 그걸 다른 사람에게 공개했다고 해서 개인정보 보호 위반이라고 하면 안 된다고 생각합니다. 일베와 박사모의 전화 문자 폭탄 세례를 받기 전에 이런 의견을 밝혔으면 저는 참 나쁜 사람이겠죠. 저 혼자 쿨한 척. 그래서 지금, (자칭) 100만 일베의 총공격을 받으며 제 의견을 밝힙니다. 제가 정치인 아닌 '자연인'이었을 때도 유사한 공격을 받았지만 그저 견뎠습니다. 저는 강하게 저의 주장을 펼치며 '스스로 공적 영역에 들어간 사람'이었으니까요. 다만, 모든 문자를 읽거나 모든 전화에 응해야 할 의무는 없으니 무시나 차단, 무응대는 양해부탁드립니다. 공개적으로 허위 사실을 유포하거나 욕설 등으로 모욕하지는 마십시오. 특히 저급하게 제 자녀와 가족과 관련하여 치졸한 표현은 하지 않으셨으면 합니다. 솔직하고 창의적인 문자를 보내주세요. 물론 시간이 없어 다 읽지는 못합니다. 일베와 박사모의 부르짖음도 국민의 소리, 탄핵을 요구하는 시민의 문자나 전화도 국민의 소리 아니겠습니까? 국회의원으로서 듣고 감내하고 바른 결정, 바른 선택, 역사와 후손에게 죄 짓지 않는 행보를 합시다. 존경하는 새누리당 의원 여러분, 힘내세요! 저도 이렇게 쿨하게 말하지만 결코 쉽고 편한 상황은 아닙니다. 오늘 광화문에서 봬요. **#그러니까_탄핵합시다.**

_ 2016년 12월 4일 일요일

새누리당의 고소를 환영합니다. 저는 박근혜나 친박계 권력자들과 달리 법 절차를 준수합니다. 소환이든 대질이든 다하겠습니다. 그러니 당신들도 법 좀 지키시죠? **#그러니까_탄핵합시다.**

박근혜 정권이 가져다준 의외의 선물

그동안 정치권 밖에 있을 때 관찰한 것과 정치권에 들어와서 실제로 경험하며 확인한 한국 정치의 관행과 현실은, 홍보수단인 '이념'과 '돈'을 향한 권력 게임의 결합으로 단순화할 수 있었다. 여야 각 정당 간에 정도의 차이는 분명히 있지만, 아주 단순화하면 이렇다.

(1) '당내 권력'은 지역구민들의 평가에 영향을 미칠 수 있는 당직 등을 소속 의원들 혹은 예비의원들에게 배분하는 '평상시 정치', 그리고 다음 선거의 공천과 관련된 '미래의 정치' 두 가지로 작동한다.

(2) '당내 권력'은 그동안 1) 지역구 및 전국적 인지도와 지지도라는 '개인적 정치력' 및 2) 소속 의원들과 당원과 당직자 등의 지지도인 '당내 정치력' 그리고 3) 대통령을 포함한 행정권력과 다른 당의 당내 권력자 혹은 언론과 종교단체, 경제 권력자 및 시민단체, 노동단체 등 당 외부 유력자들과의 관계라는 '네트워크 정치력'. 이 세 가지의 조합이 결정한다.

(3) 일반적인 개인 정치인은 1) 자기 지역구에서의 인지도와 지지도라는 '개인적 정치력' 및 2) 당내 권력과의 관계인 '네트워크 정치력', 이 두 가지에 의해 정치생명이 결정된다. 그런데 대한민국 내 모든 유력 정당은 그동안 그리고 지금까지도 이러한 '당내 권력'의 작용에서 가장 크고 중요하게 작용되어야 할 '당원들의 지지'라는 민주적 정치력이 작용되고 반영될 수 없는 제도와 구조로 운영되고 있다. 그러다 보니, 여당의 경우 '대통령과의 관계와 대통령의 마음', 야당의 경우 선

수가 많고 나이와 경력이 많으며 '네트워크 정치력'이 뛰어난 사람들이 '당내 권력'을 장악해왔다. 그 부작용은 당원뿐 아니라 일반 국민들의 수준과 뜻에 어긋나는 정당 운영과 공천, 당선으로 이어지며 정치 혐오를 조장하는 결과를 가져왔다.

(4) '일반 정치인'들과 '당내 권력자'들이 정치 생명을 유지하기 위해서는 '선거에서의 당선'이라는 결과를 좌지우지할 지역 주민과 국민의 지지가 필수적으로 필요하다. 그런데 정치 혐오를 부르고 국민의 지탄을 받는 정치의 주범과 공범들인 그들이 지속적으로 당선되는 이유는 무엇일까?

첫째, 돈의 힘이다. 일단 '당내 권력'을 장악하면 국고보조금 및 당비 등 엄청난 예산을 마음대로 주무를 수 있고, 이를 통해 당내 정치인들의 줄서기와 복종을 이끌어내기 쉬워지며, 다음 선거에서 유리한 '얼굴 알리기' 용의 다양한 행사와 역할을 배분하여 부여할 수 있다.

둘째, 또 다른 돈의 힘이다. '당내 권력'이나 '네트워크 정치력'을 갖추게 되면 '예산 폭탄', '쪽지 예산' 등 자기 지역 혹은 지지 집단에게 생명줄 같은 '돈줄'을 내줄 수 있게 되고, 이는 다시 '개인적 정치력'의 공고한 바탕이 된다. 각 지역에서 그 지역구의 국회의원을 욕하고 비난하고 지탄하던 시민들도 지역의 숙원인 다리나 도로를 놓을 예산을 따오는 모습을 보고는 "그래도 역시 ○○○이야"라는 평가를 하게 되는 것이다.

셋째, 21세기적 '정치 조작', '공작 정치' 역시 여전히 작동한다. 경찰, 검찰 등 수사기관은 물론 국정원이나 기무사 등 일부 국가기관과 언론 등이 특정 정치인 혹은 유력 정치권력자들에게 유·불리한, 불공정하고 의도적인 활동을 하는 징후가 있다.

넷째, '정치 혐오'와 '정치 무관심'의 문제다. 위에서 설명한 모든 이유들로 인해 다수의 국민들은 "먹고 살기도 힘든데, 저 정치하는 놈들 하는 짓 보면 짜증난다. 다 그놈이 그놈이지, 자신의 당선과 이익을 위해 국민을 속이는 놈들"이라며 정치에서 관심을 돌려버린다. 그러다 보니, 돈과 자원을 가진 정치 권력자들이 가공하고 내보내는 '정치 선동'의 메시지와 단순한 정보만을 받아들이고 판단하는 '집단적 습관'이 형성된 듯하다.

하지만 박근혜가 이 모든 것을 바꾸고 있었다. 참 대단한 공헌이다. 그만큼 전대미문의 희한한 정치인을 대통령으로 만든 새누리당의 공도 지대하다. 너무 오래 얽히고설켜 썩어 문드러진 한국 정치의 관행을 개선하는 것은 정말로 요원한 일로만 느껴졌다. 하지만 박근혜와 새누리당의 활약(?)으로 국가안보와 경제, 사회의 기반이 '잠시' 뒤흔들리고 큰 피해와 파장이 발생하더라도, '적폐'를 드러내고 해소하는 근본적인 개혁을 해야 한다는 것을 국민들이 자각하게 된 것이다. 박근혜로 인해서 국민들은 기나긴 '정치 혐오'의 늪에서 빠져나와, "안 되겠다, 귀찮고 힘들지만, 저 썩은 정치인들에게만 맡겨둘 수 없다, 우리 아이들과 다음 세대를 위해서 나라도 나서야겠다"라는 생각으로 촛불을 들기 시작했고 그 촛불은 마치 들불처럼 번지고 있었다. 서울 광화문과 전국 각지의 광장에서는 처음 수백, 수천 명에서 시작해 백만 명이 넘는 시민들이 촛불을 들고 참가하는 집회가 계속 이어졌다.

그와 함께, 정치의 틀과 기반이 바뀌기 시작했다. 더불어민주당에 신규 가입하는 당원들의 숫자도 기하급수적으로 늘어나고 있었고, 정의당의 당원 수도 늘고 있다는 보도가 있었다. 국민의 다수가 '당원'으로 변화하면서 자신의 뜻을 제대로 정치에 반영해줄 정당에 가입하는 현상이 나타난 것이다. 그리고 이렇게 새로 가입한 당원들을 중심으로 당내 '직접 민주주의'를 요구하는 목소리가 커지기 시작했다. 중요한 당의 결정에 당원들의 뜻을 반영할 제도와 절차를 도입하라는 요구가 강하게 제기되었다. 또한, 시민들이 각 지역 국회의원들을 평가하기 시작했다. 우리 동네 국회의원이 누구인지, 지금 탄핵에 대해 어떤 입장을 갖고 있는지 묻기 시작했다. 그리고 다수의 국민들이 '국회의원, 대통령 등 선출직 국민소환제' 도입을 요구하기 시작했다. 그동안 국민소환제도는 지자체장만을 대상으로 실시되었는데, 4년에 한 번 당선만 되면 뽑아준 국민의 뜻에 반하는 행동이나 의결을 마음대로 하고 돈이나 이익만을 챙기는 국회의원들의 구태를 더 이상 못 참겠다는 요구가 빗발치기 시작한 것이다.

무엇보다 '헌법 제1조'가 살아나고 있었다. 초등학생부터 '대한민국은 민주공화국이다. 대한민국의 모든 권력은 국민으로부터 나온다'는 사실을 알고 주장하고 요구하기 시작했다. 그와 함께 3.1 운동, 4.19 혁명, 5.18 민주시민항쟁, 87년 6월 항쟁 등 그동안 시민이 직접 피 흘려 이룩한 성과를 특정 정치인이나 정치집단이 챙기고 그 이익을 사유화했던 뼈 아픈 과거에 대한 '반면교사'의 학습 효과가 SNS 등 온라인 소통을 통한 '집단지성'의 도움으로 빠르고 광범위하게 번지고 있었다. 시민사회 내에서의 이러한 노력과 변화의 움직임 속에 정치권의 약삭빠른 개헌이나 질서 있는 퇴진 등의 꼼수는 들어설 틈이 없었다.

_ 2016년 12월 4일 일요일

더 이상 기존 정치인들이 국민보다 낫다는 오만함과 폐쇄성에 머물러 있으면 안 됩니다. 큰 코 다칩니다. 국민이 하나하나 저격하고 갈아버릴 것입니다. '시간이 지나면 잊는 냄비근성'은 일제와 독재자들이 만들어낸 조작된 미신입니다. 우리 국민은 잊지 않습니다. 저를 포함한 정치인들, 정신 차립시다. 박근혜 이전과 이후는 완전히 다른 세상입니다. 과거에 배우고 경험한 모든 '정치 네트워킹 기술'과 '정치 선동술'은 잊어버리십시오. 솔직하고 진지하게 있는 그대로의 의도와 생각을 밝히십시오. 국민 위에서 국민을 기만하여 이익과 자리를 유지할 생각은 버리십시오. 국민의 뜻을 제대로 파악하고 충실히 따르십시오. 호소하고 부탁하고 경고합니다. 읽어주시는 모든 분께 깊이 감사드립니다. **#그러니까_탄핵합시다.**

문자 메시지로 확인한 민심

박근혜 당시 대통령과 최순실 등의 국정농단 범죄수사를 위해 출범한 박영수 특검팀 역시 국민들의 전과 다른 관심과 참여와 상호 소통을 통한 집단지성의 무서운 힘을 잘 알고 있는 듯했다. 현직 대통령과 집권 정당이라는 '살아 있는 권력'의 눈치를 보던 검찰이나 과거 일부 특검 사례와 달리, 대한민국 최대의 권력자는 국민이라는 인식을 분명히 하고 있음을 수시로 밝혔고, 실제로 그렇게 인식하고 있음을 행동으로 보여주었다.

사실 특검 출범 직전에는 당시 야당에서 합의로 추천한 박영수 특검 후보에 대해 검사 출신이라는 점과 검사시절 우병우와 같이 근무한 경력이 있다는 점 등을 이유로 야권 내에서 우려와 불신 및 경계의 발언들이 많이 나왔었다. 유력 야권 정치인들조차 실명으로 비판하기도 했다. 나는 법조계와 경찰수사 현장 중심으로 박영수 변호사에 대한 평판을 확인했다. 그 결과 함께 근무했거나 수사지휘를 받아본 경험이 있는 법조인 혹은 경찰관들과 법조 출입 기자들이 '공정하고 소신있고, 정의감이 강한 분'이라는 유사한 평가들을 하고 있음을 확인할 수 있었다. 무엇보다 모처럼 야당에서 추천한 특검이 검찰이 다 밝혀내지 못한 박근혜 정권의 국정농단 범죄 혐의를 철저히 수사할 수 있는 기회를 근거 없는 의심과 의혹으로 좌절시킬 수는 없었다. 그래서 나는 강력하게 박영수 특검 후보에 대한 지지와 신뢰 의사를 거듭 공개적으로 밝혔다.

💬

_ 2016년 11월 30일 수요일

박영수 특검과 관련한 문의가 많아 법조계 내외 및 진보적 법조인과 언론인들에게 확인한 바에 따르면 수사능력과 소신, 독립성 및 정의감과 진실 규명 의지에 전혀 문제없다는 것이 중론입니다. 믿어주시죠. 다만 특검보와 수사 인력에 경찰 정예요원들이 꼭 필요하다는 의견들이 많습니다.

박영수 특검이 누구랑 친하고 같이 근무했고 하는 식으로 평가하자면 저는 모친이 이명박과 같은 모임에 있었고, 강신명 전 경찰청장, 새누리당 윤재옥 의원 및 이만희 의원의 대학 후배입니다. 한국사회에서 한두 다리만 건너면 아는 사람은 너무 많습니다. 수사를 지켜보시죠.

12월 9일로 확정된 국회 본회의의 '박근혜 대통령 탄핵소추안 표결'을 앞두고 탄핵 찬반 양 진영 간의 대결은 극단으로 치닫고 있었다. 특히, 캐스팅 보트를 쥐고 있던 새누리당 비박계 의원들의 선택이 대한민국 역사를 바꾸는 결정적인 열쇠가 될 수 있는 상황이었기에 이들에 대한 양측의 압박과 유인 경쟁이 치열했다. 이런 상황에서 새누리당과 친박 세력 및 보수 언론은 내가 탄핵 찬반에 대한 국회의원들의 입장과 그 명단을 공개한 것이 비밀투표 원칙을 천명한 헌법 위반이라고 주장했다. 그리고 나로 인해 새누리당 국회의원들이 쏟아지는 '문자폭탄'으로 업무수행에 방해를 받고, 모욕과 명예훼손에 시달려 공포와 두려움 등의 피해를 심각하게 입고 있다며 비난하는 논평과 기사와 방송 멘트들이 쏟아졌다. 새누리당과 일부 친여권 단체들은 나를 국회 윤리위원회에 제소하고 형사고소 및 고발하겠다고 발표하기도 했다. 아울러 의원들에게 문자를 보내는 국민을 비난하는 발표와 기사와 방송 멘트들 역시 넘쳐났다. 나는 정치인이라면 국민들의 관심과 연락을 고마워해야 한다고 주장했다. 당장은 힘들지 몰라도 문자를 보내는 국민들의 연락처와 문자 내용에 따른 성향 등을 정리해서 자신이나 당의 정치적 자산으로 활용할 수 있으며, 또 그래야 한다고 반론을 폈다.

_ 2016년 12월 5일 월요일

제 전화로 지금까지 23,699건의 읽지 않은 문자 메시지를 받았습니다. 카톡도 유사한 수가 들어와 있습니다. 전화가 끊임없이 걸려오고 있어서 문자 확인을 못 하고 있는 상황이라 PC에서 확인 가능한 것부터 읽고 있으며 주요내용을 곧 공개하겠습니다. 일베 친구들이나 박사모 어르신 혹은 양쪽이 아니라고 주장하시는 분들의 비판과 질타의 내용 중에서도 공유할 만한 의미 있는 내용들이 꽤 많습니다. 이렇게 모든 성향의 국민들 생각을 알 수 있으니 얼마나 행복하고 운 좋은 정치인인지 모르겠습니다. 전화나 문자, 카톡이나 텔레그램을 보내주신 모든 분들의 연락처를 저장해두고 연말부터 제가 보내고자 하는 메시지를 보내드리겠습니다. 한국사회와 정치, 삶과 인간다움에 관한 제 생각을 전 국민께 알릴 수 있는 수단과 방법과 계기가 마련되었습니다. 정치하길 참 잘한 것 같습니다. 격려에 깊이 감사드립니다.

저는 지난 총선에서 당원 및 자발적으로 전화번호 공유에 동의해주신 분들에게만 문자를 보냈습니다. 문자 발송 비용만 총 360만 원이 들었지만, 새누리당 의원들 평균의 1/3에 지나지 않습니다. 지역 주민들로부터 '문자도 안 보내고, 너무 성의 없는 것 아니냐'는 항의도 많이 받았습니다. 하지만 많은 새누리당 의원들은 역으로, 주민들로부터 '어떻게 내 번호를 알았느냐? 문자가 너무 많이 와 귀찮다'라며 항의를 받으셨죠. 이번 탄핵 찬반 명단 공개 이후 새누리당 소속 의원들은 휴대전화 번호를 공개한 일반 국민을 찾아내 처벌해달라며 검찰에 수사의뢰와 고소를 했죠. 적반하장 아닙니까? 선거 때는 불법으로 수집한 것으로 의심되는 개인정보로 다량의 휴대전화 번호 DB를 이용해 일방적으로 유권자들에게 문자를 보내더니, 탄핵 찬반을 명확히 밝혀달라는 유권자들이 보내는 문자는 귀찮아하며 수사의뢰와 고소를 하다니요. 국민의 민심을 파악해 의정활동에 반영하고, 자신의 의정활동 성과와 정치적 메시지를 전달할 수 있는 국민 연락처를 확보하고 싶어 하는 정치인, 국회의원이, 자발적으로 문자를 보내고 전화를 해오는 국민이 귀찮다고 수사의뢰와 고소를 한다는 것이 저는 전혀 이해되지 않습니다. 저를 비판하고 비난하는 것은 얼마든지 괜찮습니다. 동료 의원들께 불편함과 불쾌감을 드리고 그로 인해 반발과 비난과 공격을 받는 것은 모두 감수하겠습니다. 그만큼 박 대통령의 3차 대국민 담화 이후 입장이 변하고 흔들리는 새누리당 비박계 의원님들을 그냥 지켜볼 수만은 없었습니다. 그것이 제 '양심'이었습니다. 거듭 말씀드리지만 그 책임은 전적으로 제가 지겠습니다. 하지만 어차피 공개되는 공인인 국회의원의 휴대전화 번호를 공유했다고 유권자인 국민을 수사의뢰하고 고소하지 마십시오. 철회하십시오. 제게 하신 고소는 전혀 근거도 없고 요건도 안 되지만 무고죄로 역고소하지는 않겠습니다. 수사하면 받고 대면 조사를 요청하면 출두하겠습니다. 그러니 일반 국민을 대상으로 한 수사의뢰와 고소는 철회해주시길 부탁드립니다. 문자와 전화폭탄으로 고통 받는 동료 의원님들을 지켜보고 제게 쏟아지는 비난의 눈총을 받는 제 심정도 결코 편하지만은 않다는 것을 잘 아실 것입니다. 이 글을 읽어주시고 들어주셔서 고맙습니다. **#그러니까_탄핵합시다.**

박근혜 국정농단 사태는 대한민국의 위기이자 케케묵은 불의와 부정, 불합리하고 강고한 동맹 카르텔과 관행, '적폐'를 극복하고 해소할 기회였다. 밀실에서 '그들만의 야합'으로 국가의 운명을 결정하던 시대를 역사 속으로 보내고, 투명하고 공개적인 논의와 토론을 통해 국민과 함께 국정 운영을 해나가는 새로운 민주시민의 시대를 열어나갈 호기였다.

밀실의 시대는 가고 공개의 시대가 왔습니다.

그동안 우리는 기득권 정치인들이 어떤 생각으로 뭘 하는지도 모르고 국가 예산과 입법과 정책, 행정부의 감시를 내맡겨왔고 그 결과가 지금의 '헬조선'입니다. 그리고 내가 근무하거나 투자하거나 소비하는 기업의 내부 경영이 어떻게 이루어지는지도 모른 채 세습 재벌 일족에게 모든 걸 내맡긴 결과가 '흙수저 사회'입니다.

(1) **정치** : 이젠 다릅니다. 박근혜 게이트 이후 국민은 국회의원 한 명 한 명의 말과 행동, 입법활동과 의정활동을 조사하고 분석하고 파악하고 평가하기 시작했습니다. 국회방송 화면과 회의 속기록들도 그대로 공개됩니다. 밀실 야합에 능한 구태 정치인은 헬조선을 만든 책임을 지고 퇴출될 것입니다. '공개 정치'에 뒤늦게라도 적응해 직접 국민과 소통하며 국민의 뜻을 받들고 자신의 소견과 정책을 제대로 밝히고 설득해낼 능력을 보여주는 분만이 국민의 대표로 인정받을 것입니다.

(2) **경영·재벌** : 그동안 밀실에서 로비하고 권력과 유착해 쉽게 돈 벌고 노동자, 소비자의 권리를 외면하던 재벌 상속의 시대는 끝났습니다. 국회 국정조사, 특검 수사에서 이들의 부패하고 무능력한 민낯을 그대로 보여줄 것이며 주식시장과 세계 투자자들도 평가할 것이기 때문입니다. 일단 공개의 길로 들어선 물길은 돌릴 수 없습니다. 우리는 이미 스티브 잡스, 마윈, 빌 게이츠, 마크 주커버그 같이 모든 것을 공개하는 투명하고 능력 있는 경영자들을 만나버렸습니다. 이들이 보장하는 '예측가능성'은 신뢰로 이어지고 정도경영, 윤리경영의

원칙은 결국 주주와 투자자, 노동자와 소비자, 더 나아가 사회의 이익으로 귀결된다는 것을 알아버렸습니다.

권고합니다. 더 늦기 전에 소위 '네트워크'나 '꽌시'로 불리는 비리의 연결고리에 의존하는 구태를 벗고, 당당히 실력으로 패배의 위험을 감수하며 공정하게 공개 정치와 공개 경영의 길로 나서시길 바랍니다. 그렇지 않으면 당신들은 퇴출될 수밖에 없으며, 그 당연한 퇴출을 막기 위한 비겁한 저항은 모두를 힘들게 할 뿐 아니라 당신들이 겪을 고통을 가중시킬 것입니다.

_ 2016년 12월 7일 수요일

볼드모트보다는 해리 포터가 되고 싶습니다

저와 영국 엑시터Exeter 대학 동문인 (물론 서로 만난 적은 없고 저만 이 분을 일방적으로 아는 사이지만요) 조앤 롤링의 명작 《해리 포터》 속 두 인물을 잘 아실 겁니다.

1. 그 이름도 불러선 안 되는 무서운 존재 '볼드모트', 그와는 반대로 늘 힘 있고 가진 자들에게 오해와 조롱과 공격과 의심과 경계의 대상이 되지만 민초들이 친숙하게 부르는 이름 '해리 포터' : 그동안 우리 사회에선 그 이름을 거론하고 그에 대한 솔직한 의사 표현을 했다가는 고소당하거나 체포되어 처벌받거나 공격당하는 그런 사람들이 있었죠. 박근혜, 김기춘, 최순실, 우병우, 국정원, 새누리, 친박 그리고 탄핵 반

대 의원들…. 저는 볼드모트 같은 이들보다는 권력자나 가진 자들이 싫어하고 여러분이 마음대로 쉽게 부르고 평가할 수 있는 해리 포터 같은 사람이 되고 싶습니다.

2. 무서운 힘과 어둠의 마법을 가진 볼드모트, 자신과 약자들을 지키고 정의를 살릴 '선한 힘'과 서로를 위해 희생하는 친구들을 가진 해리 포터 : 우리 사회에 대입하면 마찬가지겠죠?

3. 권력과 정복, 지배, 부와 과시가 목적인 볼드모트, 사랑과 평화와 정의가 목적인 해리포터 : 어쩌면 동료 혁명가였다가 권력과 지배 및 과시를 택한 카스트로와 가치와 이념, 혁명만을 추구한 뒤 모든 것을 버리고 홀연히 오토바이를 타고 떠난 체 게바라의 차이라고도 할 수 있겠죠. 볼드모트를 물리치고 다시 마법학교의 평범한 학생으로 돌아간 해리 포터. 눈앞에 보이는 권력과 돈의 유혹은 정말 떨치기 어려운 강한 힘입니다. 진실과 정의, 평화와 사랑 같은 가치를 추구하던 사람도 기나긴 어려운 시간을 이겨내다 순간, 그 유혹 앞에 무너져 버리는 예가 참 많습니다. 그래서 많은 분이 실망하고 세상에 정의는 없다고 냉소하고 포기하게 만들기도 하죠. 그래서 자주, 지금의 생각을 말하고 쓰고 행동해야 합니다. 번복하고 뒤집기 어렵도록 말입니다. 최선을 다하겠습니다.

탄핵소추안 표결의 심리학

2016년 12월 9일, 대한민국의 운명을 가를 역사적인 현직 대통령 탄핵소추 국회 표결을 앞두고 팽팽한 긴장 속에 다양한 전망과 예측과 분석들이 쏟아졌다. 무엇보다 비밀투표 원칙을 규정한 국회법상 인사 관련 표결 규정 때문에 국정원이나 재벌 등의 은밀한 협박이나 부탁을 받은 야당 및 새누리당 비박계 의원이 이탈하면서 탄핵이 부결될 것이라는 '음모론'과 함께 불안감이 퍼지고 있었다. 이런 흐름을 빨리 진정시키고 긍정적인 기대 심리를 조성할 필요가 있었다. 그래야 자신감이 생기고, 탄핵이 유력하다는 전망이 대세를 이뤄야 이탈자들이 후환을 두려워하게 되고, 탄핵 찬성 투표를 하게 될 것이기 때문이었다. 비밀투표라고는 하지만 300명밖에 안 되는 국회의원들의 투표 성향은 쉽게 추정할 수 있었기 때문이다. 탄핵 여부는 박영수 특검과 검찰의 수사, 박근혜 최순실 등의 국정농단과 관련된 내외부 관련자들의 진술 태도 등에 결정적인 영향을 미칠 수밖에 없는 상황이었다.

_ 2016년 12월 8일 목요일

12월 9일 국회 '대통령 박근혜 탄핵소추안' 표결의 심리학
_ '인증샷'을 중심으로

영화 〈밀정〉을 보신 분들, 그리고 마피아 게임 등의 '스파이 상황'에 관심이 많은 분들의 다양한 '음모론'이 나돌면서 제게 불안과 걱정의 질문을 하는 분들이 많습니다. 간단한 정리를 해드립니다(숫자는 참고로만 하시기 바랍니다).
1. 현재 탄핵 찬성을 공개 표명한 202명 중 이탈표는 없거나 미미합니다.

일단 모두 자신의 인증샷을 찍어 두는 분위기가 조성되어 있습니다. 혹시라도 부결될 경우 국민적 분노 속에 야3당과 새누리당 비박계 의원들은 서로 상대방에게서 이탈표가 나왔다고 주장할 것이고, 이에 대한 대비책으로 자신의 투표행위를 입증해줄 증거를 남겨두어야 하기 때문입니다. 혹시 권력기관 등에게 약점을 잡혀 '부족' 표시를 입증해야 하는 경우, 혹은 반문 정서나 개헌, 조기 대선 시기를 늦추는 등의 정치적 이유 때문에 '부족' 표를 던질 사람들은 인증 릴레이에 의해 정체가 밝혀질 것입니다. 인증을 거부하는 자가 '밀정'인 것이죠. 이탈표 최소 0표 ~ 최대 5표 정도, 찬성 최소 197표 ~ 최대 202표 예상합니다. (탄핵안 부결 시 이탈자들은 건디지 못할 겁니다.)

2. 기타 탄핵에 찬성하거나 의견 공개를 기피하는 새누리당 비박 의원들은 약 30명 정도입니다. 기본적으로 친박계나 주류가 아닌 의원들의 경우, 검찰수사 및 언론 보도, 국정조사에서 드러난 도저히 용납할 수 없는 국정농단과 범죄 행위에 분노와 실망을 하고 있습니다. 일반 국민과 마찬가지입니다. 이들도 그동안 지난 총선의 공천 과정과 당직 배분 과정에서 친박의 횡포에 피해를 입은 이들입니다. 박 대통령과 친박이 무너지고 새로운 합리적 보수가 들어서길 바라는 분들입니다. 게다가 국민의 분노와 심판을 두려워합니다. 지역구도 대개 TK가 아닌 지역으로, 지역 유권자들의 표심이 탄핵 찬성이기 때문에 이에 역행할 경우 심판의 대상이 됩니다. 다만, 아직까지 박근혜 대통령과 친박의 '권력'이 살아 있고, 혹시 탄핵이 부결되거나 헌재에서 기각될 경우 다시 친박이 부활해 '배신자들'에 대한 대대적인 복수를 할 경우 응징의 대상이 될 수 있다는 두려움이 존재합니다. 탄핵 가결과 인용이

된다 해도, 혹시 '너 죽고 나 죽자'식의 보복으로 권력기관이 숨겨둔 불륜이나 금품 문제 등을 누설하는 등의 문제가 발생할 수 있다는 두려움을 느끼는 분이 있을 수도 있구요. 위 1번과 마찬가지로, 이분들도 자신의 표결행위에 대한 '인증샷'을 찍어 둘 가능성이 높습니다. 국민과 권력 양측 어떤 쪽이든 '입증'을 요구할 경우에 대비하기 위해서죠. 그래서 최소 5명 ~ 최대 30명의 찬성표를 예상합니다.

3. 속고 이용당한 친박 : 38명 정도? 정말 박근혜 대통령이 애국적이고 안보와 반공의 대표 역할을 해주리라, TK 패권의 중심 역할을 해주리라 믿는 이들입니다. 그리고 박정희 전 대통령의 딸이기 때문에, 지역구 유권자들이 절대적으로 지지하고 믿고 따르기 때문에 맹목적으로 '친박'이 된 분들이죠. 하지만 '진박'과 달리 실제 권력의 단맛을 나눠 갖진 못했고, 핵심부 사정을 알지는 못하는 '주변부 친박'. 그래서 지금 이 상황에 지역 유권자들과 함께 충격과 상실감, 당황스러움, 즉 '패닉' 상태에 빠져 있습니다. 그렇다고 해서 비박처럼 강하게 비판하고 질타하고 공개적으로 탄핵 이야기를 할 수 없죠. 특히, '배신자'로 낙인찍히고 싶지 않고 야당이나 비박에게 권력을 내어주는 것도 싫어 죽겠습니다. 다만, 지역 유권자 다수의 심판과 평가, 후대 역사의 평가가 두렵습니다. 그리고 이성과 양심이 탄핵 찬성 표를 던지라고 명합니다. 이분들 역시 권력이나 친박 쪽에서 '반대 인증샷'을 요구할 수 있습니다. 그래서 극심하게 흔들릴 것입니다. 하지만 아예 인증샷을 찍지 않는 선택을 하는 분이 많을 것입니다. 이분들 중 최소 5명 ~ 최대 38명의 찬성표가 나올 것입니다.

4. 진박 30명 : 설명하지 않겠습니다. 물론, '가可', 혹은 '부否'로 쓰고 인증

샷을 찍은 후 낙서를 추가해 무효표로 만들고 추가 인증샷을 찍는 사람도 있을 수 있습니다. 양다리죠. 극히 일부며 가결, 부결에 영향을 미치는 수는 아닙니다. 그리고 세상에 비밀은 없습니다. 밝혀지게 되어 있습니다. 그래서, 최소 207표 ~ 최대 270표 사이 어딘가, 하지만 틀림없는 '탄핵 가결'이 이루어질 것입니다. 저희들은 긴장 늦추지 않고 최선을 다하겠습니다. 국민 여러분은 너무 걱정 마시고 기다려 주시면 감사하겠습니다.

탄핵소추 투표일 전야인 12월 8일 밤, 나는 국회 사무실에서 밤을 꼬박 새우며 페이스북 라이브 방송을 했다. 그 동안의 소회와 탄핵 투표 표결 전망 분석 등을 끊임없이 이야기했다. 그 밤을 뜬눈으로 지샌 것은 나뿐만이 아니었다. 페이스북 라이브 방송의 실시간 시청자가 30만 명을 넘어섰고, 9일 아침까지 누적 시청이 300만 회를 넘어섰다. 엄청난 기록이었다. 국회 앞에서는 거리에서 뜬눈으로 밤을 지새운 시민들이 있었다. 겨울비까지 내리는 그 추운 밤을 초조한 염원 속에 지새운 시민들의 마음을 무겁게 받아 안고 국회 본회의장으로 향했다. 나는 본회의장 안에서 박근혜 탄핵소추안 투표 및 개표, 결과 발표 상황을 페이스북 라이브로 생중계했다. 시민들과 1초의 차이도 없이 그 상황을 공유 공감하고 싶었다.

_ 2016년 12월 9일 금요일

2016년 12월 9일 (금) 15:00 제346회 국회(정기회) 제18차 본회의 #대통령_박근혜_탄핵소추안_의결 결과 : 300명 중 299명 참가, 1명 불참, 찬성

234표, 반대 56표, 기권 2표, 무효 7표 가결.

길고 힘들고 어려운 길을 앞장서서 이끌어주신 국민 여러분께 깊이 감사드리고 앞으로 더 힘들고 어려운 과정이 남아 있다는 점을 명심하고 국회의 제 기능, 국정 정상화를 위해 미력이나마 최선을 다하겠습니다. 다시 한 번 깊이 감사드립니다.

당시 국회 본회의장 방청석에는 더불어민주당 초청으로 세월호 희생자의 유가족들이 와 있었다. 국회의장의 표결 결과 발표와 함께 방청석에서 눈물 섞인 탄성이 흘러나왔다. 나도 모르게 눈물이 났다. 겨우 마음을 추스르고 본회의장을 나서는데 양옆으로 늘어서 있던 기자들 중 한 명이 자꾸 나를 불렀다. 인터뷰할 상황이 아니라서 못 들은 체하고 지나가려는데, 바로 눈앞에 카메라가 다가서고 어떤 심경이냐고 물었다. 담담하게 박근혜 탄핵의 의미를 설명하려다가 본회의장에 와 있던 세월호 유가족들의 이야기를 하면서 나도 모르게 눈물이 터져 나왔다. 겨우 눈물 속 인터뷰를 마치고 걸어 나오다 낯익은 우리 당직자들이 다가와 끌어안는 바람에 또 눈물을 쏟았다. 당직자들이나 나나 그냥 눈물이 나왔다. 말이 필요 없었다.

03

4년 5개월
늦게 찾아온 정의

4년 5개월 만에 찾아온 정의, 그 앞에서 쏟아져 나올 것만 같았
던 눈물은 의외로 전혀 흐르지 않았다. 이상할 정도로 평온했다.
끝인 줄 알았는데, 오히려 시작이라는 것을 깨달았기 때문이었을
것이다. 처음 정치판에 들어섰을 때 내 역할은 여기까지일 것이
라고 예상했었다. 하지만 정작 그 순간이 되자 진짜 할 일은 아직
시작도 하지 않았음을 알게 되었다. 내 역할은 이제 시작이다.

다시
출발선에 서다

　　팝송의 제목이기도 한 '케세라세라^{Que sera sera}'. 어차피 이루
어질 일이라면 이루어지게 되어 있다는 뜻의 스페인어다. 기대와 희망, 낙
천적 태도 그리고 믿음을 지니고 최선의 노력을 다한 뒤에 그 결과는 하늘
혹은 운명에 맡기라는 의미다. 어떻게 보면 '진인사대천명盡人事待天命'이라는
격언과도 통한다고 볼 수 있다.

　　2012년 12월 19일에 이뤄졌어야 할 일이 4년 5개월 늦은 2017년 5월 9일
에 이루어졌다. 그 사이에 진실을 밝히고 정의를 구현하려는 사람들의 헌
신과 희생이 있었고, 이를 막고 덮으려는 권력의 무리수가 계속되었다. 세
월호가 침몰했고, 백남기 농민이 사망했으며, 위헌적이고 불법적이고 부당
한 '박근혜-최순실 국정농단'이 있었다. 결국 수천만 명의 시민들이 몇 개
월간 거리에서 촛불을 들고 적폐 청산과 대통령 탄핵을 외쳤고, 그 외침은
현실로 이루어졌다.

그 위대한 저항과 대결과 싸움이 벌어졌던 역사적인 순간에 나도 함께 참여했다. 역사의 물줄기가 올바른 방향으로 흐를 수 있도록 노력하는 시민들과 함께했다는 것이 무엇보다 기쁘고 자랑스러웠다. 아무도 직접 이야기하지는 않았지만 우리는 모두 이루어질 일은 언젠가 이루어진다는 '케세라세라'의 믿음이 있었던 것 같다. 진실은 분명 밝혀질 것이고, 정의는 구현될 것이며, 국정농단의 범죄자들은 단죄될 것이라는 믿음을 한 순간도 잊지 않았던 것 같다. "어둠은 빛을 이길 수 없다, 거짓은 참을 이길 수 없다, 진실은 침몰하지 않는다, 우리는 포기하지 않는다"라는 윤민석 씨의 노랫말이 우리 가슴과 머리와 입에 다가와 계속 머무는 것도 그런 이유 때문이리라.

4년 5개월의 시간은 우리 모두에게 참으로 길고 힘든 시간이었다. 나와 내 가족에게도 그랬다. 예상치 못했던 정치인의 길로 들어선 뒤 좌충우돌하며 의도치 않았던 이슈를 만들어내고 구설수에 오르내렸으며 비난과 공격의 대상이 되기도 했다. 혹시 나 때문에, 내가 일으킨 이슈와 그에 대한 정치적 공격과 언론의 비판으로 여론이 악화되어 수많은 시민들의 고난과 희생이 물거품이 되지는 않을까 자책하기도 했고 괴로워하기도 했다.

4년 5개월 만에 찾아온 정의. 그 앞에서 쏟아져 나올 것만 같았던 눈물은 의외로 전혀 흐르지 않았다. 이상할 정도로 평온했다. 끝인 줄 알았는데, 오히려 시작이라는 것을 깨달았기 때문이었을 것이다. 처음 정치판에 들어섰을 때 내 역할은 여기까지일 것이라고 예상했었다. 하지만 정작 그 순간이 되자 진짜 할 일은 아직 시작도 하지 않았음을 알게 되었다. '역사는 흐른다'는 말의 의미를 조금은 알 것 같았다. 돈과 힘을 가진 어리석은 자들은 여전히 자신들의 뜻대로 나라와 사회와 세상을 조종하고 통제할 수 있을 것이라는 착각에 빠져 있다. 모든 것이 백일하에 드러나고 밝혀진 상황에서도 죄와 증거를 감추기에 여념이 없다. 오히려 정치와 이념과 권리의 이름으로 반격을 하기 시작했다. 내 역할은 이제 시작이다. 미안한 마음 없이 정당하게 휴식과 행복을 누릴 수 있는 그 시간이 올 때까지는, 최선을 다해 뛰고 또 뛸 것이다.

적폐 청산과
정치의 역할

박근혜 정권의 나비효과

비록 그 심리와 행동, 적용되는 법규는 유사할지 몰라도 사적인 개인의 범죄와 권력자의 범죄는 그 파급 효과에서 엄청나게 큰 차이가 있다. 개인의 범죄 행위는 피해자와 그 가족, 가해자의 가족에게 가장 직접적인 피해와 충격을 남기고, 마치 물결처럼 주변으로 번져나가 사회에 악영향을 미친다. 사기 범죄 한 건은 단지 그 피해자를 경제적으로 파산시키는 것처럼 보이지만, 그 후유증으로 가정이 파탄나고 그 피해자에게 돈을 빌려준 친지와 이웃 등의 연쇄 피해로 이어진다. 그리고 그것이 곧 사회의 신뢰도 하락을 가져온다.

그런데 박근혜-최순실 게이트에서 보듯, 권력을 쥔 자가 범죄를 저지르면 그 범죄를 계획하고 모의하고 실행하는 과정에서 필히 공조직이 동원되고 이를 위해 인사 부정이 발생한다. 정책과 회계 등 업무 전반에 비정상성이 발생하며 이것은 연쇄반응chain reaction으로 이어진다. 혹시라도 업무 담당자나 관련자가 지시에 저항하거나 불응하고 그 사실을 외부에 유출하거나 언론사에 제보하는 등의 일이 발생하는 것을 막기 위해 강압과 협박, 회유 혹은 폭력 심지어 살인 등 강력범죄가 자행되기도 한다. 이 경우, 그 파급효과와 연쇄반응은 전혀 예상치 못한 방향과 정도로 일어나 흡사 '나비효과(중국에서 나비들이 날개짓을 하면 그 공기의 파장이 연쇄반응을 불러 남미에서 폭풍이 일어날 수 있다는 이론)'를 방불케 하는 일들이 일어날 수도 있다. 박근혜-최순실 게이트가 바로 그랬다.

_ 2017년 1월 8일 일요일

문화예술계, 의료계, 교육계, 경찰과 검찰, 경제계, 군사, 외교 등 모든 분야에서 엄청난 문제들이 발생해 그 피해의 전체적 규모를 파악하기도 어려울 지경입니다. 그 사이에 소위 '정윤회 문건' 파동으로 멀쩡하게 근무하던 경찰관 최 경위가 숨졌고, 세월호 304명의 생명이 스러졌으며, 백남기 농민께서 목숨을 잃었습니다. 많은 이들이 몸을 던져 분신하는 일들이 발생했고, 개성공단 입주 기업과 관련 유통 및 무역업체 관계자들, 대 중국 사업이나 투자해오던 분들이 억울한 피해를 입었습니다. 부당하게 쫓겨난 공직자들도 있습니다. 최근에는 제 지인의 가정에도 그 파장이 미쳤습니다. 아주 크고 충격적으로. 아마 많은 분들께 직간접적인 피해가 발생했을 것입니다. 일반 국민으로서 느끼는 분노와 그에서 비롯된 화병은 파악할 수조차 없겠지요. 그런데 그 권력 범죄의 혐의자가 '일반

사적인 개인 피의자'로서의 권리를 주장하고 행사하면서 여전히 권력을 휘두르고, 그 권력을 사용해 개인의 방어권을 행사하는 말도 안 되는 상황이 지속되고 있습니다.

박근혜 탄핵은 반드시 이루어집니다. 하지만 이번 기회에 우리 사회가 분명하게 확인해야 할 원칙이 있습니다. 권력을 가진 자의 범죄 혐의는 일반 '사적인 개인'의 범죄 혐의와 너무도 다르다는 것입니다. 우리 헌법은 이미 이러한 상황을 상정하고 그 처리 절차를 규정해두고 있습니다. 탄핵소추와 헌법재판소의 심판이 그것입니다. 대통령에게는 그 책임과 업무의 막중함과 정치적인 악의적 공격 가능성을 감안해 '불소추특권'을 부여하고 있습니다. 하지만 그와 같은 이유에서 아직 범죄 혐의가 입증되지 않았다 할지라도 대통령에게 기소되기에 충분한 '상당한 사유'가 확인되고 권력의 악용과 사적 이용을 통한 증거인멸과 수사방해의 가능성이 인정될 때는 즉각 국회의 탄핵 의결을 통해 그 권한이 정지됩니다. 또한 일반 법원의 사법심사와 달리 헌법재판관들의 '대통령 파면(징계)' 심사를 진행하는 것이 우리 헌법의 내용입니다. 그동안 이 절차의 진행을 가로막고 지연시켰던 새누리당은 두고두고 역사 앞에 죄인으로 기록될 것입니다.

국민 일부를 선동하고 동원해 불필요하고 망국적인 사회 혼란을 부추기고 정당한 헌법적 절차를 지연시키며 자신들의 피해를 최소화하고 이익을 챙겨온 친박 부역자들은 '권력 범죄의 나비효과'를 더 크게 만들어 국가를 파탄시킨 민족적 죄인들로 기억될 것입니다. 그럴 줄 몰랐다고, 그저 자신들이 할 수 있는 '자기 방어'를 했을 뿐이라고 변명한다고 해서 면책이나 책임의 감면이 이루어질 수 없습니다. 피해자들에게는 전혀 이해도 공감도 되지 않는 변명일 뿐입니다. 삼가 고인들의 명복을 빕니다.

나는 권력에 집착하는 것은 부질없는 바보짓이라고 생각한다. 권력은 사적으로 소유할 수 있는 것이 아니기 때문이다. 권력은 우리 모두의 것이며, 정해진 기간 동안 잠시 위탁을 받아 관리할 뿐이다. '내가 잘할 수 있어요'라고 손을 들고 그 자격을 검증받는 과정을 밟으면서도 '혹시 내가 위임받은 권력을 잘못 사용하여 문제가 생기고 공동체에 피해가 발생하면 어떡하지?' 하는 두려움과 불안감을 반드시 가져야 한다. 마치 갓난아기를 돌보듯, 깨지기 쉬운 보물을 다루듯, 내가 맡고 있는 동안 다치고 상처 나지 않을지 조심하고 또 조심해야 한다. 그런데 정치하는 사람들, 특히 권력에 가까이 있는 유력 정치인들에게서 이런 자세를 발견하기 어렵다. 오히려 그 반대로 아주 위험하고 잘못된 태도를 가진 이들을 많이 보게 된다. 나는 그런 이들에게서 권력 중독(의존증)의 징후를 발견한다. '중독'은 무섭다. 마약이나 알코올, 흡연 등 '물질의존증'뿐 아니라 도박이나 권력 등 욕구와 보상 체계의 왜곡으로 인한 중독 역시 질병이다. 금단증상이 수반되며 다른 사람들이 이해하지 못하는 이상행동과 자기 파괴적인 언행을 하게 되기 때문이다.

정치인의 권력 추구는 당연하다. 하지만 자신과 주변 혹은 소속 집단을 파괴하면서까지 비현실적으로 권력에 집착하는 모습을 보인다면, 권력중독을 의심해봐야 한다. 마약이나 알코올 중독자들의 경우와 마찬가지로 그 끝은 비참하다.

과거 무수한 사례들을 목격했습니다. '난 아니야'라고 도리질을 한다고 해서 아닌 것이 되지 않습니다. 부디 이성을 찾읍시다. 자신의 한계와 경계를 파악합시다. 공정성과 합리성이라는 넘어서는 안 될 '경계선'을 지킵시다. 그래서는 이기지 못할 것 같으면 물러서거나 끝까지 도전하되 결과를 받아들이겠다는 굳은 각오를 스스로에게 계속 다져둡시다. 다른 중독은 자신과 주변만 파괴하지만, 권력 중독은 다수의 지지자와 사회에 큰 해악을 끼칩니다. 저도 늘 스스로를 돌아보며 성찰하겠습니다. 정치를 직업으로 삼거나 삼으려는 사람 모두 생각해봤으면 좋겠습니다.

새누리당에 발목 잡힌 18세 투표권

검은 돈을 가진 자와 돈을 탐하는 권력기관 간의 야합. 우리 사회 곳곳을 지배하는 이런 야합들은 학교와 직장, 시장 골목에서 전반적인 경제 관계를 사유화하고 왜곡한다. 어린시절부터 부패와 비리, 불공정이 일상화된 사회를 보고 듣고 겪으며 살아온 우리는 분노에 차서 반항을 하다가 쓰러지기도 하고, 두려움에 갇혀 방관하기도 하며, 세월과 함께 점점 '세상은 다 그런 것'이라며 적당히 적응하고 순응하며 살아가게 된다. 하지만 아직 세상에 물들지 않은 젊은이들이 순수한 청년의 혈기와 정의감으로 부정과 부패의 확산을 막고, 그나마 부끄러움을 아는 기성세대를 일깨워 세상을 변화시켜나가는 원동력 역할을 해야 한다. 3.1운동과 4.19혁명이 대표적 사례다.

  몇 년 전부터 대한민국 청년들의 정치 참여 확대를 위해 투표 가능 연령을 낮춰야 한다는 요구가 지속적으로 있었다. 선거 연령 하향은 세계적인 추세이며, 반드시 이루어져야 하는 변화다. OECD 국가 중에서 투표 가능 연령을 19세 이상으로 정하고 있는 것은 대한민국뿐이다. 대개 18세, 오스트리아 등 일부는 16세만 되면 선거에 참여할 수 있도록 정하고 있다. 하지만 새누리당 등 일부에서는 아직 시기상조라고 말한다. 청소년의 참정권 확대를 언제까지 미뤄야 할까?

  2016년 12월 9일 국회에서 '대통령 박근혜의 탄핵소추안'이 가결된 이후 새누리당 내에서는 내분이 일어나며 일부 탄핵 찬성파 의원들이 탈당했고, 12월 27일 30명의 의원으로 '바른정당'이라는 원내 교섭단체를 구성했다. 새누리당이라는 '낡은 보수'와 차별화한 '젊고 합리적인 보수'를 표방하는 바른정당의 출현을 상징하는 첫 번째 사건이 2017년 1월 9일 내가 소속된 국회 안전행정위원회 법안심사 소위원회에서 선거 연령을 18세로 하향하는 선거법 개정안에 대한 합의였다. 국회법과 관행상 각 정당의 대표들이 참가하는 법안심사 소위원회는 '만장일치' 의결구조다. 단 한 명의 위원이라도 반대하면 소위를 통과하지 못한다. 1월 9일 법안심사 소위원회에서 투표 가능 연령을 18세로 하향하는 선거법 개정안에 대해 바른정당이 찬성 의사를 밝혔다. 민주당과 국민의당 및 정의당은 처음부터 찬성 입장이었기 때문에 새누리당 소속 위원만 동의하면 대한민국 선거법의 역사가 바뀌는 상황이었다. 그리고 기적처럼 새누리당 강석호 의원이 동의하면서 법안심사 소위의 의결이 이루어졌다.

안행위 법안심사 소위에서 투표 가능 연령 18세로 하향, 대통령 궐위선
거 재외국민 투표 가능, 대만 등 공관 없는 국가에 투표소 설치 등이 통과
되었습니다. 박남춘 소위원장, 새누리당 강석호, 바른정당 황영철, 국민
의당 장정숙, 더민주 이재정, 표창원. 참석 위원 전원 동의로 합의 의결.
이제 법사위 통과 절차가 남았습니다. 법사위원 여러분, 부탁드립니다.
이는 여야의 정쟁 혹은 이해득실의 문제가 아닙니다. 국민의 참정권과
헌법상 권리를 보장하는 민주주의 문제입니다.

　하지만 '슬픈 예감은 틀린 적이 없다'고 했던 노래 가사처럼 의외의 암초
가 발생했다. 법안심사 소위의 결정을 추인하던 국회의 관행을 무시하고
새누리당이 당 차원의 합의가 없었다는 이유로 상임위 의결에 반대한다는
입장을 표명한 것이다. 새누리당은 1월 11일 오후 2시 30분으로 예정된 안
전행정위원회 전체회의에서 선거법 개정안을 의결할 수 없다고 발표했다.
투표 연령을 18세로 하향하는 것은 당리당략일 수 없다. 일본과 유럽에서
진보정당의 발의로 선거 연령이 하향된 후 치러진 선거에서 그 이익은 보
수 정당이 받았던 사례도 있다. 적극적으로 의사 표현을 하는 소수 청소년
은 진보적일지 몰라도 다수의 청소년은 부모의 뜻을 따르거나 투표하지 않
거나 보수적 성향의 투표를 한다는 연구 결과도 있다. 하지만 결국 새누리
당의 거부로 '18세 투표권' 선거법 개정안을 포함하여 법안심사 소위에서
통과된 법안들을 처리하기 위한 안전행정위원회는 파행을 거듭한 끝에 무
산되었다.

과거 다수당은 자신들이 원하는 법안을 일방적인 날치기로 통과시키려 하고, 소수당은 그것을 저지하기 위해 몸싸움을 벌였던 국회의 부끄러운 모습을 개선하기 위해 도입한 국회선진화법. 그러나 토론과 상호존중의 '합의 정신'에 기초한 국회선진화법은 어느 한쪽의 몽니, 우기기, 버티기에 취약한 약점도 안고 있다. 물론 이런 부당하고 무리한 선택은 국민의 실망을 부르고 지지율 하락으로 이어져 결국 '정치적 심판'을 받게 된다. 하지만 특정 정당이나 정치세력이 다음 선거까지 최대 4년에 이르는 '시차'에 의존하고, 그 사이에 얼마든지 여론의 변화가 가능하다는 계산을 한다면, 국회는 이들에게 인질로 잡힐 수밖에 없다. 결국 이것은 한국 정치의 수준 문제이며, 민주주의를 위한 비용으로 이해해야 할 것이다.

힘내라, 박영수 특검!

그래도 대한민국 정치와 국회, 민주주의는 작동을 하고 있었다. 박근혜 대통령은 탄핵되어 헌법재판소의 탄핵심판이 진행되고 있었고, 특검법이 통과되어 박영수 특별검사의 송곳 같은 수사가 이어지고 있었다. 하지만 여전히 새누리당과 재벌, 그리고 이들을 지원하는 법조인과 관료, 언론과 방송 등 기득권 세력 연합의 힘은 강했고, 언제든 전세와 상황을 역전시킬 수 있다는 불안감이 사회 전반에 팽배해 있었다. 시민들은 이번만큼은 '정의가 불의에 져서는 안 된다'는 간절함으로 촛불을 들고 광장으로 모였고, '#박영수특검_힘내라'라는 해시태그를 달아 SNS에 글을 올렸다.

역사상 가장 신뢰받고 많은 성과를 거두고 있던 특검의 활동 시한이

2017년 2월 28일로 종료되고, 특검법 제정 당시 여야 합의 및 입법 취지에 따라 특검은 30일간의 활동 연장을 신청했다. 대통령 권한대행을 맡고 있던 당시 황교안 총리가 특검의 신청을 승인할 수 있는 시한은 특검 종료 시한 하루 전인 27일까지였다. 더불어민주당과 국민의당, 정의당 등 각 야당이 황교안 총리에게 70% 이상 국민이 바라는 특검 활동 연장 요청을 승인해달라고 요구하며 농성과 압박을 계속했다.

_ 2017년 2월 26일 일요일

황교안 총리, 특검 연장을 승인하지 않으면 자유당과 함께 박근혜, 최순실의 부역자임은 물론 법치주의를 방해하는 '법꾸라지'임을 인증하는 것입니다. 추가 수사는 이미 박근혜 정권과 갈라선, '죽은 권력 앞에서 강한' 검찰의 특별수사본부가 특검 이상의 성과를 내기 위해 노력할 것입니다. 그래도 미진한 부분은 정권 교체 후 진실 규명을 위한 후속 수사에서 가능합니다.

하지만 결국 황교안 당시 총리는 특검 활동 연장 승인을 거부했다. 특검법 제정 당시 여야는 특검의 수사 활동 시한을 정하면서 '특별한 사정이 없는 한' 30일 한도 내에서의 수사 활동 연장에 합의했고 대통령 권한대행을 맡은 황교안 당시 총리의 '승인'은 사실상 형식적 절차, 즉 요식행위라는 것이 입법취지였다. 황 총리의 특검 활동 연장 승인 거부에 대해서는 역사적인 평가가 이루어질 것이다. 아쉽지만 그렇게 박영수 특검은 수사 활동이 종료되었고, 미처 기소하지 못한 혐의에 대한 수사는 검찰에 넘기고 기소한 피고인의 혐의에 대한 공소유지에 전념하게 되었다.

더불어민주당에게 주어진 기회 그리고 과제

이제 정치는 소수 정치인들만의 전유물이 아니다. 그동안 권력에 의해 강요되고 조장되었던 '정치적 무관심'에서 탈피한 시민들이 직접 참여하고 요구하여 정당과 정치인들의 각성과 변화를 이끌고 있다. 더 이상 여론조작과 정치공작, 일방적 선동에 의존하는 정치인과 정치세력은 버티기 어려운 시대가 되었다. 더불어민주당 역시 예외는 아니다.

1. '보수'와 '진보'의 대결구도는 (일단) 끝났다.

종북몰이와 여론조작에 의존했던 박근혜 정권에 대한 탄핵과 함께, 일제 강점기 이후로 이어진 '보혁 갈등'은 (일단) 끝났다. 남북분단이 고착된 상태에서 북한과 조금이라도 유사해 보일 수 있는 사회주의 이념은 우리 사회에서 주류로 인정받기 어려운 것이 현실이다. 그동안 '보수'를 표방해온 정치세력은 이 점을 악용하여 '종북론', '좌파론'을 내세워 장기간 우리 사회의 주류로 군림해왔다. 하지만 고인 물은 썩는 법, 결국 작금의 대 패망을 자초하고 말았다. 당분간 '보수'를 표방하는 두 정당은 비주류에서 벗어나기 어려워 보인다. 사실, 오랜 '야당'이자 '대안 세력'의 역할을 해온 민주당은 '기울어진 운동장'에서 버티며 힘겹게 싸우는 것에 지쳐 지속적인 '우클릭'을 해왔다. 유럽 기준에서 보자면 기민당 등 보수정당들의 정강정책과 당헌에 그 대오를 맞추고 있다. 당명을 교체하기 전 새누리당과 더불어민주당의 정강정책을 비교하면 실상 별 차이를 발견하기 어렵다. 반면에 '진보'를 표방해온 정의당 등은 좀처럼 '비주류'의 위치에서 벗어나지 못하고 있다. 영국의 노동당이나 유럽의 사민당 계열처럼 '주류 좌파 정당'이 자리 잡을 수는 없는, 분단국가의 현실 탓이 큰 듯하다.

2. 박근혜 정권 이후 대한민국의 주류적 가치는 상식과 보편타당성이다.

이념적 지향을 떠나 21세기 대한민국의 '시대정신'은 민생(경제 성장과 분배의 균형)과 민주주의(절차적 정의, 주권자의 참여권 보장), 안보(평화, 전쟁 억지, 통일)와 자유(권력의 통제와 억압으로부터 개인의 자유, 개인의 생각과 의지를 실현할 자유), 공정함(기회의 평등, 약자 보호, 능력과 기여에 따른 보상) 등의 가치를 표방하고 지키는 정당을 요구한다. 최근 '촛불 민심'이라는 키워드로 주로 논의되는 내용들이다. 한마디로 일반 국민의 '상식'에 부합하고, 누구나 수긍할 만한 '보편적 가치'를 따르며, 편 가름이나 사적, 집단적 이익 추구에서 벗어나 '타당'한 방법과 방향을 택하라는 것이다.

3. 더불어민주당은 당분간 주류 정당의 역할을 해야 한다.

그동안 더불어민주당은 스스로 잘해서라기보다 여러 번의 패배와 분열, 반성, 외부에 의한 질타와 비판을 받고 혁신하고 견뎌낸 끝에 자신들의 고집을 버리고 시대정신과 국민의 뜻을 따르는 모습을 갖춰왔다. 나를 포함하여 정치 밖에 있던 보편적 상식을 가진 이들이 다수 유입되면서 여의도 정치의 관행과 '그들만의 리그'에 빠져 있던 모습에서 탈피하기도 했다. 여전히 친노패권, 친문패권, 운동권세력, 계파정치 등에 대한 언급들은 많지만 당내에서 실제 느끼고 접하는 분위기는 다르다. 국민이 원하는 것이 무엇인지 알고 그에 맞게 행동하려는 태도가 당 전반에 흐르고 있다. 정치인 개인이 당과 국가, 국민에게 부담이 되지 않기 위해 긴장하며 조심 또 조심 하는 태도가 흐르기도 한다. 그러다 보니 일부 세력이나 집단이 오랫동안 자신의 정체성처럼 지켜온 가치들에 대해서도 양보하는 모습도 자주 볼 수 있다.

그렇게도 공고해 보이던 보수 여당도 박근혜 탄핵 이후 무너져내려 더불어민주당은 거의 모든 문제에 대해 책임을 져야 하는 여당 같은 야당이 되어버렸다. 그 과정에서 더불어민주당은 본의 아니게 주류가 되어버렸다. 기존의 다른 정당이나 합종연횡을 통해 탄생할 새 정당이 성공적인 차별화와 대안 능력을 가지고 대두되어 '경쟁적인 주류 정당'으로 나타날 때까지 이러한 '단일 주류 정당'의 모습과 위치는 당분간 지속될 것이다. 보수 주류 정당이던 새누리당이 갑자기 '극단적 우파 정당'으로 전락하며 헌법적 가치들과 법치주의를 부정하고 민주와 민생을 팽개치며 오직 맹성 지지자들만을 붙드는 '자포자기'를 택하는 현실은 예상 밖의 돌발 상황이었다. 그나마 합리적 보수와 보편성을 표방하는 이들이 이탈해 바른정당을 창립했지만, 아직 주류가 되기에는 많은 부분이 갖춰지지 않은 상태인 듯했다.

4. 주류 정당으로서의 책임과 의무를 다해야 한다.

박근혜 탄핵 소추 이후, 좋든 싫든 더불어민주당은 당분간 대한민국 '주류 정당'으로서의 책임과 의무를 다해야 한다. 모든 정국 현안과 민생 문제에 대한 비판을 감수해야 하고, 제대로 된 정당이 어떤 모습이어야 하는지 그 모범을 보여야 한다. 구성원 모두가 지금처럼 '공적 가치를 위한 참여와 헌신'의 태도를 유지해야 하며, 그동안 비교적 자유롭던 야당 시절의 관습과 관행과 습관들은 철저히 버려야 한다. 당원이 주인이 되는 '당내 민주주의', 패권적 혹은 권력적 자의가 개입되지 않는 '공정한 공천 시스템' 확립, 국가와 국민 전체를 아우르는 보편성과 책임지는 태도 등을 확립해나가야 한다.

_ 2017년 2월 14일 화요일 안중근의 날에

새로운 대한민국, 정치의 정상화가 그 시작입니다.

이것은 그동안 '주류 정당'이었던 보수 여당이 해냈어야 할 과제입니다. 다수당으로서, 집권 여당으로서, 힘과 권력을 가지고 있을 때 정치적 개혁을 이루어냈어야 합니다. 그래서 다른 모든 국가들과 견주어도 부끄럽지 않은 정치 문화, 다른 정당들도 따를 수밖에 없는 정치적 흐름을 만들어 나갔어야 합니다. 하지만 그들은 그 책임과 의무를 저버렸습니다. 그동안 보수 주류 정당은 자신들이 가진 힘과 돈과 떡고물을 두고 서로 싸우고 나눠 먹는 데만 혈안이 되어 있었습니다. 권력기관과 언론을 이용한 단순한 조작과 선동으로 힘 없는 야당들을 손쉽게 제압하는 맛에 빠져 자기 혁신을 해내지 못했습니다. 더불어민주당은 그 전철을 밟아서는 안 됩니다. 절대로 안 됩니다. 우리만을 위해서가 아니라 대한민국과 국민 그리고 우리 다음 세대를 위해서 입니다. 개인이나 소집단보다 공적 가치가 우선되는 정당, 소수 엘리트의 전횡이 아닌 당원 전체의 집단지성이 지배하는 공당, 편협한 이념이 아닌 시대정신과 보편적 가치를 따르고 지키는 주류 정당으로서 대한민국의 정치 지형과 정치 프로세스, 정치 문화와 관행, 제도를 정상화해야 합니다. 그때 비로소 새로운 대한민국은 시작될 것이고 우리의 희망이 헛되지 않게 될 것입니다. 저는 믿습니다. 그래서 최선을 다합니다. 함께 해주시면 감사하겠습니다.

새누리당은 당명을 자유한국당으로 바꾸고 옛 소련이나 북한 조선노동당 깃발에서나 볼 수 있는 횃불을 상징으로 내세우며 민의와 시대정신을 따르는 혁신 대신 탄핵소추된 범죄 피의자 박근혜를 지키고 기득권을 유지하는 방향을 택했다. 이것은 상황과 세태를 잘못 읽은 '오판'이었을까, 아니면 국가와 국민, 정당과 지지자들은 망가지더라도 지역 패권 등의 기득권만 지키면 된다는 나쁜 판단, '악판'이었을까?

💬
_ 2017년 2월 15일 수요일

자유한국당의 오판 혹은 악판!
국정농단과 국가 위기의 책임을 진 여당, 역사상 최초로 형사범죄 피의자의 신분이 된 현직 대통령. 이들 때문에 국회 탄핵소추와 특검수사 등으로 국정이 마비되고 국방, 외교, 경제 등 나라의 근본이 흔들리며 국민 생활이 피폐해지는 위기 상황이 지속되는 가운데 '무한책임'을 인정하며 무릎 꿇고 반성했던 새누리당. 그런데 그 새누리당이 '자유한국당'으로 이름만 바꿔 달고는 국회 일정을 보이콧하고 무리한 억지 주장을 반복하며 국회 본회의 결정(탄핵소추)을 뒤집고 반대하는 공개 발언을 하는 등 이해하기 힘든 행보를 보입니다. 오판일까요, 악판일까요? 그 이유는 무엇일까요? 그렇게 해서 헌재의 기각 결정 및 검찰과 특검 수사 결과를 무효화하고 대선에서 대역전을 할 수 있다고 생각하며 상황을 '잘못 판단

(오판)'하고 있는 것일까요? 아니면, 나라와 국민은 망가질 대로 망가지더라도 자신들이 챙길 수 있는 최대한 이익(우익, TK 표심 및 다음 총선에서 자신들의 당선)을 챙기자는 '나쁜 판단(악판)'을 하고 있는 것일까요? 여러분의 생각은 어떠십니까?

이슈메이커

노인 폄하로 비화된 공직자 정년 문제

박근혜에 대한 헌법재판소의 심판과 특검, 검찰의 수사가 진행되는 엄중한 시기에 나는 제1야당의 국회의원으로서 역사의 물줄기가 거꾸로 흘러가지 않도록 최선을 다하는 한편, 혹시라도 친박과 자유한국당 측에 '물타기 정쟁'의 빌미를 제공하지 않기 위해 긴장의 끈을 놓지 않고 있었다.

하지만 그런 나의 의도와 달리 몇 차례 정쟁의 중심에 서는 '이슈메이커'가 되고 말았다. 우선 고위 공직에 정년을 도입하자는 SNS의 글이 '반기문 전 UN 총장 저격'을 거쳐 '노인 폄하' 비난으로 이어지면서 홍역을 치렀다.

모든 공직에 정년 도입을!

50년간 살아오고, 28년간 다양한 공직과 교직, 연구직, 방송과 작가 생활 등을 거쳐, 몇 개월간 정치를 직접 해보며 더욱 확신하게 된 것은 대통령과 장관, 국회의원과 지자체장, 국회의원을 포함한 모든 공직에 최장 65세 정년 도입이 꼭 필요하다는 것입니다. 그래야 나라에 활력이 돌고, 빠르게 변하는 세상에 효율적으로 대응하며, 청년에게 더 폭넓고 활발한 참여 공간이 생깁니다. 특히, 정치 혹은 공직을 경험하신 분들이 은퇴하고 일선에서 물러나 '어른'으로 계셔야 현장의 극한 대립이나 갈등의 상황에서 이해관계를 떠나 자유롭게 중재하고 지도하고 충고하고 조정할 수 있습니다. 그리고 그제서야 비로소 나라가 안정될 수 있을 것입니다. 소중한 경험과 지혜는 고문, 자문, 강연과 저술 등의 형태로 얼마든지 감사하게 반영할 수 있습니다.

*정년 연장이 아니라 정년 없는 선출직과 최고위 정무직에 정년을 도입하자는 것이니 오해는 하지 마세요.

아침 9시에 올린 이 글은 곧 일부 언론에 의해 당시 유력한 대선 후보로 거론되며 화제의 중심에 있던 반기문 전 총장에 대한 저격이 아니냐는 추정 보도로 이어졌다. 나는 어떤 마음으로 이 글을 올렸는지 설명하는 후속 글을 올렸다.

당연히 반 전 총장 생각도 했습니다. 하지만 그 분만을 대상으로 한 이야기는 아닙니다. 저는 65세를 제 정치생활의 정년으로 정했습니다. 65세 혹은 그 전에 국회의원을 포함한 공직에서 은퇴하고 제한된 저술과 강연만을 하며 아내와 여행을 하면서 노후생활을 즐길 계획입니다. 혹시 저도 노욕이 생겨 65세 이후에도 공직을 탐하면 오늘 올린 이 글을 내어놓고 저를 강퇴시켜 주세요. 일단 정치인의 정년 논란은 이 기사까지만 올립니다. 40세 이하 피선거권, 18세 이하 투표권, 다른 공직의 정년과 함께 생각했으면 좋겠습니다.

당시에 반기문 전 총장을 영입하기 위해 경쟁을 벌이던 새누리당과 바른정당, 국민의당은 마치 경쟁하듯 나를 공격했다. 65세라는 정년을 언급했다는 이유로 '노인 폄하'로 몰아가며 지난 2004년 총선 당시 열린우리당 정동영 의장의 '노인 비하' 발언에 비유했다. 나는 구태의연한 정치공세라고 반박했고 여러 언론에서 이 반론을 인용해 보도했다.

이에 대해 표 의원은 연합뉴스와의 전화통화에서 "구태의연한 정치공세"라며 "정년 도입 주장이 어떻게 어르신 폄하냐"라고 반박했다. 그는 "페이스북에 올린 글은 제가 지나치게 많은 나이까지 정치를 하며 후배들의 길을 막지 않도록 스스로를 다잡기 위해 썼던 것"이라며 "정치인의 발언을 빌미 삼아 특정국민을 자극하고 정치적으로 동원하겠다는 작태를 그만둬야 한다"고 말했다. 표 의원은 "이 문제로 법안을 발의한 게 아닌 만큼 공론화하자는 취지는 아니었지만, 공론화된다면 피하지 않겠다. 토론은 환영한다"며 "다만, 논쟁거리가 있다면 논리와 사실관계로 토론해야지 어르신을 자극해선 안 된다"고 강조했다. 　〈연합뉴스〉

하지만 한번 당겨진 '노인 비하 논란'의 불길은 걷잡을 수 없게 번졌다. 특히 어르신들에게 문자와 메시지 등으로 집중적인 여론몰이가 이루어졌다. 나의 휴대전화는 물론이고 우리 의원실과 지역사무소로 욕설과 고함 등 분노에 가득 찬 항의 전화가 밀려들었고, 나의 사과와 사퇴를 요구하는 집회와 시위도 이어졌다. 심지어 집 앞에서 항의 방문이 벌어지기도 했다. JTBC 뉴스룸에서는 '팩트체크' 코너에서 대통령 후보에 나이 상한을 정하는 나라는 없다는 지적을 했다. 나는 차분하게 독일의 사례를 들어 JTBC 팩트체크에 대한 반론을 제기했다.

_ 2017년 1월 17일 화요일

"JTBC 팩트체크를 팩트체크한다"

오늘 JTBC 뉴스룸 팩트체크에서 짚어주신 내용 잘 봤습니다. '대통령 선거'와 관련된 외국 사례는 정확합니다. 하지만 '모든 선출직에 연령 상한을 두는 것이 위헌'이라는 주장에는 문제가 있습니다. 독일의 사례를 들어 확인해보겠습니다. 바이에른 주(주도: 뮌헨), 바덴-뷔르템베르크 주(주도 : 슈투트가르트) 이 2개 주에서 65세를 상한으로 두는 등 독일 대부분의 주에서 시장 및 군수 선거에서 피선거권의 연령 상한을 두고 있습니다. 당연히 독일에서도 위헌 논란이 있었고, 지난 2013년에 위 바이에른 주의 피선거권 연령 상한 위헌심판 청구에 대해 독일연방헌법재판소가 합헌 결정을 한 바 있습니다. 이후 바이에른 주에서 헌법소송은 아니지만, 연령 상한 관련 입법청원이 있었습니다. 65세까지인 현행 규정이 너무 낮아서 은퇴 연령층의 경험을 환원하는 직접적인 경로를 지나치게 제한하므로 65세까지인 기준을 67세로 올리자는 것이 입법안의 내용이었습니다. 결국 현행 규정인 67세로 피선거권 연령 제한이 2년 상향되었습니다. 바덴-뷔르템베르크 주에서는 2015년에 연령 상한 관련 입법청원 캠페인이 있었습니다. 두 주 모두 시장, 군수의 임기는 6년입니다. 즉 2015년의 입법 내용에 따라 연령 제한을 67세로 올리면, 선거일 기준으로 67세에 당선된 시장은 73세까지 재임할 수 있습니다. 반론 및 관련 논의는 환영합니다. 논란이나 무분별한 공격이 두려우니 글을 내리고 의견을 접으라는 말씀에 저는 결코 동의할 수 없습니다. 뜬금없이 '노인 폄하'를 주장하며 감정적이고 인신공격적 비난을 하는 이들은 반성하시기 바랍니다. 민주주의는 주장과 반론, 토론과 논쟁으로 성숙됩니다. 토론합시다. 정쟁과 꼼수와 선동하지 말고. 읽어주셔서 고맙습니다.

우리 당의 지지자들 중에도 괜한 분란 일으키지 말고 공개 사과하고 글을 내리고 주장을 접으라고 요구하는 이들이 많아지기 시작했다. 하지만 억울함 때문이 아니라, 사실과 논리 그리고 대중심리와 정치 상황 등을 모두 종합하여 분석한 결과, 그렇게 물러설 일이 아니었다. 특히 내가 원한 것은 아니지만 이미 정치적 논란이 된 이상 확실하게 시비를 가리고 논점을 명확하게 제시해야 두고두고 상대방이 악용할 빌미를 차단할 수 있다고 생각했다. '좋은 게 좋다'는 식으로 사과하고 물러나면 안 될 일이었다. 그래서 언론과 방송의 인터뷰 혹은 토론 요청을 피하지 않고 적극적으로 대응했다

💬

_ 2017년 1월 18일 수요일

조금 전 CBS〈김현정의 뉴스쇼〉인터뷰를 들어주신 분들께 깊이 감사드립니다. 못 들으신 분은 관련 기사가 올라오면 공유하겠습니다. 표현의 자유는 민주주의의 근간이며 인간다움의 기본 조건입니다. 어떤 이유로도 제약하지 말고 어떤 두려움이나 공포에도 굴하지 않고 자기 검열을 최소화해나가야 합니다. '틀린(잘못된) 표현'에는 책임이나 사과 등이 뒤따라야 하지만, '(비록 소수일지라도) 내 생각과 다른 표현이나 의견'을 존중하는 가운데 반론이나 비판, 논쟁이나 토론이 이루어져야 합니다. '틀린 표현' 때문에 문제가 되는 경우는 대개 '감정'이나 '이해'가 개입될 때입니다. 저는 이 두 가지를 제어하고 극복하기 위해 부단히 노력합니다. 이번 발언에도 이 둘은 개입되지 않았습니다.

라디오 생방송에서 반대 측과 치열한 토론이 이어졌고, 결국 언론사 주관으로 여론조사까지 이루어졌다. 여론조사 전문기관 리얼미터가 1월 19일 CBS〈김현정의 뉴스쇼〉의뢰로 실시한 선출직 공직자 정년 제한에 대한 국민여론 조사에서 찬성 의견은 54.7%로 나타난 반면, 반대는 33.1%, 무응답 비율은 12.2%였다. 여론조사 결과가 여러 매체에 소개되며 논란은 사흘

만에 일단락되었다.

결코 '노인 폄하'나 세대 갈등의 문제가 아닙니다. 대다수 국민은 조기 퇴직을 강요당하는데 소수 특권층의 정치권력자들은 7선, 8선을 하거나 고위직을 독점하면서 청년들의 정치 참여는 제한하는 불균형 문제 재고해보자는 것입니다.

표현의 자유인가, 여성비하인가?

겨우 정치인 및 고위공직자 65세 정년 도입 주장을 둘러싼 논란과 공격을 정리하자마자 또 다른 이슈가 터졌다. 박근혜 정권의 문화예술인 '블랙리스트'에 항의하는 '시국풍자 전시회'의 국회 개최를 도와준 게 문제가 된 것이다. 이해를 돕기 위해 순서대로 사건의 경과를 정리해보고자 한다.

1. '표현의 자유를 지향하는 작가 모임'의 요청

블랙리스트 사태와 국정농단에 분노한 예술가들이 국회에서 시국을 풍자하는 전시회를 열고 싶다며 장소 대관을 위해 도움을 달라는 요청이 의원실로 왔다. 보좌관의 보고를 받은 나는 이분들께 도움을 드리는 것이 맞다고 판단해서 국회 사무처에 전시공간 승인을 요청하라고 지시했다.

2. 국회사무처의 난색 표명 그리고 협의와 설득

국회사무처에서는 정쟁의 여지가 있다는 우려를 표명했고, 이 소식을 전해 들은 작가회의에서는 정쟁의 대상이 아닌 풍자라는 예술 장르이며 국회라는 민의의 대변장에서 이것을 금지해선 안 된다는 입장을 전해왔다. 의원실에서는 시국의 특성과 헌법을 수호해야 할 국회에서 예술에 대한 사전 검열이나 금지를 해서는 안 되지 않느냐고 국회사무처 담당자를 설득해서 결국 전시회가 열리게 되었다.

3. 예술의 자유, 정치의 배제

이후 모든 준비와 기획과 진행, 경비 확보를 위한 크라우드 펀딩 등은 작가회의에서 주관, 진행했고 나는 전혀 개입하지 않았다. 일부 여당 및 친여당 성향의 정치인이 언론과 방송을 통해 "표창원이 작품을 골랐다"고 주장한 것은 명백한 허위 사실이었다.

4. 〈더러운 잠〉과 예술의 자유

전시회가 개막한 뒤 현장을 둘러본 나는 이후 논란의 대상이 되는 〈더러운 잠〉이라는 작품이 있음을 알았고, 그 외에도 국회의원을 머리에 똥을 이고 있는 개로 묘사한 조각품, 사드 문제를 풍자한 만화 등 다양한 풍자 작품들을 보았다. 특히, 〈더러운 잠〉은 잘 알려진 고전 작품인 마네의 〈올랭피아〉를 패러디했다는 설명을 들었고, 분명히 내 취향은 아니지만 '예술의 자유'에 해당한다고 생각했다.

5. 정치적 논란

2017년 1월 20일 오후에 국회의원회관에서 전시회가 개막되었고 그날 저녁 8시에는 '표현의 자유'를 주제로 한 토크 콘서트도 열렸다. 이후 별문 제 없이 전시회가 진행되다가 나흘째인 23일 저녁에 보수 성향 인터넷 신문에서 문제 제기를 하기 시작했고, 이후 언론사들이 이를 받아서 보도하기 시작하면서 논란이 확대되었다. 전화는 불이 났고 두 명의 기자에게 간략한 사실관계를 설명하는 인터뷰 외에는 어떤 연락도 받을 수 없는 상태가 되었다. 당에서 나를 윤리심판원에 회부했다는 이야기도 언론 보도를 통해 알게 되었다.

6. 국회사무처의 〈더러운 잠〉 철거 요청

다음 날인 24일 오전, 국회사무처 담당자들이 의원실을 찾아왔다. 논란의 대상이 되고 있는 〈더러운 잠〉을 자진 철거해달라는 요청을 작가에게 하겠다면서 내게 양해와 협조를 요청했다. 나는 국회사무처의 입장을 충분히 이해했다. 처음부터 우려를 제기했고, '예술의 자유'는 당연히 보장되어야 하지만, 여러 정당이 협력해야 하는 국회에서 특정 정당에 대한 비난 등 정쟁의 소지가 되는 사안은 방지해야 하는 중립의 의무가 있기 때문이다. 나는 작가와 주최 측인 작가회의에 사무처의 입장과 우려를 충분히 설명하고 동의와 협조를 요청하겠다고 답했다. 하지만 그 사이에 새누리당 의원실의 도움을 받고 의원회관에 들어온 보수단체 회원들이 전시회장에 난입해 〈더러운 잠〉을 끌어내리고 찢고 바닥에 내팽개쳤다.

_ 2017년 1월 24일 화요일

시국풍자 전시회 관련 사실 관계 및 입장

저는 늘 말씀드렸듯 다른 사람들의 비판을 존중하고 다른 이들의 입장을 인정합니다. 다만 허위 사실이나 왜곡된 사실에 기반한 정치공세에는 반대합니다. 판단은 여러분의 몫이라고 생각합니다.

(1) 저는 저를 대상으로 한 조롱과 희화화, 패러디, 풍자, 예술 작품에 개입하거나 관여하거나 반대하거나 방해할 의사가 전혀 없습니다. 얼마든지 하십시오. 다만, '공인'이 아닌 제 가족, 특히 미성년자인 자녀만은 그 대상에서 제외하셔야 합니다. 그들은 '공인'이 아니며 보호받아야 할 약자이기 때문입니다.

(2) 같은 마음으로 대통령이나 권력자, 정치인 등 '공적 인물'에 대한 비판과 풍자 등 표현의 자유를 인정해주십사 요청드리고 싶습니다.

(3) 하지만 일반 국민이나 예술인의 '자유'에 해당하는 표현이 아닌, 정치인 등 '공인'이 정치적 목적이나 이해관계 혹은 감정 때문에 모욕적이며 명예훼손적 표현을 하는 것은 반대합니다. 제가 이번 전시회를 의도했거나 기획했거나 개입했거나 혹은 어떤 형태로든 관여했다면 당연히 비판받고 책임져야 할 것입니다. 제 역할과 행위 중에 이러한 부분이 있다면 책임지고 비판도 달게 받겠습니다.

(4) '시기'의 문제 및 '의도하지 않은 효과'에 대한 책임 : 지금이 탄핵 심판 및 (조기) 대선을 앞둔 민감한 시기이며, 이러한 상황에 불필요한 논란을 야기해서 의도하지 않은 부작용을 가져온 점에 대해 지적해주시는 분들도 많이 계십니다. 존중합니다. 책임을 져야 한다면 지겠

습니다. 어떻게 저야 할지는 좋은 안을 주시면 신중히 검토하겠습니다. 어떤 방향의 판단이든 여러분의 판단이 옳습니다. 저는 제가 하는 언행이 언제나 옳다고 생각하지 않으며, 혼자만 옳다는 아집에 빠진 것은 아닌지 항상 고민하면서 언행을 합니다. 하지만 저도 부족하고 불완전한 인간이기 때문에 옳지 않거나 적절하지 않은 언행을 할 수도 있겠죠. 늘 배우고 깨우치려 노력합니다. 다만 논란이나 불이익 혹은 압력이 두려워 피하거나 숨지는 않겠습니다. 저는 '예술의 자유'를 지키고 보장해드리고 싶습니다. 저는 예술에 전문성이 없고 예술가도 아니기에 예술에 개입하거나 평가할 자격도 없고 의도도 없습니다. 하지만 제게 요청을 해온 예술가들에게는 최대한 협조를 해드리는 것이 제 도리라고 생각했고, 앞으로도 그래야 한다고 생각합니다. 충분한 설명이 되었기 바랍니다.

이후 새누리당 여성의원들이 국회 정론관에서 나를 규탄하는 기자회견을 하면서 "네 마누라도 벗겨주마"라는 자극적인 피켓을 들었고 이 사진이 여러 언론과 방송에 보도가 되었다. 그러자 마치 지령을 받은 듯 온라인에는 아내와 딸의 사진을 합성한, 눈 뜨고 못 볼 음란 합성사진이 나돌기 시작했고 문자와 메신저로 퍼져나갔다. 심지어 현수막과 포스터로 제작되어 거리 이곳저곳에 게시되기까지 했다.

새누리당 의원들은 전원 국회 본청의 로텐더홀에 모여 나를 규탄하고 의원직 사퇴를 촉구하는 집회를 열었다. 우리 의원실과 집, 지역사무소 앞에서는 연일 항의 시위가 열렸고 욕설과 고함으로 가득 찬 전화가 쏟아졌다. 주말에는 대구와 경북에서 버스를 대절해서 내가 사는 아파트로 몰려와 항의 집회를 열었고, 이웃 주민 어르신들이 단상에 올라가 나와 우리 가족을 쫓아내겠다고 소리치기까지 했다. 경찰에서는 집을 떠나 피신해주기를 요청했고, 국회에서는 경호원들이 내 주변을 감싸며 나와 함께 이동했다. 여성 단체들은 물론이고 심지어 우리당의 여성 의원들마저 '여성 비하, 여성 혐오'라며 나를 비난하는 성명을 발표했다.

이에 반발한 우리 당의 당원들과 지지자들이 비판 성명에 동참한 여성 의원들에 대한 비난과 공격을 퍼붓기 시작했다. 탄핵 심판과 특검수사, 다가올 조기 대선에 끼칠 수 있는 악영향을 차단하고 우리 당의 분열 방지를 위해 사태수습에 나서야 했다. 나는 내가 있는 곳을 찾아온 방송 카메라들 앞에서 상처를 입었을 여성분들에게 공개 사과했다. 그리고 당 지도부에 징계를 해달라고 요청했다. 당시에 일부 당직자는 내게 '일시적인 탈당'을 권유했지만, 그건 오히려 당에 부정적으로 작용하리라 판단해 거절했다.

당 윤리심판원의 청문이 열렸고, 일부 위원들은 내게 매우 엄하고 강하고 공격적인 신문을 했다. 나는 당을 위해 어떤 징계든 달게 받겠지만, 우리 당이 내가 아닌 작가나 작품을 비판하며 예술의 자유와 표현의 자유를 침해하는 표현이나 발언, 결정은 하지 않길 바란다고 답했다. 당시 당 지도부에는 나에 대한 징계에 반대하는 당원들의 청원서가 수천 장 접수되어 있었다.

_2017년 2월 2일 목요일

윤리심판원의 '당직정지 6개월' 징계를 겸허하게 받아들입니다.

1. 최근 논란이 된 국회 '시국풍자 전시회'와 관련한 모든 책임은 전적으로 제게 있습니다.

2. 비록 권력에 의한 예술문화인의 탄압에 저항하기 위해 '블랙리스트'의 피해 작가들이 헌법상 권리인 '예술의 자유'와 '표현의 자유'의 보장을 주장하며 정치와 권력의 상징 중 하나인 국회에서 시국풍자 전시회를 개최하는 과정에서 장소 마련에 도움을 드린다는 취지였지만, 결과적으로 여성분들을 포함해 불편함과 불쾌함을 강하게 느끼신 분들이 계셨고, 최근 우리 사회에서 논의되고 있는 '여성 혐오' 문제에 부정적인 영향을 끼칠 수 있다는 여성계의 지적이 있었습니다. 또한 여야 각 정당이 협력과 대화를 통해 국정 현안을 풀어나가야 하는 국회에서 정쟁적 소지가 많은 전시회를 개최했다는 지적도 충분히 타당합니다. 다시 한 번 진심으로 사과드립니다.

3. 물론 이에 대해 여성이 아닌 권력자의 국정농단 범죄 혐의와 이에 대한 수사 불응 및 탄핵심판 지연 등의 문제를 풍자하는 것이며, 미국이나 캐나다, 영국, 독일, 프랑스 등 대부분의 민주 국가에서는 권력자에 대해 이와 유사하거나 더 심한 풍자가 이루어지고 있고 용인되고 받아들여지고 있다는 반론도 매우 의미 있다고 생각합니다.

4. 이러한 논의가 비폭력적이고 비정쟁적인 방법으로 차분하게 이루어졌으면 좋았겠다는 강한 아쉬움과 함께, 지금부터라도 그러한 논의가 활발히 이루어지는 토론 문화가 형성되기를 진심으로 바랍니다.

5. 또한 대통령 탄핵 및 관련 수사와 재판이 진행되고 있는 중차대한 시기에 논란의 여지가 많은 전시회를 국회에서 개최함으로써 정치적 견해가 다른 정당과 지지자들 간에 극한 대립을 가중시키며 '사회 분열'

의 단초를 제공했다는 지적에도 수긍하며 반성합니다.

6. 이번 징계를 포함한 모든 비난과 지적과 가르침을 달게 받고 징계 기간 동안 자숙하며 더욱 책임 있고 성숙한 정치인이 되기 위한 공부의 시간을 갖도록 하겠습니다. 다만 징계로 인해 정지되는 활동이 아니라면, 당과 사회 및 국민과 국가를 위해 제게 요구되는 역할은 성실하게 수행하겠습니다.

7. 끝으로, 제게 응원과 격려와 성원을 보내주신 당원 동지와 시민 여러분께 진심으로 감사드립니다. 제가 징계를 전적으로 받아들이고 수긍한 만큼, 부디 어려운 결정을 내려주신 당과 윤리심판원에게 지지와 신뢰를 보내주시기 바랍니다. 특히 여성계의 목소리를 대변해 입장 표명을 해주셨던 여성 의원들에 대한 비난과 공격을 멈춰주시길 간곡히 부탁드립니다. 저는 그분들의 입장을 이해하고 공감하며, 충분히 가능하고 필요한 지적이고 목소리였다고 생각합니다. 다만, 생각과 입장이 다른 부분에 대해서는 자유로운 의견과 토론으로 표현해주셨으면 좋겠습니다. 저는 정치인이고 국회의원이기 전에 더불어민주당의 당원이며 대한민국 국민입니다. 헌법과 법률, 당헌과 당규를 준수하며 합법적인 절차에 의해 이루어진 결정을 따릅니다. 다른 의견과 입장을 존중하며 대화와 토론을 통해 충분히 합의를 도출하고 공감대를 형성할 수 있다고 믿습니다. 자유와 민주주의는 끝내 이긴다고 믿습니다.

표창원 드림

2012년 12월 국정원 대선개입 여론조작 의혹 사건을 시작으로 줄곧 박근혜와 새누리 정권을 비판하고, 국회의 탄핵소추에 앞장서서 탄핵에 반대하거나 주저하는 의원들 명단을 공개하면서 나는 이미 친박 세력에게 '공공의 적'으로 낙인이 찍혀 있었고, 〈더러운 잠〉 사건으로 완전히 그들의 공격타겟이 되었다. 나야 면역이 생길 정도로 비난과 공격을 받아왔기에 별 어려움이 없었지만, 가족에 대한 저급한 공격은 우리를 무척 힘들게 했다. 하지만 시련은 우리를 더욱 강하게 단련시켜줬고 가족 간의 신의와 정을 더욱 돈독하게 강화시켜줬다. 전쟁을 함께 치른 전우 같은 끈끈함마저 생긴것이다.

민주주의는
살아 있다

"대통령 박근혜를 파면한다."

마침내 '탄핵 심판의 날'이 다가왔다. 정도나 유형은 다양하겠지만, 모든 국민과 정치인들도 전쟁 같은 아픔과 고통, 다툼과 갈등 속에 버텨온 시간 들이었을 것이다.

💬

_ 2017년 3월 9일 목요일

헌재의 탄핵 심판 전날입니다. 그동안 너무 고생 많으셨고 감사드립니다. 물론 내일 정의는 실현될 것입니다. 대한민국 헌법재판관들이 지금 껏 나왔던 증거들을 바탕으로 정의를 실현해주리라 확신합니다. 그리고 국민의 엄중한 뜻을 받들 것입니다. 시민 여러분도 너무 걱정 마시구요.

그럼에도 혹여나 우리가 정의라고 생각하는 일과 반대되는 결정이 나오더라도 저는 절망하지 않겠습니다. 그리고 다시 시민 여러분과 함께하겠습니다. **#박근혜_탄핵 #걱정말아요_그대**

그리고 "대통령 박근혜를 파면한다"는 이정미 헌법재판소장 권한대행의 결정문이 발표되었다. 그 장면을 보고 들으며 눈시울이 뜨거워졌다. 혹시나 하며 마음 졸이던 그 시간들, 모든 것을 다 던져 싸우고 부딪쳐왔던 시간들이 한순간에 화르르 불타 없어지는 느낌이었다.

💬

_ 2017년 3월 10일 금요일

안녕하세요, 표창원입니다. 헌법재판소에서 재판관 전원의 만장일치로 박근혜 전 대통령에 대한 탄핵(파면)을 선고했습니다. 우선, 작금의 국가적인 불행이 발생한 데 대해 무척 착잡하고 마음이 아픕니다. 동시에 대한민국이, 아무리 힘세고 강한 권력자라 하더라도 헌법과 법률을 위반하면 그 책임을 묻는 법치국가임을 확인할 수 있어서 다행이라는 것이 제 솔직한 심정입니다. 여전히 국민 간 갈등과 분열이 심각한 상황이 걱정입니다. 정치적 차이에도 불구하고 우리 모두가 동의하는 것은 대한민국을 병들게 한 정경유착과 권력의 사유화, 부정부패의 적폐는 반드시 해소되어야 한다는 점입니다. 서로의 정치적 성향과 생각과 입장의 차이를 인정하면서, 우리 모두가 대한민국 국민임을 잊지 말고, 적폐 해소와 공정사회를 위해 함께해주십시오. 부디 국민 한 사람 한 사람의 인격이 차별 없이 존중되며 존엄성이 보장되는, 아름답고 살기 좋은 대한민국을

만들어나가는 길에 같이 나서주시길 부탁드립니다. 저도 제가 할 수 있는 최선을 다하겠습니다. 고맙습니다.

촛불의 힘이었다. 시민의 승리였다. 민주주의는 살아 있었다.

_ 2017년 3월 12일 일요일

대한민국을 국정농단의 위기에서 구하고 진실 규명과 정의 구현의 길로 이끌어주신 위대한 국민, 촛불 시민 여러분께 거듭 존경과 감사를 드립니다. 아울러 그 오랜 기간 동안 촛불집회를 너무도 멋지고 완벽하게 준비하고 운영해주신 퇴진행동 사무국 관계자 여러분, 자원봉사자 분들께 깊은 존경과 감사드립니다. 무척 힘들고 피곤하고 괴로운 시간들도 많았겠지만 새 역사를 만들었다는 보람과 긍지로 승화하시리라 믿습니다. 고맙습니다.

박근혜 탄핵 이전과 이후는 완전히 다른 세상이었다. 공기도 달라졌고, 세상 사람들이 나를 보는 눈도 달라진 듯했다. 무엇보다 이제 나와 가족도 걸어서 동네 가게도 가고 산책도 할 수 있게 되었다.

_ 2017년 3월 12일 일요일

오랜만에 가족과 손잡고 동네 길을 걸어 돈가스도 먹고 음료수도 사 마시며 이웃분들과 반갑게 인사하고 대화도 나눴습니다. 밝은 대낮에 모카와 동네 산책도 했구요. 만약 탄핵 인용이 안 되었다면 불가능했을 일상의 행복입니다. 그동안 저를 대상으로 한 시위와 소음 등을 참고 견뎌주셨던 이웃분들께 깊이 감사드립니다. 그만큼 더 열심히 일해서 보답하겠습니다.

개헌보다 우선해야 할 정치 정상화

탄핵이 끝은 아니었다. 오히려 진정한 변화를 향한 새로운 시작이었다. 아직 우리는 정상적인 사고와 인식, 소통 능력은 물론이고 공과 사를 구별하는 능력과 기본적인 공직 윤리도 갖추지 못한 박근혜라는 사람이 어떻게 대통령이 될 수 있었으며, 어떻게 그와 최순실이 버젓이 국정농단과 국기문란을 자행할 수 있었는지, 그 범죄 행각의 전모는 무엇인지에 대해 구체적으로 알아내지도 못한 상황이었다.

40년 전 중앙정보부와 재벌, 군과 공적 기관, 관변단체들을 동원해 정경유착과 간첩조작, 용공조작, 독재와 탄압을 자행하던 박정희 정권의 모습을 그대로 닮은 '박근혜-최순실 게이트'의 원인과 과정을 제대로 밝혀내고 그 대책과 재발방지책을 강구해내야 했다. 그런데 정치권 일각에서는 벌써 화해, 통합, 개헌 같은 이야기들이 공공연하게 나오고, 이해를 같이 하는 여야 정치인들의 회동이 잦아지기 시작했다. 나는 이럴 때가 아니라고 생각했다. 권력병, 정치 중독에 걸린 일부 정치인들이 또 국민의 요구와 반대되는 방향으로 뛰기 시작했고, 우리는 이들을 막아야 했다.

국민 대다수의 뜻은 1. 박근혜와 부역세력에 대한 철저 수사 및 엄정 처벌 2. 적폐 청산 3. 민생 문제 해결 4. 공정하고 안전하며 튼튼한 대한민국 건설입니다. 섣부른 조기 개헌 주장이나 무분별한 통합, 진실을 덮고 화합을 주장하는 것은 반국민, 반국가의 궤변입니다.

줄서기, 지역주의, 계파, 패거리 공천…. 거기에 더해 이익에 따라 이합집산을 밥 먹듯 하는 정당들이 연립하고 연합하여 정부를 구성해서 나눠 먹기를 하는 나라의 미래는 불 보듯 뻔하다. 박근혜를 대통령으로 만든 정당, 이들과 야합하는 정당들부터 개혁하고 정상화해야 한다. 정상적으로 정치 이념과 철학, 목표를 수립하고 이를 명확히 밝혀 같은 뜻을 가진 당원들을 모으고, 토론과 협의를 거친 당원들의 의사가 반영되는 민주적 정당, 백 년이고 천 년이고 진화하고 발전하되 본질적 정체성은 유지하는 예측 가능하고 신뢰할 수 있는 정당의 모습부터 갖추어야 한다. 그런 다음 목표와 철학, 이념과 방향성이 뚜렷한 정당 간의 정책 협의를 통해 연립하고 연합해 정부를 구성할 때, 비로소 유럽처럼 국회가 국정에 참여하고 대통령과 권한을 나누는, '분권형 권력구조'가 가능하다. 과반을 차지하지 못하는 보수 주류인 기민당이 진보 주류인 사민당의 견제를 받으며 자유당이나 녹색당과 연립 정부를 구성하는 유럽의 정치 제도와 문화가 그 예다.

하지만 지금 대한민국의 정당들은 언제 이름을 바꾸고 없어지고, 탈당과 영입을 통해 선수 교체를 할지 모른다. 철학과 이념과 목표와 정책이 결코 뚜렷하지 않은, 오직 누구를 좋아하고, 누구를 미워하고, 누구와 가깝고 친하고, 어느 지역 출신자들이 많고 등으로 이루어진 정당들이다. 그러니 자신들의 이해관계에 따라 금세 정책을 바꾸고, 원칙도 쉽게 뒤집는 것이 지금 대한민국의 정당이다.

2017년 초 이러한 대한민국 정당의 현실을 뻔히 아는 상황에서 대선 전 개헌을 고집하는 것은 오직 이번 대선에서 이길 가능성이 없는 정당들이 다 모여 대선을 무력화하고 권력을 나눠 갖기 위한 꼼수라는 오해를 받을 여지가 컸다. 1987년 개헌은 국민이 피 흘려 이뤄낸 성과였고, 국민이 요구한 개헌이었다. 그 이전에는 권력이 자기 입맛에 맞춰 제멋대로 개헌을 하곤 했다. 1987년 경찰대학생이었던 내 기억에도 "호헌철폐"를 한 목소리로 외치던 광장의 학생들과 시민들의 모습과 음성이 선명하다. 30년의 세월이 흘러 헌법에도 변화가 필요한 것은 맞는 말이었다.

'오직 검사만이 영장을 청구할 수 있다'는 말도 안 되는 내용이 포함된 세계 유일의 헌법 조항도 서둘러 수정해야 하고, 국민의 기본권을 더 확실하게 보장하는 보완도 필요하다. 하지만 그 요구 주체는 주권자인 국민이어야 하고, 어떻게 어떤 방향으로 변경해야 할지 역시 국민에게 공개되고 공유되어야 하며, 소통을 통한 합의과정 또한 반드시 필요하다. 권력을 쥐고 있는 국회의원들과 정당들이 일부 전문가와 학자들을 자문위원으로 위촉해 의견을 듣고 만든 뒤 '국민투표'라는 요식행위만으로 국민의 뜻을 반영했다고 우겨서는 안 된다.

박근혜 국정농단 범죄가 '제왕적 대통령제' 때문이라는 주장 또한 결코 동의할 수 없다. 헌재 결정문에서도 적시했듯이, 박근혜는 "헌법과 법률을 심대하게 위반했고, 이를 밝히려는 수사 및 사법절차에 불응"했다. 그리고 이 문제를 알 수밖에 없는 새누리당이 전혀 제지하거나 견제하지 않고 공범자의 역할을 한 것이 문제였다. 헌법이 문제가 아니라 '헌법을 지키지 않은 것'이 문제였다. 4.13 총선의 공천 파동, 친박들의 국회 절차와 합의 정신 무시, 교문위에 소속된 새누리당 의원들의 철통 같은 '정유라 지키기', 새누리당 의원 전원이 총동원된 '정윤회 게이트 덮기'와 '최순실 감추기', 국회의장을 겁박하여 무리하게 진행한 테러방지법 직권상정… 이 모든 것이 헌법과 법률을 무시한 채 자신들이 쥐고 있는 권력으로 국가를 좌지우지하려 한 보수 정당과 정권의 문제였다. 이것이 내가 개헌보다 정치의 정상화를 먼저 주장한 이유였다.

●●●

_ 2017년 3월 16일 목요일

개헌보다 정상적 민주 정당 확립, 그리고 개혁 입법이 먼저입니다

지금 일부 정당들과 국회의원들 이외에 국민들의 '개헌 요구' 목소리는 들리지 않습니다. 국민은 개헌보다는 특검 연장, 그리고 철저하고 엄정한 수사와 법원의 공정한 재판을 원하고 있습니다. 이 과정을 통해 박근혜와 그 부역 세력의 죄상을 철저하고 낱낱이 밝히고 엄중히 단죄하기를 요구합니다. 그리고 국민 다수의 지지를 받는 강력한 대통령이 집권 초기 개혁드라이브를 통해 박근혜 정권에서 망가지고 무너진 경제와 국방, 외교를 복원해내길 요구합니다. 국회는 권력을 탐하지 말고 특검 연장, 상법개정안 등 경제민주화 입법, 공수처 신설 및 검찰과 수사구조 개혁, 국정원 개혁 등을 포함한 권력 구조와 정부조직 개혁 그리고 산적한 민생 법안들을 심의하고 정상적인 토론과 협의를 통해 입법하는 본연의 임무에 충실해야 합니다. 어린이 보호, 동물 보호, 소방관 눈물 닦아

주기, 최저임금 인상, 노동인권 보장, 장애인 복지 개선, 기초생활수급자 등 복지 대상자의 부양의무제 폐지 및 추가 수입 공제 금지 등 힘 없고 약한 서민을 살리는 입법이 당리당략에 막혀 심의나 상정조차 되지 못하거나, 법사위에 소속된 특정 국회의원 1인의 몽니로 본회의에 오르지도 못하는 것이 지금 국회의 실정입니다. 이런 지금 상황에서 개헌 타령을 하는 것이 말이 됩니까? 제 할 일부터 합시다. 주권자인 국민께 죄짓지 맙시다.

대선이
시작되다

본선보다 치열했던 예비경선

헌법재판소가 대통령 박근혜를 파면한 이후, 대한민국은 대통령 선거 상황으로 빠르게 빠져들었다. 더불어민주당은 그 어느 때보다 대선 승리의 가능성이 높은 분위기였기 때문에 당내 예비후보 간 경쟁이 치열함을 넘어 과열되는 분위기였다. '문재인 영입 1호', '친문'으로 분류되고 불리던 나였지만 대선후보 예비경선 과정에서는 철저하게 중립을 유지했다. 국회의원이 된 후 있었던 전당대회의 당대표 및 최고위원 선출, 원내대표 선출, 국회의장 후보 선출 등 모든 당내 선거에서 나는 철저한 중립을 지켜왔다. 그 덕분에 어떤 당직도 맡지 않고, 어떤 계파로도 분류되지 않은 채 독립적, 중립적으로 할 일만 할 수 있었다.

하지만 나의 중립적 태도가 대선 후보의 당내 경선과정에서는 많은 오해와 비난의 대상이 되기도 했다. 각 예비후보 캠프 내 일부 인사들이 도움 요청을 거절하는 나에 대한 불만을 토로하고, 그 불만이 다른 의원들과 보좌진, 당직자는 물론 기자들에게도 전해져서 문의와 질문이 쏟아지기도 했다. 예비경선에서 치열하게 싸우고 후보가 결정된 뒤 본선에서 다시 하나가 되어 함께 최선을 다하는 것이 정답일 것이다. 그러나 우리 정당의 과거 사례를 보면 이런 '페어플레이'가 잘 지켜진 경우는 많지 않다. 오히려 지나친 당내 경선에서 경쟁이 과열되면 그 후유증이 본선의 경쟁력을 스스로 감소시키곤 했다.

나는 당의 '빅 마우스' 중 하나다. 연설과 방송 토론, SNS 활동 등 선거 싸움에서 매우 강력한 '무기'임이 틀림없다. 어떤 예비후보 편에 서는 순간 다른 예비후보와 그 지지자들은 나로 인해 많은 상처를 받고 감정을 상하게 될 가능성이 높다. 그래서 나는 당내 선거에 있어서만큼은 절대중립을 지키기로 결심했다. 내 판단에는 당내 경선의 승자는 문재인 후보일 수밖에 없었다. 굳이 내가 숟가락을 얹을 필요도 없었다. 나는 당내 경선에 거리를 둔 채 박근혜 국정농단과 우리 앞에 놓인 정치적, 사회적 문제 해결을 위한 소통과 정치활동을 해나갔다.

_ 2017년 4월 2일 일요일

내일 4월 3일 더불어민주당 대선후보가 확정되면 저는 그 후보의 대선 승리를 위해 할 수 있는 모든 노력을 다할 것입니다. 그동안 국민의 화합과 이를 통한 정권 교체, 적폐청산을 위해 어떤 예비후보를 지지하거나 지원하는 활동을 하지 않았습니다. 뜻이 같은 분들은 함께해주시면 감사하겠습니다.

왜 문재인인가?

　모두의 예상대로, 제20대 대통령 선거의 더불어민주당 후보로 문재인 후보가 확정되었다. 나는 본격적으로 선거운동에 뛰어들었다. 우선 왜 문재인 후보가 대통령이 되어야 하는지에 대한 논리적 근거를 설파해나갔다.

💬

_ 2017년 4월 4일 화요일

왜 문재인인가?

첫째, 지금 대한민국에는 '적폐'를 도려낼 '전문가'가 필요하다. 박근혜-최순실 게이트는 '헌정사상 최초의 현직 대통령 탄핵 심판'이라는 정치적 사건을 훨씬 뛰어넘는 역사성을 가진다. 흔히 '적폐'라는 표현으로 상징되는 대한민국의 오랜 병폐들이 이 하나의 사건 안에 오랜 세월 얽히고 설킨 종양 조직처럼 또아리를 틀고 있다. 이 거대한 적폐의 종양 덩어리는 대한민국이라는 유기체의 주요 장기를 파고들어 그 핏줄과 힘줄에 눌어붙어 마치 몸의 일부가 된 듯한 형국이다.

이 '적폐의 종양 덩어리'를 그대로 두었다가는 대한민국의 정치와 경제, 안보, 외교, 사회와 문화 등 주요 장기까지 모두 썩어 문드러져 아주 서서히 나라 전체의 생명력이 소진되고 자생력을 잃어갈 것이다. 그 결과 외국의 지원에 기대어 그들의 조종과 통제에 생명을 내맡기는 기생체로 전락할 것이 자명하다. 그렇다고 해서 부주의하고 무리하게 전면적으로 '적폐의 종양 덩어리'를 도려내려 했다가는 대한민국이라는 유기체는 장기 손상이나 과다 출혈로 바로 생명을 잃거나 뇌사 상태에 빠질 위험도 크다. 실력 있고 경험 많고 세심하며, 신망이 두텁고, 리더십이 뛰어나고, 사명감과 책임의식이 뚜렷한 전문가를 팀장으로 하는 대규모 조직이 장기간 여러 차례에 걸친 수술과 치료 및 회복 프로그램을 체계적으로 이행해나가야 한다.

그 과정에서 수술과 치료 방법의 적절성과 속도에 대한 의문이 제기되고, 효과가 빨리 나타나지 않는 데 대한 불만과 비판, 차라리 자신에게 맡겼으면 더 잘했을 것이라는 주장과 외침 등이 무수하게 들려올 것이다. 그 모든 반발과 방해, 공격을 막아내고 이겨낼 내공과 맷집이 필요하다.

우선, 대한민국 정치에 눌어붙어 있는 적폐의 종양 덩어리는 전혀 정치적인 역량이 없다는 것이 확인된 박근혜라는 사람을 대통령으로 만들어낸 정치인들과 정당, 낡아빠진 정치 풍토와 관행이라고 할 수 있다. 진실을 감추고 모순과 불합리를 본류로 삼는 정치 집단이 주류를 형성하다 보니, 한국 정치는 국가관이나 애민 정신 그리고 소통 능력, 문제 해결 능력, 정책 능력 같은 정치인으로서의 기본적인 자질과 실력이 아닌 권력자에 대한 충성과 권력자로부터의 신뢰나 신임 정도에 따라 공천과 인사가 행해지는 '정치 적폐'가 자리잡게 되었다. 이들에 의해 개혁은 번번이 좌절되고, 악법은 강행되었으며, 국방과 외교 및 경제의 근본이 허물어지는 국가 위기에 내몰린 것이다.

경제의 '적폐' 또한 심각하다. 흔히 '정경유착'으로 불리는 부패의 고리는 이번 박근혜-최순실 게이트의 핵심인 동시에, 40년 전 박정희, 박근혜,

최태민과 재벌 기업들 간의 거래 및 유착 모습의 판박이다. 시대와 상황이 변하면서 구체적인 내용과 방법에는 변화가 있었지만 그 모습과 본질은 그대로였다. 정치 권력과의 긴밀한 관계를 이용해 세제와 법규, 정책을 좌우하고 각종 특혜와 독과점의 혜택을 누려온 재벌 대기업들이 도덕적 해이에 빠진 것은 필연적 결과였다.

우호적인 정부의 적극적인 도움과 협조로 손쉽게 사업을 펼쳐나갈 수 있으니 기술 개발이나 경영 혁신보다는 영업과 문어발식 확장에 의존했다. 개인이나 중소기업이 좋은 기술을 개발하면 빼앗으면 되고, 하청과 재하청을 통해 비용과 책임을 전가한 채 쉽게 돈을 버는 구조를 공고히 했다. 돈이 된다 싶으면 제과점이건 떡볶이집이건 커피 가게건, 동네 슈퍼건 물량과 자본으로 밀고 들어가 시장을 탈취했다. 경영이 힘들다고 앓는 소리만 한 번 하면 청와대와 정부 그리고 거대 정당들은 친기업 입법들을 밀어붙여주었다. 이렇게 수십 년 동안 지속되어온 경제 시스템 속에서 대기업과 자본가들의 이익은 눈덩이처럼 불어났지만, 자영업자와 개미 투자자, 노동자 등 일반 서민들은 늘어나는 부채에 휘청거릴 수밖에 없었다.

'사드' 배치를 둘러싼 혼란과 난맥상, 한일 위안부 협상 논란, 미국도 돌려줄 준비가 다 됐다는 전시작전통제권 환수 거부 등 자주 국방을 포기하는 모습들은 모두 천문학적인 방산비리와 무관하지 않아 보인다. 게다가 군 인사 비리의 대명사로 부각한 소위 '알자회' 스캔들과 잇따른 군 장성, 고위 장교들의 성범죄와 부패 범죄 등 기강 해이 현상과 정치개입 문제 등은 가히 '국방 적폐'라 할 만하다.

이뿐만이 아니다. 대규모 기자 해직 사태와 편파 방송 논란, 세계 70위권까지 추락한 언론의 자유 수준 등 방송과 언론의 '적폐', '블랙리스트'와 '창조 문화 융성' 등으로 대표되는 문화예술계의 적폐, 빈부격차와 진입장벽, 각종 차별과 갑질 등 불평등으로 얼룩진 사회 적폐, 정유라로 대표되는 교육 적폐, 세월호 참사와 구조 실패를 낳은 공무원 관료 조직의 부패와 유착, 이권 등으로 얽힌 공직 적폐 등 국민의 분노와 한숨을 부르는 이 엄청난 적폐 덩어리를 제대로 진단하고 세심하고 철저하게 제거해낼 고도로 전문적인 팀과 그 리더가 우리에겐 절실하다. 무엇보다 적폐의 일원이거나 적폐로부터 이득이나 혜택을 받아 온 이들, 그리고 적폐 해소에 무관심했던 이들은 결코 지금 대한민국에서 집권을 해서는 안 된다.

둘째, 문재인 후보는 최선은 아닐지 몰라도 최적의 대안이다. 박근혜-최순실 게이트를 통해 대한민국의 적폐가 너무도 폭발적으로 드러나긴 했지만, 그동안 우리 모두가 알고 느끼고 고민하고 걱정했던 문제다. 멀게는 일제강점기에서부터 비롯된 총체적 문제인 '친일 잔재', 그리고 뒤이은 독재 권력이 만들어낸 '독재 잔재'. 좀 더 가깝게는 기득권 세력의 불법과 반칙 문화…. 우리는 늘 광야에서 백마 타고 오는 의인이 영웅처럼 이 모든 적폐를 일거에 해소해주길 기대하며 기다려왔다. 김영삼, 김대중, 노무현 이들 전직 대통령들이 그들이라고 믿었다. 하지만 그들에게도 인간적인 한계가 있었고, 모든 문제를 다 해결할 수는 없었다. 기대가 컸던 만큼 큰 실망이 뒤따랐고, 그 실망은 냉소와 불신과 외면으로 이어졌다. 그 틈을 타고 다시 적폐 세력이 득세를 했다.

지금 이 위기의 순간, 사람들은 다시 '난세의 영웅'을 이야기한다. 단언컨대, 현대사회에 영웅은 없다. 개방되고 정보가 빠르게 공유되며 다양화한 분권 사회에서 모든 이를 모든 면에서 뛰어넘는 불세출의 영웅은 있을 수도 없고, 있어서도 안 된다. 그것은 민주주의에 반하는 것이기 때문이다. 그렇기 때문에 '최선'에 해당하는 무결점의 '영웅'을 찾으려는 부질없는 시도보다는 적폐 해소라는 시대정신에 가장 부합하고, 국민의 뜻을 누구보다 잘 알고 따르며, 국민과 소통하며 국민과 함께 힘들고 어려운 국가 정상화의 여정을 끝까지 함께 할 '최적의 일꾼'에게 이 무겁고 중요한 임무와 책임을 맡기고 힘을 실어주어야 한다. 나는 그가 문재인 후보라고 생각한다, 아니 믿는다.

그는 독재 권력과 싸운 민주화 투사였고, 약자 편에 서서 헌신한 인권 변호사였으며, 적폐 정치 세력에 맞서 박해와 음해를 온몸으로 받으며 민주 정치 세력을 이끌어온 지도자다. 대한민국 주요 장기 모두에 침투한 적폐라는 종양 덩어리를 제거해내겠다는 강한 의지를 가진 전문가로서의 자격을 충분히 갖추었다는 말이다. 게다가 문재인 후보는 참여정부 내내 대통령 노무현의 가장 가깝고 신뢰받는 정치적 동지로서, 민정수석 비서관과 비서실장 등을 역임하며 충분한 국정 운영 경험을 쌓았다. 섣불리 칼을 휘두르며 일거에 종양을 제거하려다가 환자의 목숨을 위태롭게 만들 경험 부족의 '초보'는 아니라는 이야기다. 이명박, 박근혜 적폐 정권의 폭압과 국정원을 중심으로 한 정보 공작 정치의 엄혹한 상황 속에서, 내부 분열마저 일어난 풍전등화의 야당을 혁신하고 전례 없이 강고한 전국 정당으로 키워낸 뚝심과 저력 역시 인정하지 않을 수 없다.

쌍용 자동차, 밀양 송전탑, 세월호, 개성공단, 백남기 농민, 블랙리스트 피해 문화예술인… 가장 아프고 억울한 피해자들 옆에는 늘 문재인이 있었다. 그것도 그냥 얼굴 도장만 찍고 정치적 성과만 올리는 의례적 행보가 아닌, 함께 단식하고 같이 울고 주저앉아 손잡고 얼굴을 마주하며 보여준 그의 행보는 '공감', 그 자체였다.

잘못과 책임은 다른 이들에게 있는데, 늘 미안함은 그의 몫이었다. 힘이 없어서, 집권에 실패해서, 막아내지 못해서, 그렇게까지 무지막지하고 잔인한 정권인지 상상하지 못했기 때문에 문재인 후보는 책임을 느꼈고, 사죄했고, 반성했고, 눈물을 흘렸다. 적폐의 종양 덩어리들을 모두 다 제거하되 그 과정에서 다른 장기나 혈관이나 근육이 다치지 않도록 세심하고 철저하게 주의를 기울여야 함을 누구보다 잘 알고 있는 사람이 문재인 후보다.

문재인 후보 주변에는 늘 사람이 많다. 함께 칼을 잡고 일사불란하게 종양 제거 수술을 집도할 각 분야 전문가들이 많다. 뜻을 함께하며, 사익을 추구하지 않고, 필요하면 자기를 희생해서라도 팀워크를 유지해 임무를 달성해낼 줄 아는 꾼, 전문가들 말이다. 이번 한 번에 모든 적폐를 도려내는 것은 불가능하겠지만, 지금부터 지속적으로 적폐라는 거대하고 복잡하게 얽힌 종양 덩어리들을 차례로 제거해나갈 수 있는 기반을 만들 수 있는 전문가들의 수술팀이 바로 그의 곁에 있다.

셋째, 문재인 후보 혼자서는 불가능하지만 함께라면 해낼 수 있다. 우리는 김대중 대통령이 세운 민주주의의 기반과 노무현 대통령이 다져놓은 국민 참여의 시스템을 도둑맞고 강탈당했다. 하지만 어떤 도둑이나 강도도 모든 것을 훔치거나 빼앗아 갈 수는 없다. 정신만 바로 차린다면, 한 번 일궈냈던 성과와 구축했던 토대는 얼마든지 다시 세울 수 있다. 결코 혼자서는 할 수 없는 일이다. 하지만 촛불시민이 평화적 무혈 시민혁명이라는 기적을 만들어냈듯이, 세월호 가족들이 국민과 함께 결코 포기하

지 않는 노력 끝에 인양 성공이라는 기적을 만들어냈듯이, 언제나 국민과 함께하며 국민의 뜻을 하늘의 뜻으로 알고 받드는 문재인 후보가 세상에서 가장 멋진 대한민국 시민들과 함께한다면 반드시 해낼 수 있다. 그래서 문재인이다.

평화적이고 정상화된 대한민국 상태라면 다른 사람이어도 된다. 하지만 풍전등화의 위기에 내몰린, 적폐의 종양 덩어리에 주요 장기들이 뒤덮인 대한민국의 암담한 현실 앞에서는 오직 문재인밖에 없다. 문재인 후보의 인격과 경험과 능력과 연결된 힘을 모두 이용해 대한민국을 구하고 나서, 위기와 고비를 넘긴 대한민국 정치권력 시스템의 변화와 개선을 도모하자. 지금은 그 방법밖에 없다.

신뢰 회복을 위한 선거 시스템

선거는 '총성 없는 전쟁'이라더니, 우리 쪽과 상대 쪽, 중립 모든 곳에서 내가 하는 말과 행동, 표현 하나에도 민감하게 반응했다. 나는 각 당과 후보 측이 검증이라는 이름으로 서로를 비방하고 공격하는 모습에 실망했다. 하지만 나라도 공정하고 객관적인 모습이길 바라는 국민들에게 긍정적이고 희망적인 선거운동을 보여주기 위해 노력했다.

2016년 총선에서도 어린이와 청소년도 보고 배우고 즐겁게 함께 할 수 있는 깨끗한 선거를 약속했고, 약속을 지키려 노력했다. 한 번도 상대 후보를 공격하거나 비난하는 일 없이 상대를 존중하고 칭찬하면서도 내가 더 나은 후보라는 점을 알리려 했다. 네거티브 없이도 선거에 승리할 수 있다는 확신을 얻은 소중한 경험이었다. 하지만 총선과 대선은 너무도 다르고 내 선거가 아닌 당과 우리 후보를 위한 선거에서 내 방식만 고집할 수는 없는 현실 앞에 어려움을 느끼기도 했다. 선거기간 동안 나는 내 이미지만 생각하거나 편하고 일상적으로 듣기 좋은 말만 할 수는 없음을 공개적으로 밝히고 여러 차례 양해를 구했다. 아울러 특정 정당 소속이고 문재인 후보를 지지하는 정치인으로서 5월 9일 선거일까지 SNS 활동을 포함한 모든 언행은 '문재인 대통령 만들기'를 향한 목적성을 갖는다는 점 역시 수차례 밝혔다. 다른 의원들이나 정치인들은 이해하지 못할 심경과 행동일 것이다.

나는 정치인이기 전에 오랜 기간 어린이와 청소년을 포함한 많은 이들에게 알려져 있었고, 그들에게 영향을 끼칠 수 있는 역할을 해왔다. 그런 만큼 강한 '공적 책임감'을 느끼며 살아왔다. 그래서 선거에 모든 걸 다 바쳐 최선을 다하는 한편, 선거라는 '전쟁 기간' 동안 나의 언행에 특별한 목적성이 있음을 이해해달라고 공지하고 양해를 구해야 한다고 생각했다.

선거에서 보였던 나의 '전투적 활동'이 단지 선거 승리라는 당파적 이익을 위한 것만은 아니었다. 헌법과 민주주의를 유린한 박근혜 정권의 불법과 범죄를 중단시키고, 그 구체적 진실을 밝히고, 책임자 처벌과 재발 방지를 위해 노력해온 국민 다수의 뜻과 마음과 열망을 '완전히 새로운 대한민국'을 건설하는 데 그대로 쏟아부어야 한다고 생각했다.

선거라는 경쟁 구도 앞에서 우리는 또 나뉘고 갈라질 수밖에 없었다. 각자가 지지하는 후보나 정당이 더 낫다고 생각하고 다른 후보나 정당은 자격이 없거나 미흡하다고 생각하는 게 자연스러운 일일 것이다. 그래도 당내 경선 과정에서 겪었듯, 치열하게 싸운 뒤 경쟁이 끝나면 결과에 승복하고 다시 하나가 되어 더 큰 싸움을 함께 해나가야 하는 동료, 이웃, 같은 국민이 아닌가? 나는 이 중요한 원칙을 잊지 않고 치열하게 싸우되 '원칙과 정도'를 어기거나 넘어서지 않도록 최선을 다하겠다고 스스로 약속하고 공개적으로 선언했다.

_ 2017년 4월 9일 일요일

가능한 이번 선거가 '민주주의의 축제'에 최대한 가까운 모습이 될 수 있도록 함께 노력했으면 좋겠습니다. 저도 최선을 다하겠습니다. 정치를 시작하고 2% 부족으로 패배했던 2012년 선거를 보면서 저는 그 2%를 끌어오는 데 제 모든 힘을 보태겠다고 약속했습니다. 어차피 우리 편인 48%(혹은 그 이하)보다는 아직 우리 편이 아닌 분들에게 계속 말을 걸겠습니다.

대선기간 내내 나는 전국 방방곡곡을 다니며 연설하고, 춤추고, 거리의 시민들과 대화하고, 악수하고, 함께 사진을 찍었다. 우리 당 의원들이 모두 그랬다. 지난 19대 대선에서는 달랐다고 한다. 친문과 비문으로 갈려 당내 갈등이 심했고, 국회의원은 집권보다 자신의 의원직 유지가 더 중요하다는 인식이 팽배해 대선기간 동안 후보를 위해 몸을 던지는 의원이 많지 않다고 한다. 정치인은 선거기간 동안 아무리 무리를 해도 감기나 몸살에 잘 걸리지 않는다. 일종의 '선거 중독' 현상으로 몸에서 에너지를 발산하고 자가치유 효과를 발휘하는 호르몬과 신경전달물질이 마구 분비되는 것 같다. 선거 막판에 이르자 목이 쉬어 말을 하지 못할 상황이었지만 유세차에 올라가 마이크를 잡으면 큰 소리로 연설하고 구호를 외쳤다.

손쉽게 승리할 것이라던 처음 예상과는 달리 보수 표가 결집하고 사드와 북핵 등 안보 이슈가 강세를 띠면서 3강 구도, 양강 체제 등 여론조사 결과가 엎치락뒤치락하는 혼전 양상이 벌어졌다. 그러다 TV 토론을 거치면서 선거 막판에 이르러 문재인 후보의 대세론이 굳어지고 있었다.

드디어 본 투표일에 여러 가지 사정으로 투표하지 못하는 사람들을 위해 이틀 동안 실시되는 사전투표일이 다가왔다. 첫날인 5월 4일, 인터넷에서는 두 종류의 투표용지가 있고, 잘못된 투표용지는 검표 과정에서 무효표로 분류된다는 소문이 돌기 시작했다. 지난 대선에서 제기되었던 개표부정 의혹이 가시지 않은 상황에서 다시 투표 의욕을 떨어뜨리는 매우 심각한 의혹이 제기되었다. 나는 당 선대위와 소통하면서 제기된 의혹들을 철저히 검토하고 검증했다. 전국 투표소에서 동일한 기계로 미리 프로그램이 세팅된 상태에서 동일한 투표용지가 공급되고, 투표 전에 여야 각 당과 시민단체 대표가 포함된 참관인들과 유권자가 함께 투표용지를 보며 주고받는 과정 등을 감안할 때 신빙성이 떨어지는 주장이었다.

물론 단 하나라도 실제 증거가 발견된다면 이야기는 달라진다. 하지만 인터넷에 올라온 주장과 함께 첨부된 증거 사진은 모두 실제 이번 선거의 투표용지가 아닌, 과거 선거에 사용된 투표용지 사진과 이번 선거의 투표용지를 비교해 보여주며 '내 눈으로 직접 봤는데, 내 투표용지는 이번 선거용이 아닌 과거 선거용과 같은 형태'라는 식이었다. 그러면서 '잘 기억해보시라, 당신도 아마 그럴 것'이라는 권유가 살짝 첨부되어 있었다.

범죄심리학 실험이나 신문기법, 사기 범죄 유형 등에서 자주 활용되거나 발견되는 '암시, 제시' 기법이다. 흐릿한 기억을 명확하게 해주는 긍정적 효과도 있는 반면, '기억의 오류'를 만들어내서 의도된 진술이나 자백을 하게 하는 강한 효과도 있다. 예를 들어 갑작스럽게 발생한 뺑소니 사망사고의 현장을 목격하고 충격에 빠진 5명의 목격자가 있다고 하자. 그들에게 차례로 사고와 관련된 질문을 했을 때, 4명은 뺑소니 차의 색상이나 번호판 숫자를 전혀 기억하지 못하거나 확신 없는 추측을 했다. 하지만 5번째 목격자가 확신을 가지고 '내 눈으로 똑똑히 봤는데 빨간색 승용차에 끝번호가 4였다'라고 하자, 다른 목격자들도 하나 둘 '맞아, 이제 또렷이 기억나요, 빨간색이었고, 끝번호가 4번이었어요'라고 동조한다. 다시 한 번 확실한지 물어보자 이제 목격자들은 완전히 흔들리지 않는 확신을 가지고 '빨간색, 4번'이라고 확인을 해준다. 그런데 이후 신호대기 중이던 다른 차량의 블랙박스에서 확인된 가해 차량의 실제 색상은 회색이었고, 끝번호는 7번이었다. 이런 일들은 교통사고나 범죄 사건 현장에서 자주 발생한다.

2004년 1월 경기도 부천에서 발생했던 '초등학생 2명 피살 사건' 당시 여러 명의 목격자가 남녀 두 사람이 승용차에 아이들을 태우는 것을 봤다고 확신에 찬 진술을 했다. 그 진술을 바탕으로 차량 대상 수사가 집중되었지만, 결국 이 사건의 범인은 연쇄살인범 정남규였고, 아이들의 시신은 목격자들의 진술과는 반대 방향으로 도보로 이동한 야산 중턱에서 발견되었다. 감정이나 정서적 문제로 혹은 필요 때문에 자신도 모르게 사후에 변화 혹은 왜곡되는 인간의 인지와 기억체계의 특성 때문에 발생하는 현상이다.

만약 이런 인간 기억의 특성을 이용해 누군가가 고의적으로 그럴듯한 유사 근거와 사례를 제시하거나, 다수나 권위 있는 인물의 진술을 통해 신뢰를 얻은 뒤 원하는 결론을 제시하면, 대상자는 마치 자신이 그 결론을 직접 경험했거나 생각한 것이라고 느끼게 된다. 이것을 심리학 용어로 '동조 심리'라고 한다. 동조 심리를 자극하면 우리는 상대방이 말한 결론을 마치 내가 기억하거나 생각한 것이라고 착각하기 쉽다.

이런 기법은 허위 진술 유도나 사기 범죄 혹은 사이비 종교의 전도, 정치적 선동, 무속이나 점술 등에 사용될 경우 매우 위험한 결과를 야기할 수 있다. 지식이나 판단 능력과는 상관없이 대학 교수나 법조인 등도 쉽게 이런 피해를 당하는 경우가 많다. 스코트랜드 네스 호의 괴물, 네시의 목격담과 사이비 종교 집단의 종말론이나 교주의 기적 같은 능력, 히틀러나 김일성을 추종하는 것 등이 대표적인 사례. 가장 효과적인 대응은 정확하고 확실한 정보와 함께 의혹을 뒷받침하는 증거를 요구하는 것이다.

나는 공개적으로, 그리고 지속적으로 투표용지 제작 및 보급 그리고 투표 참관 과정 등을 설명하며 '이중 투표용지' 현상은 극히 발생하기 힘들다는 점과 집단적인 '기억의 오류' 현상이 발생할 수 있다는 점을 설명하고, 만약에 사전투표 2일 차인 다음 날 '다른 투표용지'에 대한 증거가 나타나면 공개 사과하고 책임지겠다고 선언했다. 첫날은 별 의식 없이 투표를 했다가 사후에 '잘못된 용지'였다는 기억이 난 것이라면, 둘째 날은 확실한 의식을 가지고 투표를 하게 될 테니 쉽게 증거가 발견될 거라고 추가로 설명했다. 잘못된 투표용지를 받게 되면 그 자리에서 선관위 관계자와 참관인들에게 알리고 (투표소에 들어가기 전에) 동의를 얻은 뒤 사진을 찍어 증거로 남기면 된다고 해결 방법도 제시했다. 인터넷과 SNS에서는 나에 대한 비난이 빗발쳤다. 왜 선관위를 옹호하고 나서느냐, 선거부정 문제를 들춰내고 밝혀야지 왜 감추느냐, 국민 유권자 다수를 '기억의 오류'나 저지르는 바보로 모욕하느냐 등의 성토가 쏟아졌다.

나는 '잘못된 투표용지'를 발견하기 위해서라도 사전 투표에 참여해달라고 더 가열차게 투표를 독려했다. 5월 5일 사전 투표 둘째 날에 만약 단 하나라도 잘못된 투표용지가 발견된다면 나는 정치적인 타격을 엄청나게 입을 수 있는 상황이었다. 나는 5월 5일 하루 종일 놀이공원 입구에서 선거운동을 하면서 기사 속보와 SNS 상황을 모니터링했다. 투표용지와 '기억의 오류' 문제에 대한 문의와 비판에 답을 하기도 했다. 사전투표 참가율은 사상 최고치를 경신했다. 결국, '잘못된 투표용지'는 전국에서 단 하나도 발견되지 않았다. 일부에서는 5월 4일 문제가 불거졌으니 다음 날에는 잘못된 투표용지를 모두 감추고 버리고 삭제했을 거라고 주장했지만, 이에 동조하는 사람은 많지 않았다. 만약에 누군가 의도적으로 '이중 투표용지 의혹'을 만들고 퍼뜨린 것이라면 그(들)은 투개표 부정 의혹을 확산해 대중의 불신 심리를 자극하고 불안감을 조성해 투표율을 저하시키는 동시에 결과의 정당성에 흠집을 내어 새 대통령의 정통성을 흔들고 정쟁의 빌미를 만들려는 의도를 가졌다고 볼 수밖에 없다. 반드시 막아야 했고, 다행히 막을 수 있었다.

나는 21세기 대한민국의 헌정 체제와 국가 행정 시스템을 신뢰한다. 그리고 신뢰해야 한다고 믿는다. 다만 그 공적인 신뢰를 유지하기 위해서는 오류의 가능성을 인식하고 비판적인 관찰의 태도를 유지하면서 문제의 소지가 발견될 때 철저하게 밝히고, 드러내고, 책임의 소재를 규명해 벌해야 한다. 권력자나 공직자, 혹은 기관이나 정당을 보호하기 위해 오류를 탐색하고 규명하며 개선하는 작업에 개입해 진실을 왜곡한다면 시스템 전체에 대한 '공적 신뢰'에 금이 간다. 이런 시도는 반드시 막아야 하고, 밝혀야 하고, 단죄해야 한다. 2012년 12월 국정원 대선개입 의혹에 내가 모든 것을 던지며 비판하고 소리친 이유다. 그리고 이후 계속되는 박근혜 정권의 검찰과 국정원, 언론과 방송 등을 이용한 진실 감추기와 왜곡하기에 반발하고 문제를 제기하다가 정치 일선에 뛰어들게 된 이유이기도 하다.

테러 위험도 불사한 프리허그

이틀간의 사전 투표는 무사히 종료되었고, '문재인 대세론'은 더욱 거세졌다. 이제 극단적인 '만약의 사태'만 발생하지 않는다면 4일 뒤 대한민국 제20대 대통령은 문재인이 될 것이다. 상황이 이렇게 전개되자 온라인을 중심으로 '문재인 대상 테러설'이 제기되기 시작했다. 이런 상황에서 문재인 후보가 유세 중 약속한 프리허그 행사가 5월 6일 오후로 예정되어 있었고, 언론과 여론 일부에서는 이를 위험하고 무모한 보여주기 쇼라고 공격하며 중단을 촉구했다. 지지자들 중에서도 후보의 안전을 우려해 취소하라는 요청이 빗발쳤다. 또 다른 '불안 심리'가 조성된 것이다. 마지막 고비였다. 안전을 우려해 취소하면, 마치 2007년 대선기간 중 발생한 강화 해병 총기 피탈 사건 이후 안전을 우려해 공공장소에서 예정된 선거유세를 모두 취소하고 실내로 숨어버린 유력 후보 이명박처럼 '비겁하고 유약한 겁쟁이'의 이미지를 줄 수 있었고, 반대로 강행하면 '위험한 모험주의자'라는 비판을 받을 수 있는 상황이었다.

많은 내부 토론을 거친 끝에 후보 캠프에서는 경호 대책을 강화한 뒤 예정대로 행사를 진행한다고 결정했고 나도 그 결정을 지지했다. 그 결정이 내려지자마자 나는 시민들에게 공개적으로 강화되는 경호 대책에 대해 안내하고 협조를 요청했다.

_ 2017년 5월 6일 토요일

문재인 프리허그의 의미와 유의사항, 참고 사례

대통령이라는 역할은 앞으로 오늘 프리허그 이상의 위기나 위험 상황을 신중하면서도 과감하게, 그리고 성공적으로 돌파해내야 하는 특별한 역할입니다. 오늘 행사는 이미 경찰과 캠프 및 당내 전문가들이 충분한 검토를 거쳐 철저한 대비를 한 상태에서 실시됩니다. 끝까지 함께 긴장하고 경계하면서 협력해서 문재인 후보를 지키고 프리허그 행사도 멋지게 해냅시다.

1. 프리허그 약속 이행의 의미

(1) 국민과의 약속을 꼭 지키는 믿을 만한 대통령

(2) 구중궁궐의 청와대를 버리고 시민의 곁인 정부청사 내에 집무실을 두는 사상 첫 광화문 대통령

(3) 어떤 위협과 협박에도 굴하지 않고 국가와 국민을 위해 필요한 일이라면 철저한 대비 태세로 정면돌파하는 든든한 대통령

(4) 경찰-선거캠프-더불어민주당 다자간 협력으로 시민의 불편을 최소화하며 완벽한 경호를 해내는 준비된 대통령

2. 유의사항

(1) 이전의 유세 현장보다 강화된 경호 조치를 미리 예상하시고 양해해 주시기 바랍니다.

(2) 문재인 후보의 행사장 진입, 프리허그 절차 진행, 행사 후 퇴장 시 안

전과 질서 유지를 위해 제한과 제지가 이루어질 수 있음을 미리 예상하시고 양해해주시기 바랍니다.

(3) 제한된 시간 내에 철저한 안전 조치하에 충분한 질서를 확보하고 진행되는 점을 인식하시고 "내 차례가 돌아오지 않을 가능성이 높다", "꼭 직접 프리허그를 하지 않아도, 현장에 함께 있다는 것만으로도 프리허그를 한 것과 같다"는 마음의 준비를 해주시면 감사하겠습니다. (참고로 문재인 후보가 현장을 떠난 뒤에도 저를 포함한 의원들이 남아 '꿩대신 닭' 역할을 하겠습니다. 미흡하고 양에 차지 않으시겠지만, 양해 부탁드립니다)

(4) 문 후보만이 아니라 참가한 시민들 모두의 안전을 서로 돌보고 지키겠다는 '시민 경호원'의 자세를 유지해주시길 부탁드립니다. 결코 밀거나 무리하게 이동하지 마시고 주변에 있을 수 있는 어린이나 여성, 어르신, 장애인 등의 존재를 인지하고 유의해주시기 바랍니다.

(5) 주변에서 무기가 될 수 있는 것을 들거나 꺼내거나 던지려 하는 사람이 있다면 큰소리로 알려서 주변의 관심을 끌고, 가까이에 있을 경찰이나 경호 담당자의 조치에 협조해주시기 바랍니다.

3. 참고사례

(1) 힝클리의 레이건 당시 미국 대통령 저격, 채프먼의 존 레논 저격 등 외국 사례는 '총기 소지의 자유'에 따른 본질적 위험과 예견 가능성이 낮은 상황에서 발생한 돌발적인 사건입니다. 우리 나라 역시 불법 무기나 사제 총기 등의 가능성을 배체할 수는 없지만 그 위험성은 상대적으로 낮으며, 오늘 행사는 사전 위협 발생으로 인해 경호 및 경비가

강화되어 상대적으로 대비 태세가 높습니다.

(2) 2007년 대선 강화도 해병 총기 피탈 사건 : 당시 범행 동기가 대선 후
보에 대한 위해일 가능성이 대두되어 경호 수준을 격상했고, 당시 높
은 지지율로 유력 당선 후보였던 이명박은 모든 외부 유세 등의 활동
을 중단하고 안전한 실내에서만 유세활동을 했습니다. 적절한 경호
및 안전 조치는 필요했지만 지나칠 정도로 몸을 사리는 모습을 보여
추후 대통령이 된 후 국가와 국민 위해 헌신하기보다 자신과 주변인
의 이익 및 퇴임 후 안전을 위해 국정원 및 검찰 등 권력을 사적으로
사용한 인격적 측면이 이미 그 당시에 노출된 것입니다.

4. 여러분이 제기하신 불안과 우려에 깊이 감사드리며, 그로 인해 저희도
최선의 안전 및 경호 조치를 취할 수 있었고, 참가 시민들과 언론의
안전과 경호 조치에 대해서도 사전 양해와 협조를 얻을 수 있었습니
다. 깊이 감사드립니다.

5. 위에서 설명드린 모든 조치에도 불구하고, 혹시 발생할 수 있는 돌발
위험 상황까지 대비하며, 행사가 종료되는 마지막 순간까지 추호도
긴장 늦추지 않고 안전하고 성공적인 행사 완료를 위해 만전을 기하
겠습니다. 깊이 감사드립니다.

서울 신촌 홍대 앞에서 진행된 '문재인 프리허그' 행사는 물 밀듯 밀려드
는 인파에도 불구하고 문재인 선거캠프와 더불어민주당 그리고 경찰 및 시
민들의 철저한 준비와 긴밀한 협조로 안전하고 무사하게, 무엇보다 큰 감
동과 공감을 거두고 성공적으로 치러졌다. 나를 포함해 여러 명의 더불어
민주당 의원들은 자정 가까이까지 현장에 남아서 문재인 후보와 직접 프리

허그를 하거나 사진을 찍지 못해 아쉬워하는 시민들과 '꿩 대신 닭' 행사를 하며 프리허그를 하고, 사진을 찍고, 대화를 나눴다. 이런 모습은 선거기간 내내 문재인 후보가 단상에 섰던 유세 현장 곳곳에서 반복되었다. 유세장을 찾은 시민 단 한 분도 아쉬움과 섭섭함을 느끼지 않기를 바라는 마음의 표현이었다.

마침내 이뤄낸 정권 교체

2012년 12월 이후, 오직 정권 교체만을 꿈꾸며 모든 것을 다 던지고 좌충우돌하며 지내온 세월을 돌이켜보면 문재인 대통령 당선이 확정된 순간 나는 오열을 터뜨려야 했다. 적어도 눈물을 주르륵 흘려야 했다. 그런데 참 이상하게도 평온하고 차분했다. 예견된 결과였기 때문일까, 아니면 그동안 이미 모든 감정과 흥분이 소진되어 버린 탓일까? 다른 한편으로는, 나나 우리 당이 거둔 승리가 아니라 이미 박근혜를 탄핵시키며 국민과 촛불시민들이 만들어놓은 결과였기 때문인 듯했다. 일종의 '무임승차'한 심정으로 감격과 성취감이 아닌 이제부터 빚을 갚아야 하는, 책임과 의무의 시작이라는 느낌과 심정이 강했기 때문인 듯했다. 돌이켜보면, 당선 확정 후 SNS에 올린 축하글에도 그런 건조한 담담함이 잔뜩 묻어 있다.

💬

_ 2017년 5월 10일 수요일

대한민국 제19대 대통령 문재인을 선출하신 국민 여러분께 진심으로 축하와 감사를 드립니다. 나라다운 나라를 만들고 적폐 청산, 검찰 등 권력 기관의 개혁, 차별 없는 사회 건설, 북핵 문제 해결과 국제사회에서 당당한 국익 확보 및 국민통합 등 지난한 과제 해결을 위해 다시 출발해야 합니다. 문재인 대통령과 위대한 국민이 함께한다면 가능합니다. 고맙습니다. 존경합니다. #제19대_대통령 #나라를_나라답게 #원칙이이기고 #국민이_이기는_나라 #상식이_상식이_되는_나라 #자랑스러운대한민국 #든든한_대통령 #문재인 #대통령

이제 시작이다

　나는 공직자의 삶은 '교도소 담벼락 위를 걷는 것'과 유사하다고 생각한다. 어린시절 장난꾸러기 친구들과 두 팔을 벌려 균형을 유지하려 애쓰며 높은 담벼락 위를 걷는 위험한 놀이를 하곤 했다. 자칫 잘못하면 오른쪽이나 왼쪽으로 떨어져 크고 작은 부상을 입게 된다. '공직자의 담벼락', 그 왼쪽 바닥은 교도소, 오른쪽 바닥은 '양심의 감옥'이다. 정치인이나 검사, 경찰관 등 공직자들의 삶에 늘 함께 하는 담벼락, 비겁한 자들은 추락이 싫어 그냥 엎드린 채 눈치만 보며 복지부동과 무사안일을 선택한다. 공직을 새로 시작하려는 이들에게 선배와 상사, 주위 지인들은 권고한다. 눈치를 잘 살피라고, 줄을 잘 서라고, 입 다물고 눈 감고 참고 견디라고.

공직은 개인 사업과 다르다. 물론 개인 사업을 하는 사람이라고 해서 사회 공익에 무관심하다는 말이 아니다. 직업 자체가 부여하는 공적 의무에 차이가 있다는 뜻이다. 공적 책임과 공직 윤리를 지킨다는 전제로 국가는 공직자에게 안정된 삶과 급여를 제공한다. 그래서 나는 공직에 입문하려는 사람들을 대상으로 강의를 할 때, 꼭 '담벼락 위에서 당당하고 자신 있게 제대로 잘 걷는' 연습과 훈련을 하라고 권한다.

상관(혹은 당이나 계파 수장 등)의 부당한 지시 혹은 불법적인 명령에 대해 당당하고 분명하게 거절하고 이의를 제기할 수 있는 용기와 정의감을 갖춰야 한다. 잘못된 관행에 따르지 않고, 거부할 수 있는 자존감과 긍지를 가져야 한다. 혹시라도 잘못된 일에 휘말렸을 때에는 양심에 따라 진실을 밝히는 참다운 사명감과 애국심을 가져야 한다. 추락할 수 있다는 두려움을 견뎌내고, 아니 그 두려움을 안고, 만약 어쩔 수 없이 추락해야만 한다면 그 아픔과 고통을 감수하겠다는 책임의식을 가지고 당당하고 자신 있게 한 걸음 한 걸음 걸어나가야 한다. 그래야 추락하지 않을 수 있고, 마지막 순간에 참 잘 견디고 이겨냈다는, 세상에서 가장 값진 '스스로에게 주는 훈장'을 받을 수 있다.

지금도 박근혜-최순실 국정농단 과정에서 저지른 일들과 이명박 정권이 권력을 사유화하며 저지른 범죄행위에 대해 듣거나 보거나 알고 있는 수많은 공직자들과 정치인들이 바짝 엎드려 있다. 좌우로 눈만 굴리고 있다. 그들이 당당히 일어서서 진실을 밝히고 국가와 국민과 역사의 용서와 이해와 응원을 받게 되길 바란다. 그런 용기를 되찾길, 그래서 다시 당당하게 담벼락 위를 걸어나갈 수 있기를, 아니 더 이상 담벼락 위에는 있지 못하게 되더라도, 홀가분한 마음으로 새로운 출발을 할 수 있게 되길 진심으로 기원한다.

개인적으로는, 교도소보다 더 불편하고 형기조차 없는 '양심의 감옥'이 훨씬 더 무섭고 싫다. 비록 법적으로 처벌받지는 않더라도, 공공의 이익을 저해하거나 정의에 반하거나 부당한 이익을 취한 공직자는 평생 '양심의 감옥'에 갇혀 살아야 한다. '양심의 감옥'에 수감되는 것은 정신건강에 해로울 뿐만 아니라 주변 사람들과의 관계에도 문제가 생기고 그런 부모와 함께 자라는 자녀의 인성에 문제가 발생할 수밖에 없다. 그리고 이런 인격적 결함은 '후생 유전'에 의해 대대로 대물림될 가능성이 높다. 무서운 저주가 아닐 수 없다.

나는 결코 내 아이들과 후손에게 이런 '저주'를 남기고 싶지 않다. 물론 공직이 아닌 의료, 법률, 위생, 안전, 금융 등 공적 특성을 가진 분야나 다른 사람의 삶이나 생명, 재산에 영향을 미칠 수 있는 업무에 종사하는 분들에게도 적용되는 문제일 것이다.

나는 오늘도, 그리고 내일도, 추락에 대한 두려움을 안고, 하지만 결코 주저앉거나 안정과 안위를 추구하지 않으며, 당당하고 자신 있게 담벼락 위를 걸어갈 것이다. 나에게 보내는 응원의 박수와 걱정의 한숨, 떨어지라고 던지는 돌까지 모두 감사히 받으며 걸어갈 것이다. 정의로운 동료 정치인들, 각 분야에 있는 다른 무수한 공직자들과 함께 당당히 걸어갈 것이다. 물론 양쪽으로 추락하는 정치인과 공직자들의 모습도 계속 보게 될 것이고, 제자리에 바짝 엎드려만 있는 이들의 우스운 모습도 보일 것이다.

모든 국민들도 부디 안전한 담벼락 아래에서, 담벼락 위를 바르고 용감하게 걸어가는 우리 정치인, 공직자들과 함께 한걸음씩 나아가기를 바란다. 그래서 희망과 공존과 배려와 따스함이 있는 우리들의 최종 목적지, 햇살 가득하고 따뜻한 사람살기 좋은 곳에 도달할 수 있기를 기원한다.

나는 그동안 겪었던 격동과 격변의 체험, 시행착오와 도전과 모험을 모두 모아 정리하고 분석하고 반추한 뒤, 더 안정되고 더 신중하면서도 더 강하고 더 적극적인 자세로 더 힘차게 걸어갈 것이다.

지금까지는 학습이고 훈련이며 연습이었다.

세상을 향한 정면돌파, 이제 시작이다.